弯路是直的

抓 住 人 生 的 拐 点

[新加坡] 张学渊　著

中国大百科全书出版社

北京市版权登记号：图字01-2020-1246

图书在版编目（CIP）数据

弯路是直的：抓住人生的拐点 /（新加坡）张学渊著.
—北京：中国大百科全书出版社，2021.5

ISBN 978-7-5202-0752-2

Ⅰ.①弯…　Ⅱ.①张…　Ⅲ.①企业管理
Ⅳ.① F272

中国版本图书馆CIP数据核字（2020）第067605号

作　　者　[新加坡]张学渊

出 版 人　刘国辉
策　　划　刘　嘉
责任编辑　陈　光
责任印制　邹景峰
装帧设计　今亮后声
出版发行　中国大百科全书出版社
地　　址　北京阜成门北大街 17 号
邮　　编　100037
网　　址　http://www.ecph.com.cn
印　　刷　北京君升印刷有限公司
开　　本　170 毫米 ×230 毫米　1/16
字　　数　325 千字
印　　张　24.25
版　　次　2021 年 5 月第 1 版
印　　次　2021 年 5 月第 1 次印刷
定　　价　59.00 元

目录

第三章

如何抓住机会

第四章
都想变，但从哪开始，如何成于细节

第五章
如何跨国跨文化布局

结语：
老后破产还是完美人生

写在前面的话：
破局的力量

2020 年初，一场对全球十几亿人和数个国家造成深刻影响的病毒疫情，真正第一次让全球人民意识到，我们人类不再是无所不能，只靠维生素 C 续命是不够的。人类文明的发展最终以人类健康和快乐为目的，但必须与自然协同。

传统实体数字经济的薄弱性

2020 年 2 月，日用消费品巨头宝洁公司首席财务官乔恩·穆勒在纽约消费者分析师组织会议上的演讲中提道，该公司的 1.76 万件产品使用了来自中国各地 387 家工厂和供应商的 9000 种材料，新冠状病毒疫情导致其供应链中断且需求疲软，本季度的收入和利润受到沉重打击。

2020 年 2 月，中国对铜和石油燃料的需求在过去的 30 天内大幅下降，表明工厂产量大幅下降；智能手机行业由于供应链混乱影响很大；一切商场等封闭环境的传统业务都遇到极大的瓶颈；大型连锁店在疫情下显得无比的薄弱……

在疫情重灾区，虽然可以在外卖平台上点餐，但无人送餐。广州的酒店用机器人送水到房间；新加坡的快递员虽然不戴口罩，却采用拍门牌来取代客户签名，避免与客户接触；瞬间的生活物资囤积考验了国家的管理能力；口罩这个不起眼的产品，变成了国家的战略物资。有了 SARS 的经历，这些行业细微的行业动作改变，其实都在预示和孕育一个新的产品和服务时代的到来。病毒改变了我们对现有数字经济模式的认知，下一个数字经济更要走近健康，要多一层防病毒模组。传统实体如何通过这次危机与数字化时代融为一体？如何有效地把大家联成一个有机的共同体？由此也许会诞生比阿里巴巴和亚马逊更大的独角兽企业——不仅仅能满足购物乐趣，还能挽救生命，安抚人心。

退出、挽救还是蜕变，都是传统经济势在必行的趋势。掌舵人必须做出决定。其实各种经济模式只不过是外在形式，具备根本的利他之心及与时俱进的进化意识则是一条光明的出路。

个体的突破方向

我们还可以看到，中国农村的疫情防控非常有效。在村庄的出入口，扩音喇叭里用当地方言反复喊着村民们听得明白的语言，效果非常明显。

只要防控能到达最小单元和个体，就什么都好办。科技含量再高的技术、产品也经不起拆解，分解到一个个元器件就简单了。

我看到在抖音平台上，大V们都在养号，抖音带货一周能卖到1.5亿。脸书也有自己的算法，销售也很好。脸书、抖音上的大V已经步入了个体经济阶段。

据互联网数据中心估计，到2025年，全球平均一个互联人每天将与物联网设备交互近4900次，相当于每18秒一次。与2010年的每天298次和2015年的584次相比，这是一个指数增长。物联网的使用如此迅速的增长将产生数字数据的进一步扩展。

世界正在把每个人变成数字化的存在，每个人都扮演重要角色，每个人都可以根据自己的特长灵活选择工作，兼职一词将不复存在。比如，你完成白天的工作后，又要做直播，直播后又要承接跨国设计工作，设计完又要进行一对一进行远程培训……

在这个过程中，物联网会打造出成批量的独角兽企业，因为现实生活中需要弥补的残缺太多了，每个传感器，每个链接，每个创新……都可能会创造出独角兽。这是大趋势，这是今天很多名不见经传的个体的突破方向。

条条大路都堵车，这时路况信息突然体现人们说有一条路是通的，那么这条路很快就会堵车了。同理，人人都去抖音、脸书，那么这些路上也就快堵车了。

怎么找到出路？要知道，一个人的能力和精力都是有限的，我们能否给自己当医生，给自己当律师，给自己当丞相？所以，找到“军师”是个捷径。企业家一定要给自己找一个好的军师。

企业与个体的全球布局时代

李嘉诚曾说过，无论发生什么事情，手里都要有一个赚钱的业务。对于个人和小企业，全球布局就是狡兔三窟的可行性方案。

如果在新型冠状病毒疫情期间，你的产品在中国受到了极大的影响，但在非洲、美洲、阿拉伯地区或印度就不一定受影响；各行业中的隐形销售冠军以务实的态度，具备能落地的全球布局，有着抵御风险的能力。中国的小蜜蜂麦克风的模式就值得借鉴。

根据联合国发布的《2019 年数字经济报告》，2017 年约有 2.77 亿人进行了跨境购买，跨境网购者比总数 2015 年提高了 6 个百分点。

跨国布局及打造很牛的产品需要实力，本书中的《庞杂与跨界：各个国家小企业联合体》一节就简述了如何把小企业的优点发挥得淋漓尽致。

跨国跨文化协调打造 IOT 世界

在 2019 年上海世界移动通信大会上，展示了利用 5G 远程技术遥控挖掘机施工；相对于地球石油储备，太阳能及新能源有待开发；贫困农业的扶贫；生命工程；海洋工程……这些都是指数级的数字蓝海市场，现在还未开始开发。

以与自然和谐成长为底线，不止要降低碳排放量。从联合会等各个国际组织，到各个国家政府，到民间组织，到各种合作空间、开放式创意实验室、开放式创新实验室、制造空间，数字制造实验室，工厂实验室直至个人，都要以数字经济 IOT 来造福人民，这个福也必须是“自然”的福。

大学、社会、科研团体的专利和 IP 将得到大幅度应用，并快速在 kickstarter 等平台进行众筹及商业化。

以联合国、政府、民间、实体、个人和自然的协调关系为基础，跨国跨文化打造的 IOT 世界，具有以下的趋势：

- **集成方便取代简单消费**

当前智能手机功能齐全，可以说是整合了信用卡、钱包、手机、照相机、翻译机、微电脑功能、收音机、摄影机、定点追踪、导航仪、遥控器、书、电视频道、报纸新闻、广告小报、专业音视频剪辑软件、各种不同应用软件 App、随身听等多种功能于一身。手机的许多功能都变成客户身边的黏性需求。每个人都从消费者变成主体应用参与者。

- **创新产品提供共享便利工作和生活**

共享汽车、共享单车、共享创业空间、Uber、Grab 等，节省自然资源，提高产品收益率，省钱又提高效率。

- **智慧城市改变生活方式**

4G 让我们领略了互联网 +，而 5G 时代的到来，让我们都不敢想象，未来的智慧城市会出现什么样的生活场景：老弱病残人士的人工智能辅助，天灾人祸的预警，大数据云计算突破垄断的全球化，社会安全的保障，食品空气水垃圾的处理技术，忧郁症的预防，大健康的升级，超级计算机对微观世界的探索包括 1 分钟识别病毒 DNA 并提供经济方案，器官的复制，人能活到 120 岁……似乎科技总能彻底改变我们的想象。

- **社会闲置资源数字智慧化**

在 4G、5G 技术的驱动下，个体成为世界的主体。比如，抖音规则就能识别优异个体。每一个消费者都能变成主人，如维基百科。其他如 Shareasale，Contently，Legal zoom，赏金公司（InnoCentive.com），高知特公司（Cognizant），阔鸡（Quirk），Elance……这些网络平台让社会资源得到充分利用。与此同时，网民们成为平台的购买和使用者，把平台变成生活中的一部分，比如在平台上兼职和临时工作；还能协调跨区工作，比如在线监控使得新加坡会计的数字输入基础工作可以在菲律宾以团队运营，而菲律宾团队的每个人又都在家中做灵活计时计件工作。

- **生命工程的微观世界发展成为蓝海**

无论是用自己的还是别人的抗体研制出来的抗癌药，还没有上市就已市值过亿了。糖尿病，血栓，各类传染病等，这些都是微观世界的新蓝海。

世界真的变了。

IOT 世界新的模式机遇还包括：为防止核辐射，食品、空气和水的健康处理技术；任何被看成白痴想法的传感器；没有供电时的持续能源供应（这包括能持续独立供电多年的新能源）；大量人工智能后的快乐因素；增加科技生产力与地球资源保护的协同；超能力与医疗的结合；无穷无尽的生命工程；弱势群体的扶贫；更多贴近生活的改善；大格局的全球整合，南南合作，南北互补；等等。

在疫情期间很多人都说，没有生命，经济有什么用。我认为这句话是片面的，强大的经济实力是人们生活健康的保证，是医疗和科研大量资金投入的保证。但经济的出发点首先要尊重自然，发现自然，在这个基础上，人类的明天会更加美好。

本书深刻揭示从平凡到精英的跨国跨文化事业工程。希望联合国家、政府、民间、实体、个人与自然协同向前，突破国家和格局的局限，也希望本书中的各个主人公以他们的跨国跨文化经验与未来的你，联手打造更美好的世界。

前言：

抓住机会，成于细节

一个人要成事，需要抓住“机会 + 方法”。“机会”是指“精英人脉”，“方法”是指“细节”。有机会而没有抓住细节，就是成于机会，败于细节；没有机会，只抓细节，就是井底之蛙；既能抓住机会又能抓住细节，才能“抓住机会，成于细节”，才能成为精英。精英往往被视为福报和运气都很好的人。

据统计，每个人的一生中都会出现 6 次非常重要的机会，只要抓到其中一次机会，人生就会得到很大的转变，甚至此后顺利而完美。但如何识别并抓住这个机会，是一个复杂的工程。号称“世界上最大胆动物”的蜜獾，因头顶平坦、背上覆盖一层白色毛发，像极了留寸头故意染白的江湖大哥，因此被称为“平头哥”。平头哥性情凶猛，几乎什么都不怕，连毒蛇都可捕食。可如果让平头哥去飞，估计它这一辈子都会碌碌无为；而哪怕是让蜜獾去斗狮子，都会小有胜算，因为蜜獾胆子最大，情商最高，攻击手段最多，性情最猛，弱点最少，机会最多。

在过去 20 年中，我每天都在与企业打交道，企业的酸甜苦辣，企业家内心的真实状态，我都很清楚。如果仔细观察这些激情四射的企业家们，其实他们大部分都每天经历着“走弯路的过程”，如人饮水，冷暖自知。但这个“走弯路的过程”却是一个“抓住机会，成于细节”的直路，是走向成功的一步又一步。

2016年元宵节时我恰好在广州，一位温州的王老板在30分钟内向我清楚描述了18桩可以赚钱的跨国生意，而且在讲述时他的表达越来越精彩。他的公司就他一个人，平时神龙见首不见尾，看起来好似是个大忽悠，而且还住在漏雨的租赁房中。结果隔年他的朋友就告诉我说，他买了豪宅，太太也不用住漏水的屋子了。他靠买卖腰果就赚了1000万元。他那天说的18桩跨国生意中，确实有一桩就是腰果生意。我相信那天他说的18桩生意都是认真的，如果不是时间有限，他要说的可能不止这18桩，也许还会有更多。

2017年初刚过完春节，我应意大利好友米歇尔·安奎拉（Michele Acquora）之邀，来上海帮助他规划品牌及销售。他刚刚加盟这家公司任总经理。这是一家初创的公司，当时工厂“四壁如洗”，厂房中间孤零零地放着两台高科技机器。我建议他把整面的墙喷绘成现代机器印刷出来的图片和品牌理念设计图，同时把公司的营销系统、品牌认证及基本团队文化建设标准作业程序（SOP，即Standard Operation Procedure）建立起来。公司以前的销售状况非常不乐观，只有在参加行业展览会时才能接到客户的洽谈邀请，即使这样，客户订单还是迟迟签不下来。而现在则是每周都在工厂办一次营销活动，每周都邀请全国各地的潜在客户来工厂参观。有一次一个活动下来就卖了10台机器。2016年公司在中国市场的营业额只有300万欧元，2017年则达到3000万欧元。

2019年，我曾在6天内10次往返于新加坡、广州、珠海和澳门之间，与几位知名企业家深入探讨竹海项目、智慧城市以及大健康项目。

2020年元旦刚过完，我就给百万学位学员辅导如何走中值路线，如何找到自己的中值点。结果效果出奇的好，从事装修行业的嘉琪和圣杰老板当即决定，把习以为常的不健康、不利于客户的产品（例如甲醛含量较高的产品）和服务全部砍掉，而且还买了甲醛测试设备，让客户享受健康且安心的装修服务。2020年初，我还与马来西亚的好友李先生和陈先生一起探讨产品的定位、卖点、营销以及网红、直播等问题。他们都是80后，创业激情四射。

企业是保持社会稳定、解决就业人口最多、最值得敬佩的社会组织，也是全球分工的关键产业链条。在当今社会，做生意靠的是分工合作。无论多大的企业，其设备用的零部件、原始原料都来自最小的企业单元。企业中卧虎藏龙，只要有好的机会，他们就能很好地平衡耐心、毅力、勤奋、智慧和谨慎，就能得到很好的发展。

企业家和团队是企业的核心。什么是企业家和团队的精英管理？经过多年的总结，我认为一个重要的衡量标准就是：第一次就把事情做对做好。

人们往往认为，跨国运作的精英只能在大型企业中酝酿。本书重点是为跨文化、跨国运作的各类企业及职场朋友提供案例及思考，引用的案例也来自我辅导过的公司。这些案例中的公司在我看来，资源没有那么好，甚至人也没有什么过人之处，但他们却能给出一个漂亮的演绎——很好地整合人脉和其他资源，以与众不同的思维方式探索着自己的路线，让企业健康成长。

只要你经历过了，你所经过的所有弯路都能成为直达终点的直路，这是一个必须经历的过程。我们面对的是实实在在的问题，公司要找订单，要挣钱，要发薪水，要租金，要投资……我们要保持务实的精神，不断试错，不断突破，找到自己的发展之路。

很多看起来可行的直路，往往是行不通的，一旦行不通碰了钉子，你还是要从头再来过。比如拜访一个陌生的投资者，直接想要找到他来获得融资成功，但现实却是很残酷，这看起来是直路，但有时根本行不通。这时候还是得乖乖地回来，把实力一一展现出来，找最可靠的人进行推荐，用自己的真诚打动对方。这看起来是走了弯路，实际上这是通往成功的最有效的直路。

本书的标题直接展示了我多年辅导公司的工作中非常有效的价值观和方法。作为企业顾问，我在书中尽力避免采用纯理论表述，而是把商业模式、品牌、团队、资本、流程系统、文化等深度主题以真实的案例展示出来。例如，打造精英企业家和团队是我们的目标，精英的一个重要衡量标准就是“第一次就把事情做对做好”。这样才能让读者举一反三，应用于自身，帮助大家认识弯路与直路的意义，缩短弯路与直路的距离，识别每个蜕变的机会。

本书汇聚1000多个跨国运作精英的集体智慧，以跨地域、跨行业、跨人生为坐标，帮助读者建立优异的精英人脉，抓住机会，成于细节，做跨国跨文化布局，实现完美人生。尤其是在“好与不好”“挑与不挑”“错与不错”这个选择中，找到自己的江山，保持领先，实现财富、时间和精神自由。

本书的内容尽量做到精简，同时希望各位亲爱的读者能在一次几个小时的旅途中（例如，从北京到新加坡或从广州到西安），就能读完我的这本心意之作。

作者寄语

多年前，我的一个新加坡好友在公司内养了很多鸟。有一次，他看到一只小鹦鹉正在破壳而出，过程持续了几个小时，眼看着这只新生雏鸟力气耗尽，无力挣扎。他实在看不下去，就主动展开救助，把这只雏鸟从壳中取了出来。但结果令人悲伤，小鹦鹉很快就死掉了。后来他才找到原因，这个原因更让人悲伤。原来，鹦鹉破壳时肚子上有一部分血管是粘在壳上的，只有这只小鹦鹉自己知道该用多大力，该用多长时间，才能缓慢而安全地让血管粘连部分脱离。这个脱壳过程是小鸟孵化的最后一道重要关口，有时用10—20小时破壳都是正常的。可是，人类用几秒钟就让它迅速破壳了，小鹦鹉肚子上的血管被弄破，伤口感染而死，人类帮了倒忙。

这件事给我带来很大的启示。我一直在想，现在是号称互联网无所不能的时代，朋友在帮小鹦鹉破壳之前，为什么不先上网寻找一下答案呢？网上有很多记录了小鸟用10—20小时破壳的视频。但人们为什么总是先假设自己正确而忽略事实，撞墙后才捶胸顿足、后悔不已？

我也有一段终生难忘的经历。我从五六岁开始，动不动就浑身奇痒无比，挠过的地方都会起一道道浮肿的红色瘢痕。我还记得，妈妈找了一个大的洗衣盆，里面也不知道放了什么样的中草药水，在洗衣盆上架着一个搓衣板。我被蒙得严严实实，坐在搓衣板上，接受盆里神奇的中药气雾熏蒸。但这样根本就没有效果，过了一两天虽然红色瘢痕不见了，身体也不痒了，可是没过多久皮肤就又痒了起来……如此反反复复。

后来我上了中学，身上发痒这个事情每一两个月就要发生一次；到了我上大学，反倒更严重了，每一两周都会发生；到了我工作的时候，比上大学时还要严重，经常发作。发作时，我通常会服用扑尔敏来止痒，最严重的时候连吃扑尔敏都不见效。我看了很多医生，也无法解决问题。我对自己讲，这个问题看来是无解的。

一直到了2010年，也就是我40岁时，有一天我又痒了起来。这时我太太对我说，你是不是对海鲜过敏？

似乎我的身体知道答案。闻听此言，我的头脑顿时兴奋不已，好像灵光乍现。绝对不夸张地说，当时我的身体就像在点头告诉我："是的，我对海鲜过敏。"对于我这个工科生来说，做实验的精神是渗透在骨子里的，于是接下来我完全不吃海鲜，一直坚持了一个月，在这期间的确身体好了，不痒了。一个月后，我胆战心惊地买了一大堆鱼虾，在享受完海鲜大餐两个小时后，旧梦重温，奇痒发作，夜不能寐。但此时对我来讲，并没感到痛苦，反而很开心，因为这说明我的确是对海鲜而且是熟食海鲜过敏。后来我又做了实验，发现吃刺身、生鱼片没有问题。我对很多一起吃过饭的朋友讲起这事，他们都觉得很不可思议。

由此不难回忆，为什么我会有这样的经历。小的时候我家在林区，常有海边捕捞的鱼鲜供应，所以经常吃海鱼，也就经常痒得不得了，害得妈妈时常找配方帮我治疗；中学的时候住校吃食堂，因菜中很少有海鲜，这方面困扰就少了很多；到大学的时候，食堂的条件好了，经常吃顿海鲜，于是这个问题又来了；工作以后，生活条件更加好了，想吃什么就吃什么，自然就是吃一次过敏一次了。

不就是一个海鲜过敏吗？这一大圈弯路走得……我一直在想，为什么40岁之前就没有人告诉我呢？我为什么就没有想到上网寻找答案呢？为什么就被一种固化的思维支配了这么多年呢？

这一经历给了我很大的启示。其实，解决问题的答案早已在那儿了。可是人们总是偏向于对着结果解决问题，而不是从源头去解决问题。我自己，我的妈妈，我的医生，都在尽力去解决这件事情，可谁也没下功夫去找到发痒的原因所在。

还有一个特别不可思议的真实笑话。我的一个好友某次回家乡，在吃饭时一位仁兄突然发现两脚全黑了，当场就吓坏了，马上去看医生。医生说不知道这是什么怪病，可能会截肢。可这位仁兄却不疼不痒，没有任何异常感。他非常害怕，回到家一说，全家人顿时都陷入了恐慌之中。这时正是冬天，北方人有晚上睡前泡脚的习惯，虽然要截肢，但脚还是得洗呀。可是，洗了脚后才发现，脚上的黑色全没了——原来是袜子褪色，把脚给染黑了。听到这里，大家以为这是笑话，却是真实发生的事儿。

我们总是对事情的结果特别感兴趣，然后为得到结果，采取无数解决的手段，甚至可以用强制的方式让结果消失。那为什么人们愿意去找结果，而不愿意找原因呢？我曾与许多企业家探讨过他们的问题，比如业务不好、销售预测看不到未来等。很多人都说是行情的问题或是团队能力弱，可是隔壁就是做得很好的同行公司，他们似乎也遇到了同样的行情，有着类似的团队。

其实解决的方案和答案早已在那儿了。那我们为什么很多时候都按照自己的想法去决定其他事物的自然规律，不去找根源，不愿意下功夫去找小鹦鹉破壳时间的真正原因，不愿意找皮肤发痒的原因，不愿意找下肢如何变黑的原因呢？

原因在于我们缺乏对事物的专注，缺乏对自然的敬畏，过于高估自己的能力和认知。

只有专注于事业，才会把需要解决的事情提为议题。一旦提出要系统解决议题，很快就会对自然产生敬畏，并找到原因。与其闷头设计商业模式，不如转为寻找符合大趋势的商机，与时俱进，顺势而为，与趋势同步，这是人生增量的开始。

通过在生活中细致观察，以及对问题根源的寻找，我渐渐发现，“尊重生命、尊重自然”是解决问题的最好方法。

很多人说身体是我的，可一旦头痛起来，你让头不痛，头会听你的吗？身体只是生命的载体，有着自己的运营规则，比如体内肠道有 1 亿神经元，产生 1000 多种维生素、近万种酵素。我们要尊重身体，切不可随意破坏身体、随意消耗身体。

很多人生病的原因是水分摄入不足，喝水不够。人体的水含量平均为 70%，其中婴儿为 90%，儿童为 80%，成人为 60%—70%，老人为 60%。人体水含量一旦低于 60% 就会生病，低于 50% 就会失去生命。正常人体内的酸碱度（pH 值）稳定在 7.35—7.45 之间，是偏碱性的。超过这个范围，身体一定会出问题。正常人每天的饮水量可根据体重推算出来，即：每日需水量（ml）= 体重（kg）×30（ml)。如果你的体重为 70 千克，则每天需要 2.1 升水，而且水的质量要高。人体每天代谢消耗 200—300 毫升水，排汗消耗 700—1000 毫升水，大便消耗 200—300 毫升水，排尿消耗 700—1000 毫升水。人脑的 80% 是水，而微量元素加蒸馏水是人脑需要的精华。缺水时，大脑会下达指令，优先调动体内的水分去供应大脑，因此不能等到口渴再喝水，那时人体的实际状况就是已经非常缺水了。

很多老辈人都说睡前不能喝水，以防起夜，导致晚上睡眠不好。可是你知道吗，为什么那么多人在半夜会中风，而且是凌晨 3—5 点居多？此时肺经在主导体内的气血运行，若水分不足，那是非常危险的。那么，为什么中风会与水分有这么大的关系？我曾请教过一位生命科学专家，他告诉我：“大脑工作了一天，代谢产生的大量垃圾必须排除，所以晚上睡眠时大脑细胞会适当缩小，留出空间，由足够的水把一天的垃圾带走，这样不但休息质量高，也会减少脑血管堵塞的机会。”所以建议大家在睡觉前喝 250 毫升水。显然，与睡前不喝水以防起夜相比，让大脑得到休息和代谢更重要。所以，直到现在我每晚睡前都会喝 250 毫升水，身体感到非常舒服。有时忘记喝水，通常会半夜咳嗽，起来补水后再一看表，基本上都是在凌晨 3—5 点。这时候只要你起来喝水，绝对不会导致精神振奋而睡不着觉，而是躺下就会睡得很香。身体会向我们发出警告信号，如果我们置之不理，那一定会埋下隐患。

有些看似简单的科学知识，我们除了应付考试时才予以重视外，在日常工作和生活中常常无视。我们都是习惯于直接奔向结果，走直路，结果一路碰壁，到头来还是要尊重自然规律，尊重本已存在的答案。所以，无论是对生命的了解还是对企业的了解，固然隔行如隔山，但隔行不隔理。

只要用心，举一反三地去追求事情的本质，身体、生活、事业与企业的痛和痒是一样的。他山之石，可以攻玉，甚至很多解决方案其实都是非常简单的常识。本书中很多企业的解决方案，结果都非常简单，但对其他企业来讲就是高不可测的面纱，要拨开云雾见真实，抓住机会，让大家少走弯路。书中“公司越强，利益就越明确，老板越有空”的洪先生的例子，就是大多数海外投资企业家可望而不可即的解决方案。

在过去 20 年中，我亲自为超过 1000 位新加坡企业家做过一对一的咨询辅导，涵盖 180 个细分行业，开了超过 8000 个会议，完成 1500 多个项目，因此本书汇聚 1000 多个跨国运作精英的集体智慧，我要感谢他们。这 20 年来，他们和我一起在寻找着企业孵化成长的规律，分享着经营中的痛和痒，每次问题的解决都能让大家兴奋得跳起来。这些经验又不断分享给更多的创业者、经营者、管理者，让他们清晰认识到，走弯路虽然不可避免，但不得不走的弯路，根本就是直路。

做大事的人的，其心态是很宽的，因为他们要解决的麻烦事情太多了；而做小事情的人，哪怕是遇到一件小事都会觉得天要塌下来了。不管外界有多么嘈杂，要记得时时保持内心清净，积善成德。因为安静与积善成德就是一种智慧，而有智慧的人生才是有价值的。不断地“闻思修”，是打开格局、突破细节、增加福报和运气的最好方法。我们要学会用最好的方法去解决复杂的问题。

做成一件事，事情本身是有自己的节奏的。如何识别“弯路是直的”需要智慧，尤其是在资源匮乏的时刻。本书致力于告诉读者，如何建立自己的人生事业价值观，缔造人生增量，做到与众不同，并且不忘初衷，避免老后破产，在进化中完美人生。

人生要经历弯路，这是一个必由过程。经历的过程与结果是同步的。弯路本来是直的，成功就在成功的路上，抓住机会，成于细节。

第一章

弯路是直的

第一节

七个关键问题

我在做企业策划咨询时，经常要求客户必须回答七个关键问题。大多数客户在开始的时候，答案都写得一塌糊涂。从这点就可以看出，很多公司因为缺乏对关键问题的把握，走了不少的弯路，失去了很多良机。

请读者也拿出笔来，填写一下自己的答案。后文中会有解答：

（1）小狗跑入森林，它能跑多远？

____

（2）企业要做大做强，必须完善管理，那么其主要原因是什么？

A. 真相，掌控；B. 人多了。

（3）股东协议属于什么范畴？

A. 法律注册范畴；B. 人心咨询 + 法律保护。

（4）做一个顶尖的公司或一个好的产品，需要解决多少问题？

A.100 个；B.5000 个。

（5）创立公司的目的是什么？

A. 赚钱，自由；B. 把公司卖了。

（6）跨国和跨文化做生意最难的事是什么？

A. 没有资金，没有资源，没有人才；B. 客户不相信你。

(7) 商业模式在转型过程中，哪部分是关键？

A. 客户；B. 团队；C. 规划；D. 信息；E. 流程；F. 领导力；G. 结果；H. 不断学习；I. 创新。

在管理方面，因每个人的状态不同，每个答案都没有绝对的对和错。以下答案是我多年的工作经验总结，供大家参考：

1. 小狗跑入森林，它能跑多远？

我经常问企业家这个问题，得到的答案有很多种：有人说小狗转圈回来了，有人说小狗被老虎吃了，有人说小狗跑累了就停了，有人说小狗不跑……

对管理者来说，这肯定不是一个脑筋急转弯的问题。

比较好的答案是：小狗跑多远，由森林有多大决定。

如果一座森林非常小，小狗瞬间就会穿过去了；如果森林无限大，小狗能跑的距离也会有无限可能。

这正如企业的愿景：企业要发展到多大，团队就有可能有多少能力；主公有多少胆量，亮就有多少计谋，这绝对是一个非常值得深思的管理问题。

- 为什么老板不能给我升职？是不是我的森林太小？
- 为什么我的收入比较低？是不是我的森林太小？
- 为什么我的员工不愿意跟着我？是不是我的森林太小？
- 为什么我的客户不愿意给我生意？是不是我的生命力不太旺盛？
- 为什么小狗跑得不能太远？是不是我的森林太小，不能够提供一个生态圈？
- …………

我们的企业能走多远，首先由你的森林大小决定。这座森林包括格局、人脉、信息、市场、团队品牌、资本……

2. 企业要做大做强，必须完善管理，那么其主要原因是什么？

答案：真相，掌控。

公司小的时候，老板什么都知道，一切尽在掌控中，整个公司就像一家人一样。但公司一旦发展壮大，这时候彼此掌握的信息就开始不对称，每个人都要掌控，但掌控的核心有本质的区别。

老板希望以最小的投入掌控最大的回报；而经理人想以最小的劳动付出得到最大的回报；员工想以本事升职和养家糊口。从本质上看，这些是矛盾的，只要信息不对称，公司就会失控。信息不对称，利益冲突的现象就会层出不穷，创始人与股东之间、创始人与经理人之间、总经理与他人之间、经理人与供应商之间、销售人员与客户之间都会出现利益冲突。

要杜绝利益冲突的现象，就必须知道事情的真相，这就要求有完整的信息对称。只有不断完善管理，才能达到信息对称、减少冲突的现象。因此，要建立完善的管理，不仅仅是一个制度问题，还是一个人性问题和逻辑问题。

比如说，在中国的不少行业中，大家都想出人头地，那么尊重上司、逢年过节送礼而得到提拔就成为一个非常重要的生存策略。老板回来，如果指定你去接机，那是非常荣幸的事；可是在国外，员工会问老板，接飞机车油钱谁出，有没有加班费？我一年辛苦工作，逢年过节为什么还要给你送礼？

地区不同，用人管人的策略方式极其不同，这就是人性和逻辑战略文化框架问题。可是随着中国越来越多的第二代在国外接受教育，价值观的冲突越来越明显，人管人的效率也越来越低，而制度管人的意义就变得非常重大。毕竟优秀的公司必须调动每个人发自内心的积极性，让员工自己想去做，尤其需要多个人尽力去完成一件共同的事情，这是一个难度非常高的战略执行问题。

人性和逻辑是建立在不同文化背景之下战略层级的商业模式的基因，因此今天的企业家必须拥有更高的智慧，才能凭胆识和魄力做好跨国运营。

3. 股东协议属于什么范畴？

答案：人心咨询 + 法律保护。

大部分非专业团队管理的公司，单凭几个样板合同或一些工作咨询经验，都不能解决合伙人问题，而且还会导致很多合伙人在公司一人一脸，员工工作压力大，公司气氛紧张，为拆股埋下伏笔。这是为什么呢？

公司一年赚了 200 万，那么该按什么样的比例分配？按什么样的比例储备？按什么样的比例投资？投资公司资产还是投资海外，还是投资太太要买的公寓？其他问题更是不胜枚举：公司的发展方向；引进什么样的合伙人，公司融资股份的退让比例；小股东越来越强，贡献越来越大，大股东不做事却分钱多；公司的人力资源管理；责权利的分配……至少有 100 件与运营相关的大事儿，能够让股东之间出现很大的隔阂。这种情况下，如果合伙人之前没有既定的协议，大多数兄弟式合伙人都会不欢而散；不是积善成德，而是积怨成多，最后闹到股东分家。100 件运营大事，都明显属于一个人心咨询的范畴，由公司内部管理团队及专业顾问共同完成。

可是一旦涉及股东之间的问题，基本上又很难用法律来解决。人心才是最重要的，要有商有量。尤其在海外，还有强龙难斗地头蛇的可能。

仅仅就股份而言，就有控制权、转让股、要约股份、强制随售权、强卖权、优先股、普通股……各个国家在这方面的法律规定有差别，比如在中国，拥有股份占三分之二就是绝对大股，而在新加坡则需要达到 75%，这来不得半点马虎。这又属于法律范畴，必须找专业律师处理。更何况现在的合伙人范畴不简简单单指股东，虚拟股等都可以全员参与，每个人都是公司的主人，各司其职。

4. 做一个顶尖的公司或一个好的产品，需要解决多少问题？

答案：5000 个。

这个问题的难度很高，相当多的企业家无法选择，尤其是还没有把公司的产品做好的公司，更是无法想象这个答案的深度。他们觉得好像不止 100 个问题，可是若有 5000 个问题，又有多少公司能做到呢？

如果与企业深入沟通，你就会发现，初创的公司在前三年都特别有激情，原因在于他们选择了一个正在蓬勃发展的行业。三年后，同行越来越多，竞争越来越激烈，这时还以相同的模式来经营，肯定不行了。如果在这三年没有进行深耕，没有打造核心竞争力，企业就走不下去了。因此大部分公司会在 3—7 年内消失，主要原因在于他们没有办法解决更多的问题。我们在后面的章节“如何建立卓越制度”中，会提到为什么答案是 5000 个问题。我们梳理过超过 10 年依旧成功的公司，答案就是解决了 5000 个问题。考虑到与时俱进，5000 个问题一定是做优质公司和过优质生活的基本标准。

5. 创立公司的目的是什么？

答案：把公司卖了。

95% 的人答案基本上就是赚钱，想出人头地，追求自我，有一个更美好的未来，追求最大限度的自由。实际上，大部分人并没有达到这些目标。

提示一下，这绝对是一个高级的问题。“把公司卖了”绝对不止是个优秀答案，而是一种经营境界。因为“把公司卖了”这一举措，涵括了吸引投资者、合伙人、并购、上市等许多方面。

不要误解，我并非让大家把公司都卖了。试想，买家为什么会买？这家公司应该具备什么条件？应该是有前景、有资源、有卖点，甚至是非常赚钱的公司，最重要的是离开了你公司依然可以运行，这才是真正意义上的财富自由和时间自由，这绝对是一家好公司。因此以“把公司卖了”为前提经营企业，才能做到真正的财富自由和人身自由。当然如果能够达到这个境界，公司也可以不卖。

很多人问我，把公司卖了，跟我一个普通的打工者有什么关系？对于即将升职、创业和未来还可能升职、创业的朋友们，如果知道这些秘密，就是比别人快了半步。不要小看这半步，就好比大家前面有一块黄金，谁先到谁就能拿到，就因为你快了半步所以就拿到了。要知道腾讯在上市的时候，连一个站前台的都变成了百万富翁。

6. 跨国和跨文化做生意最难的事是什么？

答案：客户不相信你。

这个问题我问过 1000 多个客户，80% 的人都认为：客户不给你订单，客户不相信你，是生意最难的事。尤其是开发新客户。

要解决“客户不相信你”，得建构极为庞大的工程：公司内部外部、上中下层，产品与流程，文化创新，服务与体验，突破点和卖点，商业模式，品牌，公司理念以及如何传递给客户……这绝对不是一件简单的事情，是一种智慧和积累，是人脉和真诚的结晶。

很多员工升职很慢，那是因为打工人员不知道老板的逻辑，看事情的宏观性和微观性没有融合在一起，这就导致五年之内有人一贫如洗，也有人飞黄腾达。本书后面的章节中会对如何进入高端人脉和如何与精英圈子打交道进行详细解释，探讨“客户不相信你”的解决方案。

7. 商业模式在转型过程中，哪部分是关键？

答案：领导力

大部分人的答案都是客户和团队。我们仔细再想一想，任何一家公司都有客户和团队，但为什么生意总做不好？

如果领导力不好，好的客户和团队留不下来，自然也不会有好的规划、好的流程。有的公司选择创新，可是没有领导力的支持，创新就如同废纸，如柯达胶卷、奥林巴斯相机都是前车之鉴。

根据美国商业卓越模式（Business Excellence Framework）的调查，领导力绝对是商业模式最关键的要求。本书中的"国际化管理框架"会介绍这个问题。

领导力包括使命、愿景、价值观和优异的企业文化。能承担社会责任的公司，领导力会驱动后边的所有的管理元素逐渐完善。

如果每个人都能理解其中的奥秘，仕途一定坦荡宽阔。

理解了领导力，就会渐渐明白：为什么令人求知若渴的总经理，对方一张机票就请到了？为什么高管不能把优势发挥到极致？为什么有那么多人脉却没有生意？为什么曾经豪情万丈的合伙人突然变成仇人？为什么被客户骂是件幸福的事？如何把事情做到极致？什么是错和不错？为什么租金、人工、成本都贵的西班牙工厂生产出来的零件，比租金、人工、成本都低的亚洲工厂卖的零件还便宜？谁是我们跨界的接口？在浮躁世界中如何做到于平静中见智慧？……

为什么我们不看好的员工，在另外一个公司却是顶尖的人才？为什么我们觉得非常不起眼的生意和公司却能上市？为什么融资到了最关键的时刻，最后的20%资金很难融到？

我们每一个人，都带着一个宝库来到了这个世界，但要拿到这个宝库中的财富，需要进几扇门。以上每个问题都是一扇门的锁头，要打开门，有些靠学习，有些靠努力。对于绝大多数企业家和管理层来讲，学习和努力都不可能快速在市场上占领先地位，因为聪明努力的人太多太多；很多企业甚至都在资源匮乏的情况下跨国运营，那更是一件难事。

本书给读者推荐一道快速开门的方法：以胆识和机遇抓住机会，创造自己的优异人脉和机会，这是今天企业最稀缺的资源。这绝对不是纸上谈兵，这是20年来我做超过1000个深度咨询项目总结出来的经验。有些公司因为缺乏胆识，导致机遇扬长而去，最后消失在茫茫人海之中；有些公司因为具备胆识和机遇而一飞冲天，越挫越勇。

第二节
路 书

做企业九死一生，但如果不折腾，拿什么去回忆！用这句话来衡量创业者，一点都不为过。刚刚创业，大部分企业的关注点都在产品层面，一周七天，每天24小时，几个人没白天没黑夜地拼命奋斗；当企业发展到一定规模时，就会关注管理层面，进行团队建设、营销管理、品牌打造、流程再造、区域化扩充；当公司规模更大时，就会进入到资本层面，融资、并购、上市、投资独角兽公司，打造隐形冠军。

如果没有以上的思维，企业充其量处于温饱状态，更谈不上发展，公司也是危机四伏，更谈不上是不倒翁。没有大的志向就没有办法吸引人才，没有人才就没有办法在更高层面竞争。一个人，一个公司，必须非常清楚自己的状态。只有知道路书蓝图，才容易设定目标和行动方案。

20年来，通过对超过500家公司的深入了解及项目规划和培训，我把企业发展规划分为五个阶段。

项目＼阶段	潜龙（0--3 年）	见龙（3--5 年）	惕龙（5--15 年）	跃龙（15--20 年）	群龙无首（> 20 年）
企业地位	名不见经传	有点名气	四处扩充	区域独角兽	全球化独角兽
市场	一个机会	原始积累	白热化竞争	规模及深耕	多元或垄断
管理	销售 / 现金，7/24 工时辛勤工作	领导层，战略，执行力	商业模式，执行力，人才	商业模式，体系，团队，资本	自动运作，整合并购
经营目的	赚钱，自由	个人满足	团队发展	社会认同	社会责任
创业者心态	个人英雄	雄心勃勃	团队闪光	鲤鱼跃龙门	没有英雄
资本	自我资金，天使，VC，投融资	自我资金，VC，PE，投融资	自我资金，VC，PE，投融资	并购，IPO	并购，IPO
风险	死亡谷	小皇帝	猛士 侠客	偶像 亢龙无悔	趋势落伍 亢龙无悔

第一个阶段：潜龙。为了赚钱和追求财务自由，初创型公司都因一个机会而萌发了创业的想法，默默耕耘，谦虚小心地工作，激情四射，以销售和 7 天 24 小时工作为主，稍微有一些成绩都会像英雄一样。同时，少数一批公司因具备领导力和资源整合的能力，要么自己走入第二个阶段，要么进行天使轮融资，或者直接进入资本市场，为大举发展打下基础。但这个阶段大多数公司因缺乏领导力、资源、管理、人才、资金等，会在三年之内消失，因此这个阶段也被称为死亡谷。但欧美和日本的这个阶段的企业寿命会比较长。

第二个阶段：见龙。进入见龙阶段，此时公司已小有名气，有了一定的原始积累，利润还可以，对未来的发展雄心勃勃。同时，公司也想向外面的世界宣告自己的存在，在市场上崭露头角。与这个阶段的公司谈话时，常会听他们说，市场竞争越来越激烈。当然，你已经借着这个机会赚了三年的钱，都被别人看在眼里。同行不断增加，市场趋于成熟，勤劳努力地工作已不足以改变现状，于是开始发展领导层，讲求战略和执行力。有能力的公司开始进入融资期。这个阶段的企业危机是创始人积累了第一桶金，生活方式类似个小皇帝，往往因创始人内心的膨胀而导致公司发展速度减缓。

公司规模小，经不起风雨，此时创始人是主要支柱。在这个阶段，企业必须保证创始人的利益。

公司规模再大些，中小企业必须以融资上市为目标，这样管理才能走向正规。当站在这个目标上要求自己时，你选择的路就通了，你会整合资源，你会建立董事会，你会有组织机构，你不在公司还能运作，你才能足够快乐。此时即便没有融资上市，已经是非常了不起的公司了。

第三个阶段：惕龙。

进入惕龙阶段，公司处于快速发展状态，四处招兵买马，扩充市场，同时也腹背受敌，每天处于紧张和警惕的状态。但这个阶段的公司最有活力，具有很强的扩张力，品牌在市场上也颇具名气，可以比较容易地获得投资资本的青睐，为下一步的上市和并购做准备。这个阶段的公司要谨防自己的"猛士的士高"精神。因为市场扩充，公司规模扩大，容易引起市场的不满，也可能引起市场的震动，让自己变成心理不平衡的侠客，而忽略了生意的本质。

在这个阶段，公司经常面对难以两全的状况。公司既有国际大公司的形象，同时又是本地的中小企业；既要让员工享受国际大型企业文化的标准，可又受制于中小企业的先天弱点。比如技术人员一般都比较有个性，不愿意在公共假期加班，要加班你就必须付他们三倍薪水，换休也不可以，没得谈。如果公司现在已经进入资本阶段，这个问题就不难解决了。要么付钱加班，要么给股票期权让他们自主工作。可是现阶段用付钱换加班会加重公司的成本，期权股票又没有到位。

第四个阶段：跃龙。鲤鱼跃龙门，终于度过了企业的大部分风险，完善商业模式、体系、团队、资本，促进企业加大规模及深耕，企业被更大的公司并购或自我上市。公司无论从市场还是人才方面都成了区域的独角兽，很多人都在谈论这家企业的名气，得到了高度的社会认同。创始人也得以在资本市场套现。这个阶段的公司甚至变成了社会的偶像，很容易陷入自我意识极其亢奋的状态，过于骄傲，亢龙无悔，会使公司万劫不复。

第五个阶段：群龙无首。在群龙无首的公司，你甚至不知道老板是谁，公司找不到所谓的个人主义英雄。公司在全球高速扩张，而且外聘的CEO即便被解雇也不会影响公司的发展。公司拥有全球化的智囊团，处于自动运营状态，在全球范围内整合并购，如同巨无霸。这个阶段的公司的走势就是趋于落伍。早期的摩托罗拉、爱立信都因没有赶上大趋势而轰然倒下。

第三节
路是直的，抓住机会，成于细节

本书中的每一个案例，每一个主人公，大部分都经历了20—30年的弯路，才找到了真正的直路。

每个人在一开始时，对别人的教导和建议就像听书一样，仿佛与自己无关。只有犯了同样的错误，或做对同样的事情，才把它记录在自己的字典里，因为自己已经验证过了。

经过多年的工作积累，就会发现在生活和工作中遇到最大的问题，还是法律和文化的区别。如何建立优异的人脉？如何以机遇整合资源？跨国运营怎么做？如何抓住国际化机会与如何布局？这些都是非常重要的主题。在这个过程中，如果弯路走得太多，失去的将不可预测，因为在别人的地盘，你的实力未必那样强。

书中的每个案例，都伴随着坎坷的经历，用胆识和机遇证明了一套非常接地气且行之有效的方法。只要用心揣摩，很好地应用于自己的工作中，才会少走弯路，走直路。同时深度辨别，有些看起来是弯路，本是直路。本书以这个方向为主题，分享给读者实际案例，尤其是中小企业在跨国文化运营中的经历，希望对读者起到启迪的作用，尽量走捷径。

第二章

如何建立优异的精英人脉

第一节
如何用一张机票找总经理

实际上，全球所有的公司好似永远都缺一位优秀的总经理，即便有猎头公司为企业找到了所谓好的目标对象，可双方在沟通过程中往往都感觉彼此缺乏最直接的诚意。

下文要讲的是一个意大利老板单刀直入请到顶级总经理的案例，这个案例应该对大家有所启迪。这位总经理既是我的客户也是我的好友，我从他那里非常清楚地知晓了他当时的心态和事情经过，因此把这个故事分享给大家。

这位总经理米歇尔是在新加坡定居的意大利人，是位职业经理人。米歇尔在亚洲、欧洲、美洲都有着丰富的工作经验。

2015 年，米歇尔刚刚完成一家公司的交接工作，准备去度假。谁知在第二天就接到了一个意大利厂商的电话，而且把机票直接寄到了他的邮箱，要他马上启程飞往意大利，去见这个老板。

米歇尔根本不知道这家公司，更不认识这个老板，也不知道这个老板是从哪里知道他的。但世界就是这样奇妙，出于对对方电话中表露的真诚的回应，他在第二天如约乘坐了 12 个小时的飞机，飞到了米兰，又坐了两个小时的火车，在早晨 6 点到达了要见面的那个城市。火车还未停稳，他就看到在光线昏暗的站台上，一个穿着黑色风衣、身材瘦削的老绅士，打着雨伞，一个人静静地站在站台上等着他。

这位老先生是意大利南方人，一见面就给了他一个非常热情的意大利南方式的拥抱——意大利北方靠近德国，所以意大利北方人比较含蓄，不太擅长这种方式的表达。友好的见面后，两个人去了附近的一家小咖啡厅。

一落座，这位老先生就说："我听说，你在新加坡市场做得不理想。这是不是你个人的问题呢？请你给我解释一下。"这是什么开场白？是先给一个下马威吗？虽然这位意大利南方老板的问题令人郁闷，米歇尔还是向他解释了个中原因。

米歇尔之前所在的公司是做铝材建筑工程的，也是家意大利公司。以意大利追求精美工艺的完美主义者的做派，如果不融入当地市场，那么在亚洲市场中肯定会举步维艰。但职业经理人有职业经理人的操守，也不是白拿钱不做事的。米歇尔组织了海外团队，在文莱找到了突破口，使公司利润达到了100%，这在当时的境况下是不可思议的一件事情。但在新加坡，工程的利润基本上能维持在20%就不错了，而且建筑方面的竞争非常激烈。

其实，这位意大利老人在米歇尔介绍事情之前，早对此了解得一清二楚了。

接下来，米歇尔跟着这位70多岁的老人来到了他的公司，在他儿子带领下参观了厂房。这是一家生产复合塑料膜的公司，技术含量非常高，两毛钱的硬币放在高速运转的庞然大物般的机器上，居然纹丝不动。这位老人在上海投资了一家公司，但做得并不理想，团队也没有建设好，于是想请米歇尔去中国担任总经理。

公司驻上海的总经理到底是一个什么样的职位？完全没有中国工作经验的米歇尔对这个Offer有些悲喜交加。人生有时就是在见证奇迹，坐12小时飞机，又坐两个小时火车，肯定不是来说NO的；而有的时候你答应一件事，也并不知道是出于什么样的动机。但是，米歇尔就答应了他，去上海出任总经理。假期也没了。米歇尔第二天就动身赴任了。

米歇尔并不会讲汉语。他来到上海以后，面临的最重要的事情就是提升业绩，但没有客户，没有成型的团队，又不懂得中国文化，他一筹莫展。总经理为什么能做成事儿？拿着那么高的待遇，是因为他们确实有自己的独特的资源，这行饭也不是白吃的。

米歇尔在新加坡时，我就帮他做过很多战略及系统项目。这时米歇尔想到了我，就邀请我从新加坡飞往上海，用一周时间帮他解决了关键性的战略问题，包括营销策略、品牌定位和营销体系。

对于一家初创的公司来说，品牌打造和营销活动非常重要。当时公司在上海的厂房空空荡荡，四壁如洗，厂房中间只放着两台高科技机器。见到这种境况，我建议米歇尔首先确定商业模式，再去选择团队。

当时这家公司的优势是拥有非常先进的机器，也清楚目标客户在哪个行业；劣势在于请不到好的销售代表，没有有效的营销策略；赶上的机会是中国市场很大，客户很多；潜在的威胁是客户不知道他们的品牌。公司之前采取的营销策略是参加大型展览会，然后逐一跟进客户。通过展览会让客户了解品牌和产品优势，这一渠道其实很狭隘，但如果放弃展会，销售就会受到影响。

当然，这样的项目对我们做商业模式和营销策略的人来说不是件难事，我们是精准营销专家。既然是非常好的机器，那就得把它展示得像个明星；目标客户在哪里，就把名单列出来；没有好的销售代表，就请普通的员工。这是我们的长项，操作起来难度肯定不大，不需要动用销售高手。

经过两天的基础信息收集，SWOT（基于内外部竞争环境和竞争条件下的态势分析。S代表strengths，优势；W代表weaknesses，劣势；O代表opportunities，机会；T代表threats，威胁）结论出来了，我建议米歇尔执行以下商业模式：

（1）当时上海厂房偌大的空间内仅摆设着两台机器，显得有点“孤独”。我建议把工厂空间打造成机器展示厅和酒店大堂，整面墙壁用喷绘图围起来，以围绕企业文化及产品图案介绍高科技的现代化机器。机器展示厅的外围则做成酒店大堂的形式，提供品种丰富的自助餐，摆设谈判桌，配以背景音乐等。

（2）公司请普通工作人员向全国的潜在客户发出邀请，请他们来公司参观。重要客户可以提供机票、食宿报销，以及贵宾的接送服务。

（3）每周都邀请全国各地的潜在客户来工厂参观。这使公司的营销化被动为主动，而且只要有能力，天天都可以开展览会。此外，在自己的地盘接待客户，使得客户无形中又对产品多了三分尊重。

之前也有其他顾问建议他们做会议营销，但每次都是在酒店举办，找最好的物流公司把大型机器运过去，看似很豪华，实则很复杂，成本很高，工作难度很大，因此不可能每周举办会议营销。而我建议把工厂作为会议营销的地点，一次装饰，永久使用，同样是会议营销，却有着天壤之别。

采用这个策略后，公司在米歇尔加入之前的年销售额是300万欧元，在他加入以后的短短的一年内就达到了3000万欧元。有一天的活动就卖了10台机器，而一台机器售价约为50万—100万欧元。毫不夸张地说，用普通团队达到了10倍的销售额。

一张机票，成功地换来了一个总经理。虽然总经理的薪水一年有20万美元，但相对于3000万欧元的销售回报来说，绝对物超所值。这就是顶级团队给优秀人才超出常规的任务和回报！

事后，米歇尔问起他的意大利南方老板为什么会来找他。老板说，其实自己在很多国家都碰过钉子，在70岁的人生历程中确实也吃过无数的亏，今天自己做的这件事情看起来很简单，其实却是经验和人脉积累的结果。事实上，这个老板已经关注米歇尔很久了。

还有一个类似的案例。我在新加坡的一位40多岁的好朋友，是三家上市公司的总裁，每天的工作时间只有6个小时，效率之高非常少见。有一天，美国的苹果公司给他寄来一张机票，请他到美国面试。飞机落地后，接待他的是副总裁。他在副总裁家里吃的早餐，可谓是非常高规格的待遇。由此可想而知，全球知名企业的总经理，在事实上无时无刻不在建立着最优异的人脉。

无论这张机票是从新加坡飞到意大利米兰，还是从新加坡飞到纽约，还是从西安飞到上海，只要认准了，霸气地单刀直入，真诚对人才发出邀请，这才是最直接的路。有的时候想多了，反倒误事。

多年以前，一位朋友安排我和新加坡的一位明星吃饭。那时我刚刚出道不久，在饭桌上说话也不多，有些拘谨。这时，这位处事经验丰富的明星察觉了我的状态，开玩笑地问我，你该如何约明星吃饭？对于我这个做咨询的人来说，头脑中立刻开始做A计划，还有B计划……见我久久不语，这位明星哈哈大笑。他说，你想复杂了，你就直接问他：明天下午4点是否有空吃饭？闻言我顿时惊讶得无法讲出话来。饭后，我直接跟他说，我要举办一个大型培训，能请你当主持人吗？他欣然答应了。

我在马来西亚开拓市场的时候，非常需要一位通晓当地市场情况的合伙人。有一天我见到了一位我的客户，我观察到她经营的公司十几年都没什么起色。其实我的这位客户能力超强，公司没有起色责任并不在她，而是行业使然。后来，我就直接约她在吉隆坡一家很朴素的咖啡店见面，直截了当地告诉她：你本来是位了不起的人才，你是愿意做这点小生意过一辈子，还是在吉隆坡做一件轰轰烈烈的大事？结果她当场就热泪盈眶，马上关掉了自己的公司，成了我在马来西亚的合伙人。

无论这张机票是从新加坡飞到意大利米兰，或是从北京飞到纽约，还是从西安飞到广州，最重要的是要真诚，替人着想，抓住机会，不要犹犹豫豫，开门见山就行了。有的时候想多了，太误事儿。只要认准了，霸气地单刀直入，真诚地对人才发出邀请，相信会达成友好的沟通的。

第二节

中层突破：白领的本事有多大

每个人都身怀绝技。但如果用会不会飞来评判一头大象，那么它会终其一生都以为自己是愚蠢的。解锁绝技，只需要一把天才的钥匙。

来看看，有些白领是如何自发成就大业。不找借口，是金子请你发光！不要以为团队智商低！

天弘公司（Celestica）的前身是科技巨头 IBM 公司在加拿大的多伦多分公司。20 世纪末，IBM 公司把加拿大的多伦多分公司关掉了，管理层没有了工作，集体失业。于是这些公司白领自发组织起来，成立了一家公司。他们找到了投资人，而且让投资人不要干涉公司的日常运营。公司从帮助美国 IBM 公司以及以色列的企业进行产品代加工开始，发展成世界上非常优秀的上市公司。

还有另外一个经典的案例。IBM 公司以前以大服务器产品为主导，其中的一个技术团队开发出了个人电脑，当时却被 IBM 公司否定。这个团队的白领阶层集体脱离 IBM 公司，共同组建了一家名为康柏（Compaq）的公司，在个人电脑方面的业务迅速发展到全球，后来可谓家喻户晓，最后被惠普公司并购。

新加坡的张先生是我的一个客户，从事喷水管路系统方面的业务。他所在的公司本来是阿联酋迪拜的一家公司，后来因为种种原因经过重组后，整个新加坡分公司被命令关闭。新加坡的白领团队就跟公司谈判，把整个公司接管了过来。

目前这家公司已成为当地非常优秀的公司，知名的新加坡鱼尾狮喷水管路系统就是他们做的。

这些中层在工作的时候，也许看起来业绩平平，但你也能看到，他们潜力有多大。我们身边还有多少这样的人？为什么他们在原来的公司并没有做起来？似乎冥冥之中自有安排。

他们缺了一个机会，一个连自己都不知道的机会。

过去20年中，我与至少2000个白领朋友深谈过，结果发现白领是最牛职业经理人及未来企业家的候选人，白领是团队执行达到目标的关键，高级白领思想超群。看到了吧？企业做得好不好，不仅仅取决于老板思维好不好，在老板一念定天下后，中高层白领才是关键。

新加坡友春公司在孟加拉国、斯里兰卡、老挝、印尼等国都有很多基建项目，总经理雷尼尔（Renir）每当发现公司出现了懒散无为、呆若木鸡的白领，就把他派往孟加拉国督导基建项目。在孟加拉国，你让当地员工做事，经常都是让他往前他偏往后，让他往东他偏往西，把你气得半死。结果，经过一个月训练后，你再看到那些懒散的白领，已是丹田气力十足，一声呐喊连地球一半的人都能听得到。

这个方法还特别适合于训练那些有潜力的白领接班人，特别是有钱人的孩子和富家子弟。先让他去第一个部门，就是去孟加拉籍员工所在的部门，回来后就会变成第一级的精英高手；然后，再把他调入第二个部门即操作部门，这个部门里面擅长玩办公室政治的人最多，所以人成熟得特别快。如果这两个部门都能过关了，就把他调入管理层。但如果反方向操作的话，那就麻烦大了。他们在办公室觉得很好，可一旦进入实际操作层面，面对不同的天地，很容易崩溃，容易辞职。

在学校学习，遵循的是由易而难；而在社会则是由难而难，学无止境。社会变化太快了，没有容易的路，所有的路都要走一遍，但究竟怎么走，其中的学问可就大了。

普通的职位有很多人可以备选，但特种行业人才的培养有时候却需要 8—10 年，而且要采用特别的方式。比如他们不善于搞办公室政治和沟通，很容易被欺负，这时候就可以给他们安排两个经理，一个是主管，另外一个是部门的经理，让员工在遇到不公正对待时有倾诉的机会。这对保护处在成长过程中的优秀白领是非常有价值的，因为这样的员工一旦离职，你就需要再花费 8 年培养一个员工，这是很不容易的事情。

我们每天都在讲老板的管人艺术，其实只要有条件发挥，每一个白领都会是一个不错的老板或合伙人，老板怎么能管老板呢？你把员工看成薪水，他就是成本；你把员工看成免费的，他就是创新者和生产力；你把他当成员工，他就是员工；你把它当成合伙人，他就是合伙人；你把他当成了创业者，他就是企业家，你的版图就会迅速增大。

到了今天，仍有很多老板不明白这件事情。很多老板只盯着别人的缺点看，比如这个员工做大了后会有什么样的危机。可他却没有想过，如果身边的人都是懦夫，自己最多也不过是个小丐帮的帮主；如果身边都是自己一手培养起来的百万富翁，自己怎么能穷呢？即便把他培养好，他长大了，出去了，不也是给社会做贡献吗？自己不也是这样创业的吗？这也是自己人生境界的提升啊。尤其在他创业之前，毕竟给公司创造了很大的贡献，这才是社会进步的基因；如果有办法跟他一起创业，那将是两全其美的事情。

我经常听到一些老板说，某某人曾经是我的手下，是我把他培养成老板的。那么，为什么其他人就没有当老板，而只有他才能当老板？你确定是你把他培养成老板的，还是他本身就具备当老板的素质？

还有，即便我们花了很多心思去培养他，最后他还是离开了。过去必定只是过去，刘邦是杀猪的，朱元璋是要饭的，但“英雄不问出处，富贵当思原由”。我们不要津津乐道于当时他混得多么差，而现在他变得多么好正是我的功劳，讲别人过去的缺点是没有意义的，重要的是要甄别人才，让他进入自己的团队。你有炸药，我有炮筒，我们合作才是正道。

白领的潜力有多大？这要看老板的格局了。跟对老板就会一飞冲天。刘备有多大的天下，诸葛亮就有多少谋略。

中小企业本来就不大，不能因为一些受伤的经历就一竿子打翻一切，颓废不前，如果身边没有人才，公司注定会平庸下去。我们应该从错误中不断学习，不断向大人物学习对全局的驾驭能力，识别白领，培养白领，让他们成为金领。

刘备找了4个人，最后建立了蜀国；朱元璋找了8个人，最后建立了大明王朝；耶稣找了12个门徒，最后建立了全球最大宗教之一的基督教；马云找了18个人，建立了全球最大的电子商务帝国；孔子找了72个门徒，建立的儒家思想影响了全世界！

第三节
“错与不错”的思维框架

现在很多人都在抱怨机会少，其实机会就在“错与不错”之间。我们用“错与不错”的思维框架，来给有心人创造机会。

隋先生是位新加坡优秀的建筑质量监督，既能拿到投标又能帮老板赚钱，从老板奖励他一辆宝马 5 系轿车就可见隋先生的优异表现之一斑。隋先生为人老实厚道，待人诚恳。他既是我的客户，也是我的 MBA 同学。

隋先生移民新加坡已经 25 年了，在中国做了 5 年的建筑设计，到新加坡先做了 5 年的现场施工，又做了 20 年的成本核算和投标，具有丰富的实地和管理经验。他从基层做起，做过建筑业各个方面的工种，从设计到施工，到预决算，从来不挑剔工种。发展到今天再回顾，这反倒成就了他自己，因为他什么都干过。而对于一起工作的马来西亚和印度籍的工程师来说，他们则损失太多，因为他们连做建筑质量监督都不愿意，因此几年后最多做个高级现场工程师，而隋先生则已掌握了成本核算和投标这些最核心的环节。

隋先生所在的公司属于分包商，不是建筑顾问，也不是建筑设计师，就是按照图纸把工程建设起来。这听起来很简单，但在这个工作过程中，专业和不专业差别就大了，这里涉及无数的“错与不错”。

隋先生曾经帮公司与设计顾问进行一个产品的改进，有一个货舱只是取消了梁上盖铁这样一个零件，就让整个货舱的建筑成本减少了40万新币。

在新加坡大士（Tuas）的一个建筑项目中，打地桩的费用是400万新币，可是以隋先生的经验，200万新币已足够了。但结构顾问不愿意听分包商的话，反正是客户付钱，何必再去找麻烦。但隋先生不这样想，省下的200万可是公司的利润，毕竟这个工程是公司包工包料的项目。于是隋先生又找到了新加坡最专业的PE工程师（即Process Engineer & Product Engineer，工艺工程师和产品工程师），然后与业主一起商议，最终采用了隋先生的建议，把打桩改为220万新币。仅这一项，公司就多出了180万新币的利润。

还有一个大型的仓库地面板坪项目，要用到2万平方米厚度达50厘米的混凝土板坪，但以隋先生的专业知识，用35厘米厚的足矣，实在不够的话，加上一些钢筋就足够了。最终业主也答应了，仅这一个板坪就省了30万新币。

这么多年下来，隋先生给老板省下来的钱至少有2000万新币以上。想到这儿，大家会觉得老板送一辆宝马5系轿车给隋先生也不过是小意思。隋先生值得拥有这辆车。

作为公司的高级管理层，隋先生总结出跨文化、跨国界工作最重要的三条经验。这三条经验尤能体现出新移民与主流文化的撞击，体现出不同思想框架下“错与不错”的撞击：

第一，对上面的领导层要负责。

与领导层相处永远不会是最融洽和愉快的事；与非老板领导层相处则更是如此，因为确实存在着很多不希望属下强过自己的人。但老板的信任是第一位的，敏感的事情一定要经过他的签字，讲明为什么这个分包商的工价会多一些，那个会少一些。老板都很精明，但也很讲道理，尊重事实。在老板少的公司工作，相对会容易一些。可是在有好几个老板的公司，尤其是老板之间存在隔阂，那么做下属的夹在中间，就会很辛苦。小公司的事情与大公司是不一样的，小公司经常犯错误，有些事情即使是错误的也要执行，因为返工会亏得更多。本地的老板信用大多都非常好，宁可亏钱也要承担，因此很多公司的回头客是靠着多年的积累才有今天的结果。“错与不错”是很多海外公司在新加坡选择进行公司并购还是自己创立公司时没有想明白的事情。声誉是需要时间积累的，尤其是在成熟的市场体系内。

吃亏不一定是坏事。隋先生在目前工作的公司已经尽力了。公司的第一代老板看起来傻傻的，经常吃亏，但有很多的回头客。老板说，这样就有很多的信任，机会就更多了，其实是路越走越宽。

第二，对待下属要非常负责。

隋先生的下属都对他非常佩服，不仅仅是因为他有着 20 多年的工作经验，更因为他能承担责任，让大家工作起来都很舒服。

新加坡是一个等级观念非常强的国家，下属基本上不能随便讲上司的问题。曾经一个下属在看标书时，发现一个项目的屋顶应是用铁制的，但现在却是用混凝土，成本要高出很多。于是，他向他的印度籍项目经理反映了此事。在公司内部所有的 e-mail 都是公开的情况下，这个印度籍项目经理反而让他自己做决定。他说，自己不能做决定，因为自己不是具备应该做决定的资格。后来，也不知道中间发生了其他什么环节，公司的大老板直接给他发了一封公开的 e-mail，说他的行为属于挑衅。

作为这个团队的领导，隋先生要处理的这件事情其实非常棘手。因为，这位下属完全没有错，但对于经验老到的隋先生来说，已经无数处理过类似的事情了。

首先，他安抚自己的下属说，在这件事上你是没有问题的，有机会的时候跟老板再澄清一下就好了——看到了吗？员工舒服了吧：与老板澄清，说明老板不对；有机会再澄清，就是不用说了，没有时间限制；同时说明直属领导对下属是认同的。同时，既然大家已经都知道了这件事，我们的工作已经完了，就不必要再去讲了。这类事件只有工作多年后，才能明白办公室政治以及领导的风格。

隋先生在处理这件事情时采用的是“错与不错”的本地文化方式，不能改变就先承认。项目照样走，工作照样做，一切都在顺利进行。

事后，下属问隋先生：“老板说你的下属在挑衅。你作为我的领导，为什么不说话，到最后就像这件事没发生过一样？”隋先生告诉他：“你做得没有错，没必要解释。”显然隋先生采用的是“不争辩”的本地文化方式。这对于高级打工者阶层来讲，属于非常优异的文化特质。

那个印度籍的项目经理就是不做事还推脱责任的人。而对于一个项目来说，这样大大小小的事是此起彼伏的。如果没有智慧处理，不仅自己郁闷，还搞得其他人不爽。因此，掌握职场规则需要经验。

“错与不错”和“不争辩”就属于新加坡和马来西亚的主流文化。

第三，沟通最重要，甚至比工作经验都重要。

新加坡人的沟通能力非常强，我们对此都有极深的感触。在新加坡工作，最大的障碍就是思维方式不一致。文化，尤其是主流社会的文化，与中国大陆有着明显的差异。有的时候对方讲了一些过激的话，却以为是针对中国人；有的时候没有注意，但对方已经不高兴了。

举个例子，早期隋先生负责成本和价格的核算，这在建筑公司属于核心部门做的事情。每次核算结束后，其他部门会讲到核算中出现的一些小的错误。在刚刚开始工作的那几年，隋先生总以为是对方在针对自己或自己所在部门，而实际上对方只是就事论事，过后就当什么事没发生一样。

有些时候试图澄清事实，可是对方就不开心了。例如，与一家日本公司一起合伙投标一个项目，但并没有写谁负责合同和工作范围，属于灰色地带，在投标的时候这个费用就被遗漏了。当与对方就此事沟通的时候，对方就非常不开心，可这是事实，有时候讲话过于直白会使得工作很不顺利，尤其在英语还不这么强势的对话中，对方会以低档次来看待自己。

因此在跨文化的环境工作，了解当地的思想框架是很重要的。

新加坡人的思维模式与新加坡人从小受的教育和全民义务兵役制有着很大的关系，毕竟军队纪律最重服从。下面就从生活的点点滴滴中，说一下新加坡人的沟通方式。

隋先生每次和儿子一起出去，有时会与当地人讲话办事。儿子几句话就能轻而易举地搞定，可是换成自己就经常把事情搞砸。儿子从小培养起来的思维方式，就是一种与当地主流文化相接轨的思维方式，用这种方式讲起话来就会容易让对方相信你。

在比较发达或者是成熟的经济体中，你错了就是错了，通常上司指责你后他就不会把这个事放在心上了。当地人通常都是两手一摊，露出一点笑容，这事就过去了。

如果这事落在很多善辩的同事身上，就会引发一顿疯狂的争辩，一件事情会引出 10 个争辩点，又可能由 10 个争辩点引出 20 个麻烦，越搞越复杂。揪住个错误不放，不是去解决错误的结果，而是辩论错误对自身名誉的影响。因为从我们小时候开始，就认为做错事属于不好的品质。外国人可不这么想，而是认为做错事是进步的基础。

下面我必须说说新加坡人是如何学习的。

隋先生所在的公司曾中了一个工程。工程中采用了非常先进的、在新加坡第一次使用的制冷设备。这种制冷设备会把水温降低到 7℃，然后再循环到大楼的各个房间。因为采用的是新技术，还涉及保温层、成本、材料和天气的影响等各个方面的新知识，而隋先生他们在投标时忽略了这部分。但事情浮出水面以后，部门的几个人用了一上午，就把这个技术的来龙去脉全部查得一清二楚，并且非常专业地与业主对这项技术的应用及应该加入的新的费用做了非常优质的沟通。最后业主认为合理，就答应了。

隋先生曾到新加坡一家铺柏油马路的公司参加竞标，随后被邀请参观这家公司。这家公司从事的是看上去非常粗放的工作，但最令人震惊的是公司内部居然设有实验室，而实验室中居然有七八个博士在做新材料实验，且这些新材料的技术先进性超乎想象。可见有用的学习才是真正有价值的。

这一点跟新加坡的文化有关。在新加坡这样的国家，每个人都特别忙，大部分选择在工作中吸收最有价值的信息，实在没有办法了才会通过读书或上课的方式充实自己。

很多人都喜欢博览群书，认真学习，刻苦读书。虽然很多人读书特别多，也特别广泛，但你会发现他们中的很多人在工作方面并没有很优秀的表现，最多是个学究，讲话头头是道，做起事来却缩头缩脑，部分人在企业中并不是很受欢迎。到最后他们都不知道自己的问题出在哪里，根本原因何在，觉得自己怀才不遇。要知道，企业偏重于用结果讲话，学到的知识必须在工作中得到表现和应用，并创造价值，这才是根本。我们并不是词典。当然不是说博览群书不对，有空有兴趣时阅读这么多书当然没问题，但也要看个人的人生追求，毕竟时间有限，专向学习更为重要。

在新加坡工作，我也有这样的感触，生活和工作的压力让大家的时间变得非常珍贵，但是在自己专业范围内的知识，我们会无限涉猎，在专业领域内我们都希望沟通到极致。但专业以外，不知道又有何妨。

隋先生在新加坡属于第一代移民，对此也有相当多的感触。他是一个非常爱家人的好父亲、好丈夫，最大的感触是把孩子带到新加坡来读书，孩子从童年到就读新加坡国立大学都没有那么辛苦的补习和学习。顺便说一下，虽然新加坡国立大学全球知名，其实在本地只要稍加努力，进入该校不是很难的事情。孩子在新加坡主流文化影响下接受主流的思维方式，比如结婚以后买房是他们自己的事情，每个人都会申请一个政府资助的政府组屋（HDB），几年后卖掉，一定能赚到第一笔资金；如果足够努力，那么不需要卖掉政府组屋就能买公寓，那么政府组屋也可以出租几十年，每个月租金2000元新币，到老了这也是笔不错的收入。这种理财模式，早在小孩子在校读书时就已深入人心了。

在新加坡，普通的就业机会非常多，创业的环境也相当容易，只要肯拼搏，从普通工人做到老板是很有可能的。高级的管理层想做老板也很容易，但他们中的很多人享受安逸惯了，不愿意突破和冒险，因此这两批人的比例和人数都是差不多的。新加坡的大学生毕业后找工作是非常容易的，隋先生在毕业前一个月内就收到了三个公司的邀请。新加坡孩子的教育和工作，并不需要父母过于担心。

只要理解并熟练应用“错与不错”的思维框架，并拥有智慧来平衡责任与文化，无论是在哪个国度，都很容易建立人脉，进入主流社会。

腾讯公司之所以开发微信，主要是因为微信是跨平台通信工具，其基因和形象与QQ不同；不大力发展QQ的原因则在于QQ是手机 + PC时代的软件，大家已不认同QQ是新时代的移动通信工具。

色拉布（Snapchat）刚刚推出时，腾讯公司在美国的经理就到了其创始总部，发现公司总部非常狭小，就根本没把他们当回事。马化腾说，腾讯中国总部高管下载了这个软件，发了短信看了，都觉得这个软件特别无聊。哪知道色拉布发展得这么好，就像马化腾在香港大学的演讲中所说的那样：“我们也许没有什么错，就是老了。”这时从优秀公司对“错与不错”的看法中，就能看出他们能做大的原因所在。他们不在乎面子，只在乎事情的本质。

第四节

如何找到中西合璧的合伙人

随着经济全球化及各经济区域间交往日益频繁，具备中西合璧知识背景的人才非常稀缺。至于中西合璧的合伙人，那就更难得了。

友春公司的梁女士是我 17 年的老客户，2019 年她刚刚完成公司跨越多个国家和地区的系统流程改造，公司的竞争力又得到了进一步提高。

友春公司是一家非常优秀的重型设备运输公司。成立公司之初只有 4 辆卡车，做着平凡的生意。但梁女士的父亲梁老先生眼光独到，看到了新加坡的快速发展会需要很多重型设备，于是在 30 年前便开始经营百吨级千吨级别的重型设备运输公司。但友春公司在这方面的经验严重不足，需要的不是一两个员工，而是国家级的技术和经验。

千思百想，梁老先生发现德国和荷兰在这方面的技术非常先进，但德语属于小语种，而很多荷兰人都会讲英语。于是在 1990 年，梁老先生与荷兰一家公司展开合资项目，荷兰籍高级技术经理雷尼尔来到新加坡，作为荷方代表共同开发业务。在这个过程中，中西方文化相互融合，管理方式和经验技术不断提升。

1995 年项目完工后，因为双方合作非常愉快，雷尼尔也非常喜欢新加坡，梁先生就邀请雷尼尔留在新加坡，加入友春团队，变成了友春公司的合伙人。有了雷尼尔的加入，就像全球最棒的技术和最好的管理理念植入了友春团队，公司的合伙人基础顿时得到了升华。就是在这个阶段，我于2001年帮他们建立了公司的质量管理体系。

当时公司的业务领域竞争太激烈了，友春公司就考虑能否进入特种行业，德国有超大重型运输行业，而新加坡、马来西亚却很少。事情就此开始，“A计划”在心中发芽，有心栽花，只在等待着一个伟大机会的到来。

只要你用心等待，机会就会到来。马来西亚的一艘退役潜水艇要在陆地上运往博物馆，友春公司感到这是一个非常好的机会，就派团队来到马来西亚，表示不惜一切代价投资买了重型运输设备，并表示一定成功地完成这个项目。于是，庞大的水中怪物在陆地上被有一排排轮子的拖车承载，运输场面非常壮观，一鸣惊人。友春出名了。

这时，新加坡负责地铁运输的部门也邀请友春承运地铁车厢。友春公司从水路到公路再到铁路，这些方面的业务都能承接。公司预计运送100节车厢就能盈利，到现在已经运送了近1000节车厢。公司投入的海上渡轮、履带吊机都已经在亚洲各国开展业务。友春公司已经成为行业独角兽。2019年春节聚会时，梁老先生还在开玩笑说：“家常菜都会做，所以竞争太激烈了，可专门做鱼翅的公司就不多了。”格局不同，结果自然也不同。

到现在我们能看到，中西合璧的合伙人对友春来说是多么的重要。

本书限于篇幅，不能把更多的实地经验分享出来。我每次与公司做项目时，都必须充分了解公司在各个国家的业务状况和背景，才能提出更好的解决方案。

随着人类文明的进步，现在这些发展中的国家也在逐渐成长，他们国家也投资了很多重型设备。因此目前要去这些国家工作，一个很重要的挑战就是面对地方保护，不少国家制定了各种法律法规条例，以种种条件限制来保护本国的公司。

如果您租用本地的设备超过了60%，这个项目基本上就不用做了，成本太高了。但新加坡设备要运到当地的国家，目前因为保护政策，申请各种名目的临时进驻准入证已经是法律规定的常态，项目虽有不同，这些成本却都不低。因此外国公司要到当地去工作，一般项目时间越长越相对有利。

可是时间越长的项目，投标就越有难度。要想得到项目，基本上还要依靠当地的公司。这就必须与当地人合作，在当地成立公司。目前泰国、印度尼西亚还要求本地股东的股权比重大于 51%。

在海外承接大型项目不仅导致成本增加，合作成立当地公司又链接出一个更重要的问题，就是找到很好的合伙人，找到可靠的合伙人。如果合伙人不可靠，其 51% 的股份很容易导致公司万劫不复。

如何找到很好的合伙人？

首先要有很好的联络网，通过背景调查，找到合伙人。

如果时间紧迫，找到的合伙人没有那么优秀，就要派驻新加坡的经理过去管理当地国家的合伙人。雷尼尔认为，这种方式的风险非常高，因为当地人也不一定容易管理，对派驻过去的经理来说，无论是对当地文化的理解还是对合伙人的管理都是严峻的挑战。可以看到，很多国外大公司频繁更换派驻当地的经理，这很不利于项目的运营，可是对公司来说，又没有其他更好的办法。

2019 年，全球都在面临着转型和挑战。在区域性的国家，很多公司只要能把员工的薪水和设备的折旧费用抵销，项目就还可以做；如果再降低 10% 的项目总额，损失还可能接受；可是如果以正常价格的 20% 或更高为代价，那就真的不能做了。

在早期，质量和服务排在第一位，价钱并不是很重要。随着管理水准的提高，各国大型公司对重型设备的投入和管理的水平都在提升，因此价钱就又变成第一位了。目前全球大型的炼油项目都搁置了，很多欧洲大型运输公司的设备没有项目可做，就进入相对较小的市场，以价格战抢生意。

过去20多年，雷尼尔与公司合伙人同舟共济，沉着应对一次次挑战，突破一重重困难。

我问雷尼尔："来到新加坡和亚洲工作，对你来说最大的挑战是什么？"他说："文化的不同。"

荷兰是一个非常自由的国家，在那里大家的工作方式非常轻松，社会福利非常好，任何事情都会有政府津贴，不用担心生计问题，生活压力不大。而在亚洲，大部分国家的社会制度不是这样的，必须努力工作才行。即便这样，雷尼尔还是加入了新加坡国籍。雷尼尔认为，新加坡链接世界各地的机会非常多，生活更加充实而有趣，毕竟人活着要有意义，他已经适应了新加坡的创新生活和在亚洲各个国家的挑战，不想每天下班后以啤酒度过此生。

雷尼尔说："既然你不能改变这个国家和他们的想法，那么你就要去适应它。即便你认为自己很厉害，员工工作时也未必处处听你的，你必须证明你自己能行。"雷尼尔在基层发挥着自己的优势，不断地把好的经验应用到工作中。比如让工作系统化，增加生产力，工作的环境尽量干净；他跟团队一起工作，调试设备，搬运设备，出工出力。员工渐渐发现这个洋老板不简单，工作状况也都改变了，生产效率提高了，对他的看法也大不一样了。

雷尼尔回首过往，总结出这样的经验：如果不这样做，以为自己很高大上（这里忘记介绍了，他身高1.9米，确实很高），根本就生存不下去，因为你没有证明自己是可以的。以前跟他在一起工作过的高高在上的荷兰和德国籍同事，也都有类似的感触。

虽然公司现在都有了ISO9000、ISO14001、ISO45001等管理体系，以及品牌化、商业模式、系统化等，而且时代在进步，行业水平也在整体提升，但做人的态度还是要从基础做起。不同的时代有不同的问题要解决。

前一段时间，两个来自比利时的管理层人员来到公司，雷尼尔没有征求他们的同意，就直接把他们派往基层与孟加拉国工人一起工作。当他们适应了基层工作以后，全公司的人都对他们刮目相看，很尊重他们，因为他们能够从基层做起，愿意听别人讲话，这是很多欧洲白领能在亚洲公司生存下去的诀窍。很多欧洲白领在亚洲的工作不够顺畅，就是因为他们不懂得这个诀窍。

雷尼尔是一个典型的中西合璧的人才。梁老先生主动邀请荷兰公司合资，创造机会，识别人才，并给人才最大的信任环境和发展空间，这也是典型的让中西合璧的人才发挥潜力的基础。

无论是梁老先生、梁女士还是雷尼尔，都是拥有跨国眼光的人。

在我过去20多年的工作中，也结识了很多国家的朋友，很多人在多年后都选择在新加坡定居。每年的圣诞节前夜，我都会去米歇尔家中，此时大概会有三十多个意大利朋友聚在一起，他们的太太多半是中国人、新加坡人、美国人、印度尼西亚人，在这个房间里你会感觉到这里简直是个联合国。作为亚洲人，我对意大利的黑手党非常感兴趣，他们也会非常风趣地跟你讲西西里的故事。其中一个在德国公司当总经理的老友，他的业余爱好是做香肠，常常拿来自制香肠请我们品尝。在新加坡大概有3000个意大利人，几年下来，大家都变成了非常好的朋友。如果有公司想开发意大利的市场或欧洲的市场，这里面就一定会有潜在的合伙人。

我们身边还有很多这样的案例，一沙一世界，就不再举例了。

第五节
要找个好的军师：主公有多少胆量，亮就有多少计谋

1. 找军师。

如何找个好的军师，是大部分企业家的梦想，而且是一个很难实现的梦想。让我们回顾一个历史故事——火烧博望坡。

刘备三顾茅庐，诸葛亮隆中对策，答应出山。此后曹操部将夏侯惇率 10 万大军，直逼在新野只有几千兵马的刘备。

刘备当然不知如何是好，便问诸葛亮怎么办。诸葛亮说：“主公有多少胆量，亮就有多少计谋。”

这段历史大家都知道，诸葛亮借刘备令箭慑服关羽、张飞，令他们各领一千兵马，埋伏在山林中，等待夏侯惇领军通过，以伏兵和火攻击。又派赵云担任先锋，领老弱残兵与夏侯惇交战，并诈败撤退，引诱夏侯惇进入山林窄路之中；又遣关平等人潜入曹军后方，焚烧物资，制造曹军恐慌。交战后，在夏侯惇与于禁领军追击时，位于后方的李典紧急通报前方的夏侯惇，需防敌军火攻，然而为时已晚，曹军受制于道路狭窄，又处于树木交杂之处，火势一发不可收拾，死伤十分惨重，一切如诸葛亮安排的那样发生，夏侯惇等将领败逃回许都。

很多企业家认为军师靠嘴吃饭，那是根本没有看到其背后的价值。总结这场

战役，诸葛亮用的就是“败一败一败一火”。这在当时的乱世，是一场名垂千古的战役，谁能说诸葛亮只是动动口、靠嘴吃饭而已？

《鬼谷子・捭阖》：“口者，心之门户也。心者，神之主也。志意、喜欲、思虑、智谋，皆由此门户出入。”正如解决答案就在对面，可你就是不知道，但只要捅破那一层窗户纸你就能看得到；当窗户纸捅破后，你又说原来这样简单，其实我自己也能捅。确实有些企业家非常厉害，自己就能捅破那一层窗户纸，但毕竟大部分企业家不具备这个能力，还是需要借用好军师的力量。

很多企业家还没有去找军师，就说自己能力不行，军师又难找。什么都没做，就已经否定了一切，那谁还能帮得了他呢？刘备早在兵败逃亡之际，就曾经遇到一位世外高人水镜先生，此人有未卜先知的本领。在刘备向他请教时，他回答说：“卧龙凤雏，得一可安天下。”为什么刘备能遇到水镜先生？为什么水镜先生要教刘备？因为是刘备想找军师。有了想法，一切皆有可能。

当然还有另外一群企业家，自己成功以后就不把军师当回事儿。刘备称帝后不也是这样吗？不听诸葛亮劝告，率军远征东吴，最后被陆逊火烧连营，几十万大军损失过半，蜀国伤筋动骨，刘备自己也逝于白帝城。发展阶段不同，形势也是不一样的，过去的经验并不能完全用于衡量未来的变数，只有不断谦卑地去学习请教，方可化险为夷。

这就是今天很多企业发展不起来的原因所在。要么负能量满满地说自己不行，要么认为自己的经验是最大的。看到了吗？企业的最大敌人就是创始人本身，最重要的是创始人能够克服自己缺点，不断战胜自己。

诸葛亮是人人想得到的，但也要看你是否是刘备。你的梦想有多大，你就会找到什么级别的诸葛亮。现实生活中的诸葛亮可谓遍地皆是，今天的军师已被广泛定位成公司的优异合伙人、专业经理人、专业人士（如顾问、律师、会计师等等），人都在那里摆着，就看创业者怎样发现他们，整合和发挥他们的能力。

大型的企业为什么能做到那么大？他们在不同方面都有着自己的专业军师。中小企业最缺的就是好的军师，好的军师可以让企业起死回生，转危为安，化不可能为可能。所以，企业家一定要给自己找一个好的军师。找到军师，一生平安！

2. 找靠山。

通常都说人的一生会有 6 次偶然的机会，只要抓住一次就会让你大获成功。机遇每天都会在我们面前出现，可是为什么大部分人一辈子都无法把握好一次机遇呢？企业也是如此。大凡成功的企业都会有名师点悟，高人指路，贵人相助。

找到靠山，是打开格局非常棒的方法。可是你一旦问到很多种中小企业主时，他们每天都在忙碌，没什么真正意义的私人老师，最重要的是没有意识到要去找一个自己可以依赖的私人老师，自己的高度就是公司的高度，试错的机会太多，机会成本太高。

目前我手中正在辅导一个规模很小的装修企业，他们手里的资金也就最多 30 万新币左右。2018 年，他们要去投资一间泰国的办公室，原因是一个朋友因为资金出现问题，供不下去房贷了，让他接手买下来。这时候，其中一个股东就很兴奋地跟我说这件事，询问我的意见。我告诉他们，你们的钱现在并不多，接上一个稍微大型的项目，资金就会断流。而且在泰国投资办公室，除了能收一点租金，对你们日常的业务没有任何帮助。公司目前还不是很稳定，泰国未来的房产走向却不明朗，还要多一分精力去考虑国外资产的情况，这样做不划算。

2019 年 4 月，他们又跑来兴奋地跟我说，新加坡有一间 220 平方米的办公室，属于永久地契，总价 180 万新币，只要付 10% 的定金就可以买下来，跟银行协商后每个月的月供 6000 新币左右。他们问我的意见，我不假思索地对他们说，马上就买。因为他们公司目前的两间办公室都是租的，租金大概每月 4000 元左右；公司的业绩近三年都在稳步成长，6000 块钱的月供是没问题的；加上他们个人的资金和公司的储备金，先付10%的定金也没有问题；最重要的是，新加坡的永久地契非常少，20年后这个资产会有非常大的收益。于是，二人就去商谈购房了。其实最主要的还是公司的30万资金，可以动用部分来付首期房贷。看到没有？如果他们先投资了泰国的房产，现在就没有办法去买这间办公室了。

年轻人需要别人来指点，最重要他们要有这样虚心的态度。眼前看到的机会，未必是机会，有过经历的人，几句话就可以让一个公司规避很大的风险。

还有一个美丽的故事。一个军师级别的房地产中介告诉一个落魄年轻人，一所坐落在中产阶级住宅区的一流建筑，房主必须在一月之内把房子卖掉，出价14000美元。年轻人存款不足500美元。他请教了一个贵人，贵人告诉他违约最多赔100美元，并教了他一套方法。于是他毫不迟疑地和房主签了约，之后到一家银行成功得到1万美元的借款，就把这1万美元还给了房主。他又把房产抵押给了另一家银行，又获得了1万美元贷款，还清了第一家银行的借款。他通过租房得到的租金又帮他还清了第二家银行的贷款。后来，他从只有500美元很快成为百万富翁。这个方法到今天还是有用的。

纵观我的客户，他们中做得非常好的，通常都是在原有的基础上不断升级，不断进步。很少出现一家公司突然间转换跑道，做了一桩新的生意就瞬间成功的情况。1—5年是一个最基本的准备期，5—10年是一个很重要的发展期，10—20年以上是一个非常重要的全球复制扩充期。

许多客户都跟我讲过这样的事情：公司已经运营七八年了，在生意方面就是无法突破，而且还在走下坡路。我告诉他们：中小企业在今天创业，都是因为碰到了一个机会，因此在1—3年以内，只要能好好把握这个机会，就能够快速发展；在3—8年左右会到达一个发展的高峰期和瓶颈，如果还坚持以前的模式，就该开始走下坡路了，因为整个行业都知道了这个做法，这个市场从蓝海进入红海，如果生意还能好，那才叫奇怪，这是硬道理。因此很多企业做不到5年就做不下去了，这是非常正常的市场规律。

很多企业在3年内如果没有找到自己的卖点，就放弃了。其实大部分的生意只要你再努力坚持几年，很快就能突破，甚至成功率可以达到100%，但很多人让“不可能”的常识控制了心智，把枷锁变成了常识，他们会毫不犹豫地认为真不可能了，比如：“这么做是不可能的。”“没有人能这么短时间做到。”“没有人投资我。”“我没有背景。”“这个产品已经过时，不能改进了！”“第一个吃螃蟹的容易变成先例和先烈。”等等。

这叫没有安全感，与创业激情背道而驰。政治学家要看到挑战，而企业家要看到机会，因势利导，扭转乾坤，保持激情。我们要在机会的危机感下充满激情地工作，而不是患得患失，焦躁不安。本来无一物，何处惹尘埃！

一旦患得患失，焦躁不安，就会误入歧途，就会被这个思维模式绑架，虎狼狮子，蚖蛇蝮蝎，迷路的人瞬间就会遭受各种毒物的袭击。

如果这时遇到一个能解诸毒的贵人问迷路人：“为何入此险路，有何异术能治诸毒？”迷路的人方知此是险路，想要离开此路，贵人瞬间就会伸手接引，助他离开，同时还要求他告诉身边亲朋好友此路有毒，不要再进，一旦进来，非常难出。这贵人就是军师。

这个迷途、歧途就是普通公司的常识。这些常识一旦变为枷锁，就会迷惑我们的心智。只有跳出五行以外，才能看到大趋势。一旦大趋势明了，所有的路都将为你打开。

当企业认为是机会又不可能的时候，贵人的点悟就是捷径。他会告诉你这是险路还是正路。

我本身也作为不少公司的私人导师，给客户提供切合实际的模式。换一个想法去做一件看起来没有想过的事，你会拥有截然不同的人生。

2019年，我指导了一家茶饮料连锁公司。公司的初期战略就是不断融资，不断发展，但扩展到5家店后，公司的业绩开始下滑，融资也遇到了阻力。这明显是一个战略问题。我告诉他们：没有开店之前大家听的是你们的背景和公司的愿景，开店后看的是你们的业绩。公司不能对外无限扩充，扩充的前提是公司的内部建设要花功夫。比如如何改善产品？就要了解客户的需求，增加客户的满意度，增加客户的体验，增加超值服务流程，提升单店业绩，抓住市场的大趋势，创造市场区隔点，最后把店面变成产品，才能展开大规模复制。两位创始人听进去了，他们从3月做到5月，就开始有成绩了。

公司一旦有了方向，那么每一步积累都是在添砖加瓦。中小企业的最大危机是决策和执行危机，尤其是在战略决策方面，只要不错，有成绩只是时间的问题。看到以上两位创始人的成绩固然可喜，但实际上他们的麻烦很多，有大量的事情要去处理，但他们在导师指导下，做出从来没有体验过的成绩以后，他们的快乐都是发自内心的。

我们今天遇到很多类似以上案例的商业机会，但这些大多以问题的形式存在，只有少数人能看到问题背后的巨大商机。看看以下几个问题：

- 我们处在一个和平而充满机遇的时代，商机很多，可是为什么很多人都在倾诉自己生意不好呢？
- 如果我们从发达国家走入贫困国家，你就会发现，你会成为一个高级顾问，完全可以充当这个国家的经济策划师。那为什么这么多人都没有去做呢？
- 身边有这么多优秀的人，为什么只有你能做好？
- 如果你不在公司，公司还能正常运作吗？
- 运作一家公司，资源的配置结构应该是什么样的？
- 每天都在想赚钱，那么赚钱的原始点是什么？

- 你是否知道你这一生能赚多少钱？那你该如何设定目标？
- 你是否知道未来让你赚钱的业务是什么？那你该如何找这项业务？
- 凭什么你能让产业链升级，可以拿到优质项目和客户？为什么客户会跟着你？为什么员工会跟着你？
- 你对公司的主控权是什么？是100%的股份吗？是签发支票，炒人请人吗？
- 老板的工作是什么？你为此付出了吗？
- 你的公司的性格是什么？价值观是什么？
- 你们公司的产品是什么？这些产品属于谁？
- 你崇拜的竞争对手是谁？你最崇拜的成功是什么？为什么？你真正了解他们的成功历程吗？
- 在你的行业里，竞争模式是什么？
- 5年、10年后，你的行业的发展趋势是什么？
- 你的行业机会有多少？
- 你的行动目标和方案是什么？为什么能行得通？
- 客户为什么对你的服务和产品感到惊喜？
- 你创业的价值是什么？
- 当有一天你离开公司时，公司会变成什么样？

……

如果这些问题你都不能回答，那你一定工作得很辛苦，你的员工会不会跟随你，你也不知该如何做老板。这些问题加起来，多少企业连看都不想看了，更不用谈解决了。

但是毕竟很多优秀企业都解决了这些问题，他们就是你的老师，他们的老师更是你的老师。所有这些，你必须通过学习获得。学习的途径包括一切有智慧的方法。

我用10年的时间开发了由1000个管理指标组成的管理体系，到最后却发现，所有的问题都是1个问题，1000个问题都是1个问题，1000个问题同时解决，才能解决其中的1个问题。这不是绕口令，我用了10年时间亲自实践和验证了这套方法，如果某个企业重新去做，至少也需要7—10年时间，但是我指导他，也许两三年内就可能达到这个高度。

我在新加坡工作的20年里，与超过180个细分行业都有非常好的联络，在管理上我会指点企业不断优化商业模式、核心团队以及系统，同时也在专业领域广泛建立人脉，因此能够帮助他们迅速成长，有靠山，有点悟，速度会快上几倍，结果会好上几倍。

在给一个建筑客户做完规划后，我带他去见了蔡先生。蔡先生是一家知名建筑中资企业在新加坡的代表。蔡先生就问他："你每年的营业额和利润是多少？"他说："公司有十多人，做了十年了，每年可以赚30万新币左右，很辛苦。"这时蔡先生对他说：你公司的规模太小了，如果扩大规模，那你的发展就会加快。蔡先生说他的公司在新加坡只用了不到三年就从0做到了1000人，这是个非常了不起的成绩。结果三年后，我的这个客户也做到了200多人，管理人员就有60多个，大部分都外包，业绩大幅度提升，目前正在规划上市。

有一个新加坡上市公司的CFO因为在公司遇到问题，想离职，来找我的客户梁女士应聘。梁女士对他说："你不要跟钱吵架。你现在离职不利，没有人愿意请公司有事就要走的人。你好好地做，据我了解，你的公司不出两年就会情况转好的。"这个CFO听取了梁女士的建议后，与公司共同解决问题，两年后薪水恢复到25000新币，还得到100万美元的奖励。这位CFO要投资一间公寓，这时候梁女士又问他："为什么只买一间？"他说："要全额付清。"梁女士告诉他说："最好买2间公寓，贷50%的款，但不可以像很多人一样买5间、8间，以租金还贷款，这样即便有金融风暴或没有人租你的房子，你也安全，能还得起。”结果他买了2间公寓，5年后涨了1倍。试想想，如果这个CFO在公司有难时离开了，如果这个CFO不认识梁女士，那他会怎么样呢？

可见有人脉和高人指路是多么重要，有贵人提携多么重要，有军师是多么的重要。

庞涓、孙膑、苏秦、张仪均出于名师鬼谷子门下；雍正皇帝即位前多少次险象环生，名师邬思道多次指点雍正，最后助他登上皇帝宝座；海南航空总裁陈锋师从于南怀瑾；孙正义遇到陆弘亮；曾国藩遇到了唐静，刘备遇到诸葛亮，曹操遇到郭淮，所有的大人物都有自己的私人导师，这是成功的捷径。拳王，冠军，理财师……都有老师。我不能想象，没有老师怎么会成功。名师一定是人脉，每家公司都应该有自己的私人导师。只有名师点悟，才能很快达到悟性通达，心神贯通，利令天下，欲望纵横，势旺必胜，度适功成。

大家经常请大企业家来进行分享，这没错。可是你就是中小企业，卖咖啡的没有办法在短时间内变成星巴克，卖炸鸡的也不需要变成麦当劳，锻炼身体不需要变成刘翔。我们需要了解自己，回去后知道该怎样改变。这其中的奥秘就是，有高人和名师点悟就会如虎添翼。

在过去的10年中，我是至少几十家优质公司的贴身老师，公司的股东结构、发展方向，市场趋势，往往就在一顿饭的时间里就解决了。有的时候大的公司老板遇到一个基本的小问题，反倒容易转不过弯来。

第六节
二十年磨一剑，跨国人脉

很多客户都问过我，中小企业怎么建立国际化人脉，尤其要在一个陌生的国家建立国际化人脉，到底该怎么办？

我的回答是，如果没有本土化，那就很难国际化。作为一家企业，要记住你也是来赚钱的，并不是因为你有钱有势就能控制住本地人的思想和经济。谁都知道，必须双赢多赢，尤其是在别人的地盘上。要把自己的思想融入当地人的思想和文化，融合当地特色进行运营。比如在德国和澳大利亚，到了公司下班时间后，这时再加班要经过工会批准；在美国读书的学生因为手艺好，做得一手好菜，于是利用网络外卖，却触犯了美国食品方面的相关法律，结果被遣送回国。

如果能够在不同国家的本土化落地，那么你已经达到了国际化。而从表面上看，一个品牌在全球开花，其根基就是在当地能够生存。在本土化过程中，最重要的因素就是人脉。

一个好的企业要走出去，首先要有足够的积累，因为无论是市场投入还是熟悉当地法律法规甚至应付官司纠纷，都需要大量的支持。如果公司在本国都做不好，那就很难在国外做得风生水起。有些公司的确在本国规模不大却在海外发展得很好，那往往不是因为在本地没有做好，而是把重心放在海外，本土化的海外公司反倒是其第一个重要公司。

当一个企业在本土化方面做得很好的时候，很多国外的人脉自然就会找来。

翁先生是新加坡装修行业中非常有实力的企业家，创办公司25年了，在新加坡、马来西亚有自己的工厂。公司有100多人，30多个管理人员。作为新加坡装修公司资质最高的31家公司之一，公司拥有政府工程投标执照，主要承接大型装修工程如酒店、俱乐部、跨国公司办事处等，承建过香格里拉酒店、苹果公司办公楼等地标性建筑。

我曾帮翁先生的公司设计商业模式，做高层的人力规划。翁先生曾对我说，他从小就喜欢做生意，今天生意做到这个规模，都是靠自己的努力、诚信、认真和能力。毕竟今天的社会发展非常迅速，需要更有知识和见识的伙伴加入，一起把事业做得更好。

从业25年来，最令翁先生感到骄傲的工程，是新加坡的金沙酒店。金沙酒店大堂、赌场贵宾房以及其他一些工程，大部分都是翁先生公司装修的。

2010年4月，金沙酒店开业的当天，翁先生与家人刚刚进来，酒店总监工就远远地指着翁先生对所有人说：大家一定要认识这个人，是他让酒店能够及时完工。现场顿时响起了热烈的掌声，翁先生的名字在新加坡装修行业内也变得响亮响当当起来。翁先生跟我说：国际大企业的高度评价，给我带来了非常大的满足感。

在新加坡，政府会给赌场发放两张执照。赌场拿到执照后，政府承诺十年内不会再发新的执照，因此早开工一天，对赌场及综合度假村的利润也就能多积累一天。而那时的赶工程度已经到了极限中的极限。为什么这么说呢？这个项目本来有8个月的工期，但因总包和业主之间的沟通问题而耽误了7个多月，到最后留给装修施工的时间只有10周。所以酒店能够在2010年4月及时开业，翁先生告诉我，他的眼泪都要流出来了。在这么短的工期内完成这么大的工程，简直就是一个天大的奇迹。

在施工过程中，他经历了无数的挫折，备受煎熬。首先，设计师的设计理念超前，要求非常高。怎么做能达到要求，那拼的纯粹是经验、能力、实力和现场的调度安排能力。

其次，要让不同行业的人在同一个时段内完成所有的工作，这是非常难以协调的。比如做瓷砖的100多人与做木工的100多人在同一时间工作时产生摩擦冲突，两方人马几乎就要火拼，最后还是翁先生把双方压了下来，恳请大家保持冷静，毕竟求财不易。

再次，更大的麻烦不时会冒出来。按照设计师的图纸加工的3000片木板已经安装完毕了，可在检测的时候发现，上下10米高的高度水平误差达3毫米，于是施工方被要求把3000片木板全部拆下来重新安装。木板明明是按照设计图纸的工艺做的，但这个时候再去争辩谁是谁非，已经没有太大的意义了，关键在于要准时完工。此时又逢2010年春节。翁先生果断决定，全部拆下，拉回工厂。随后，公司的研发人员马上着手研究如何把误差控制在1毫米以内，研究人员决定在木板的双向都贴上压层表皮，这样双面拉力就会均匀，不会弯曲。于是公司立刻到邻国购置了热压机器。仅这项工作就导致成本增加了50万新币。后来，公司在7天内完成了3000片板的加工工作。还不止于此，接下来10000多张木板也都要贴上双向的压层表皮，又令成本增加了很多。

当时很多的承包商都觉得，翁先生的公司肯定挺不过去了。好在有惊无险，公司最终拼的是实力，如期完成了工程。虽然到最后总承包商也没有多补一分钱，但2010年这一战，翁先生在业内赢得了了不起的声誉。自此之后，很多优异的大型装修工程方都来与翁先生接洽业务了。公司发展多年，直到2010年的金沙酒店装修工程才成就了公司的声誉，验证了公司的实力，本地化的基础更加牢固了。

2018年年初，翁先生只身一人来到柬埔寨。这次他承接的项目是为一家酒店的两间样品房供应所有的软装家具。这本是一桩非常小的生意。

当时所有的家具产品都已运达酒店，翁先生从机场赶到酒店时已经是半夜了。酒店之前的承包商没能拿到这个工程，就在项目实施过程中人为设了很多障碍。当翁先生到酒店时，没有任何人帮助他，要提着重达40公斤的行李箱从15楼爬到19楼，上上下下多次，脚也崴了。客户要求明天必须看到所有的家具布置完成，于是他就自己干了起来，整个楼层半夜就他一个人。

到了第二天早晨6点，翁先生忙得汗出如浆，全身就像被雨水浇过一样。有些工作确实是一个人无法做到的，他不得不打电话给项目的大老板，要求至少派两个人过来。翁先生要求来人做的第一件事情，就是到楼下帮他买些水上来。当翁先生把4瓶水一口气喝完后，心里暗自寻思，自己在新加坡有100人的团队，在新加坡也从来没有这样的经历，现在到底做的是什么样的事情，有必要这么做吗？

这件事情虽然不大，但翁先生做事的态度以及新加坡的高标准，都远远超过当地供应商能做到的。而且翁先生还有一个习惯，就是与人为善，见到每个人都热情地跟他们打招呼，时间久了就把周围的人都变成了兄弟。这件事渐渐在柬埔寨传开了，酒店老板也就知道这件事情的来龙去脉了。于是不到两周，工作局面就慢慢打开了。

在接下来的一年内，这家酒店把700个房间所有的产品的供应都交给了翁先生。你知道“所有的产品”的概念吗？从电熨斗到垃圾桶，从沙发到床，从一个刷马桶的小刷子到电视机，从灯具到房间装饰品，从礼品到帽子……种类繁多，包罗万象。翁先生在柬埔寨市场上从此有了一个“小叮当”的绰号，就是什么都能找得到的意思。

讲到这里，我也不得不插入一句话。在过去的25年里，翁先生与周边各个国家的几十个供应商都保持着铁杆兄弟般的关系，这使得他在遇到困难的时候，每个人都能伸出援手，于是再怎么复杂的工程在翁先生的手里都变成了小菜一碟，更不会存在产品被骗、货不对板的现象。这可谓20年磨一剑，造就了属于自己的跨国人脉。

柬埔寨这家酒店的老板的母亲住在新加坡，家里装修的时候搞得一团糟。翁先生闻讯赶去，自然不在话下，三下五除二就把项目做完了，老太太特别开心。于是，这位老板在2018年还特别派新加坡分公司的经理到翁先生公司来考察，并且交代，如果在新加坡有工程，翁先生的公司是首选。

到2019年5月，翁先生仅用一年半的时间就在柬埔寨有了非常多的好朋友，而且他们还纷纷介绍身边的高层人士与他认识。世间最美好的事情，莫过于有几个很正直的朋友。但翁先生深知，柬埔寨人不会把每个人都当朋友的，那个地方的局势还是非常复杂的。翁先生能取得这样的成绩，完全是由自己丰富的阅历决定的。

随着人脉网络的越来越广，柬埔寨香格里拉酒店也找翁先生供应产品，签订了最少1000万美元的合同。至此，翁先生在柬埔寨也注册了分公司。文莱、澳大利亚等国家也相继伸来了橄榄枝，因为他的声誉已随着人脉而广泛传播。现在翁先生的业务范围已不止贸易供应了，公司本土化、国际化与因地制宜的策略也随之展开，已步入部分产品在海外的研发和生产阶段了。

各个行业的案例都可以相互参考，但一旦涉及运作，其模式便会截然不同。新加坡模式可以在新加坡得到运用，但是拿到新加坡五十里以外的地方可能就不管用了，别人的模式拿到新加坡也未必就管用。各国各地区既然有着自己的文化，就要拥有自己的独到的跨国人脉模式。不要担心自己老大不小了，关键在于能否有20年磨一剑的想法，也不可急功近利，只要用心做就是了，因地制宜地本土化，跨国融入当地文化，就会有好的结果。

弯路走了一大段，无论金沙酒店的返工，还是柬埔寨酒店装修展现的责任感，都让我们看到了人脉的重要性。平时很多人都在挑剔说，交结这些人没有用，交结那些人没有用，每天的应酬都是在浪费时间，可是在关键时刻，你的人脉却起到意想不到的作用。20年磨一剑，弯路原来都是直的。

一个人来到陌生的地方闯天下，这是一件多么兴奋而又辛苦的事情。处处碰壁是难免的，只有通过努力和用心，等待转折的机会。

梅花香自苦寒来，企业取得的所有成就都带有加班的味道。磨刀不误砍柴工是每个企业家的智慧，现在的跨国、跨文化企业，更需要知道在别人的地盘，自己未必是老大，建立当地人脉是企业的空气和血液，有人脉就有靠山。抓住机会，成于细节。

第七节

挑与不挑：12 个高端人脉规则

你和谁在一起，的确很重要！如果说人是一本书，那么外表就是封面。要做事，先做人。做人不成功，成功也只是暂时的；做人成功，不成功也是暂时的。不需鼓掌，鹰也在飞翔。要有鹰一样的高度，看得远；有鹰一样的低度，吃得饱。头顶着天，脸贴着地！

团队靠的不是人多，而是心齐。很多人说我认识几千人，对不起，你那不叫人脉，叫好友数量。不要高估自己的人脉关系。

人这一辈子，其实最开心的不是赚到多少钱，而在于赢得多少人的信任。相处久了，久而久之成为好朋友，并且一直信任你，支持你，选择你，这是用钱都买不来的。堂堂正正做人，明明白白做事，永远不要丢掉别人对你的信任，因为别人信任你，是你在别人心中存在的价值。失信是人生最大的破产。永远相信，诚信可赢得天下，守信方得人心。

少被人看一眼，感觉好像空气稀薄了很多倍，那是没自信的表现。最硬的关系，其实是人品。

谁都想拥有高端人脉。如果掌握高端人脉规则，就会让你事半功倍。下文主要分享 12 个高端人脉规则：

- 一念三点；
- 人缘；
- 不用害怕优秀的人；
- 主动讲出来；
- 勤俭努力，广结善缘；
- 真诚信用；
- 建立关系，互通消息；
- 分享是人缘的桥梁；
- 不可以看不起任何人；
- 主动帮忙；
- 人脉也要非常有分量；
- 坦诚与摊牌。

1. 一念三点。

本书中的出场人物之一是我的项目合伙人黄先生。他是新加坡人，讲义气，英姿勃发，英语流利，汉语也相当不错，具有不撞南墙不回头、不成功便成仁的做事精神。黄先生曾经就职于新加坡及澳大利亚经济发展局，在新加坡、澳大利亚和中国苏州工业园都有着非常好的工作经历。

黄先生后来自己创业，专注于带企业上市。他辅导新加坡、中国、越南等国的超过 100 家公司在新加坡、美国、澳大利亚等国的交易所上市。这里补充一句，上市辅导绝不是个简单的工作，要从法律、商业模式、团队、系统流程、品牌、营销、融资、并购等方面做到样样精通。目前黄先生专注于美国场外交易市场（OTC）和纳斯达克（NADAQ）上市的辅导业务。

我与黄先生经常探讨卓越的公司的秘密。我们发现，很多卓越公司老板都不那么聪明，甚至早期没有钱，但他们都擅长网罗人才，不断逼近目标。因为他们拥有独特的卓越要素，我们把这些总结形成体系后，又不断应用于更多项目和客户，都取得了非常好的效果。

今天我把这些卓越秘密要素分享给大家——“一念三点”。一念就是“一念定乾坤”。一个解决社会痛点和肩负一个社会责任的理念。三点是“激情，利他，人脉”。有“激情”就会有创新，有“利他”就会具备真诚和正直，有“人脉”就会有靠山。分享是一种美德。赠人玫瑰，手留余香！世界上最好的东西都是免费的！已欲立而立人，已欲达而达人。自已要得到利益，就让别人都得到利益；自已要达到目的，就让别人能达到目的，这就是圣人。

有了这“一念三点”，你接下来的人生的所有经历，即便是弯路，到最后回头看也是正确的必经之路，都是直路。本书所有章节都是在“一念三点”的基础上分享给大家的。

无论是在新加坡、中国还是在印度尼西亚、澳大利亚等国家，优秀的企业家都是一样的。如果缺乏了这一念三点，就根本做不出好的产品，也不可能提供好的服务。一个成熟的人，往往发觉可以责怪的人越来越少，因为人人都有他的难处。

2000 年，我在新加坡成立自己公司的时候，可以说在市场上认识的人很少。但我认为，要在新加坡有所作为，就不能搞一些老乡的小圈子，必须进入到主流社会。这就是一念。当时我的事业刚刚起步，并没有取得多好的业绩。虽然我们的知识底子还不错，但做事业最重要的原则是“激情，利他，人脉”。

要充满激情地工作，不要计较自己的得与失，而是把项目做好，让客户对你露出笑容，他们就是你最好的人脉。本书中提到的陈先生、梁女士、黄先生、洪先生、李先生、张先生、张校长、廖先生、钟先生、连先生……相继进入了我的事业。

老友陈先生在我初创企业时，给我提供了一间700平方米的办公室，这在寸土寸金的新加坡来说是很豪华的。我到现在连一分钱水电费都没有交过，免费使用。他在换车的时候，让我去考了驾驶执照。在新加坡，驾驶执照需要六个月才能拿到，当我拿到驾驶执照的第一天，他就把自己的身份证和原来车的钥匙给了我，让我去更名，他送给我人生中第一辆奔驰车。我想即便是在新加坡，这样的事情也是少见的。我们自己要以极大的感恩去回报这些好朋友。

当你真正进入到主流社会以后，你会发现，每个人都具备“激情，利他，人脉”这三点。本书中提到的所有企业家都具备这些特征。只要按照一念三点去做，你已经具备高端人脉素质了，你已经属于高端人脉了。

2. 人缘。

有深度的人不需要夸耀自己。有了一念三点的高端人脉理念，还需要付诸行动。很多人都会说，我认识的人很多，我也为他们付出不少，可还是没有什么高端人脉，那是因为没有人缘。那么，如何建立和创造人缘？

另外一个黄先生出场了。他是我20年的老客户，也是一个非常要好的朋友。他的足迹遍及中国、美国、阿联酋、澳大利亚、芬兰以及基本上所有的亚洲国家。他的关系网涉及200个行业、5000个老板，会在节日100%发信息联系。其中10%的老板朋友即500个老板更是时常联系，每周都有参加不完的聚会。

用黄先生自己的话说，“对方记得你，就有个机会”。而实际上，很多人有事都会第一个想到他。因此每次有中国朋友要找石英砂，有人要出售金融管理局基金牌照，我总是最先打电话给他，都能找到非常合适的信息。我每个月都要与黄先生吃饭喝茶，这个习惯已经有20年了。

只要有朋友需要帮忙，黄先生就会毫不客气地介绍他的朋友。在他的帮助下，无数朋友都做成了生意，找到了自己的人脉，他自己也非常享受帮助别人的快乐。21世纪是要靠人的智慧、胸怀、眼光和实力来引领的，有这样的格局，可以与任何人合作。

如果没有精英人缘，中小企业在资源匮乏的情况下很难成长，永远会处于分包商的境地。

人缘是可以创造出来的。想要拥有精英人脉，首先就要有精英人缘。我们都有这样的经历，看见这个人就酒逢知己千杯少，看到那个人心里就不舒服。这就是人缘。因此，交深言深，交浅言浅，没有深交讲话听话 10% 就行了。内心修为和实力是人缘的基础。

问路才不会迷路，在 90 楼的人看如何爬上 10 楼是件很简单的事，有了精英人脉会胜过你独自忙碌 10 年。很多人不会跟你讲成功秘诀，也没有理由讲，尤其是那些言之无物的人、没有特长的人。如何要求别人帮你指路？你没有理由让别人 100% 地教你。自己没本事，认识谁都没用！看似别人留了你的电话，但就是没有联系，还是因为自己不够优秀——这话虽然很残忍，但话又说回来了，谁愿意帮助一个不优秀的人呢？

在新加坡，友春公司的梁女士的生意做得相当不错。有一次她遇到一个非常大的麻烦，对方的老板却拒绝沟通。朋友告诉她，这个老板的一个密友能帮忙说上话。于是梁女士就登门拜访。梁女士开门见山地说："我有事情需要您的帮忙。"对方也很直接地回敬说："我不认识你，我凭什么帮你？我有什么好处？"梁女士稍加介绍了一下自己就说："现在我还不知道怎么感谢你，但是我一定记住这个情。你需要帮助的时候，我一定会帮你。"结果此人直接打电话给那个老板，很快就解决了问题。五年后他来找梁女士，因为整个新加坡都找不到船只运送一件体积很大的物品。梁女士不仅爽快地答应了他的要求，还说你不用付钱，直接用就是了，令对方非常感动。这就是精英的人缘，感恩戴德，成就别人，造就自己。

我的另一个客户张先生是做物流的。当时公司规模还比较小，因为行业里涉及很多法律和官司的问题，需要一个非常棒的律师，可是以公司的状况是没有能力去请一个优秀的律师的。经朋友介绍，他认识了一位优秀的律师。于是，他每年都会在各种不同的节日亲自登门拜访，送上真诚的礼物。这个律师是印度人，在印度的万圣节那天他还陪着这位律师去跑火炭，最后两人成了好朋友。这个在新加坡工作的印度律师曾在法国留过学，所以我们每次在一起就餐时，他都会用法语说“你好”(Bonjour)。张先生也给这个律师介绍了不少客户，这个律师也给他提供了很多法律建议，双方在彼此真诚的基础上建立了深厚的友谊。互相懂得对方的需求，尽力帮忙。从他们的例子就可看到，不是什么事都可用钱来衡量的。

建立人缘，需要真材实料的付出和实力，容不得半点虚假和忽悠。言出必行是最大的诚信。

3. 不用害怕优秀的人。

见到偶像式的人物，就手脚发抖，语无伦次。这该怎么办？

我的一位好朋友加内，空姐出身，可以说是白领中的精英，英语、汉语的听说读写都流利无比。我问她为什么要到香港去做营销工作，她的回答是这里的老板与众不同，薪水不错，工作时间灵活，一半的时间还可以自由来往于新加坡和香港。

她告诉我，她的老板认为，有没有经验并不重要，看一个人最重要的是对方是否有责任和激情，有激情就能够学习，有责任就能把工作做好。

她做过一份非常重要的工作。美国有家世界五百强公司伊利诺伊工具公司(ITW)，飞机上很多的工具也是他们发明的，护照打印也是他们在做。ITW 的高管要想出国，都要经过目的地国家的特别批准审核。这家公司在香港面试了加内，而且当场叫她签合同。当年公司还派她到芝加哥参加年会。

ITW 在全世界各个分公司的管理层、高层都来参加年会了。她看到很多不同国家的CEO、CFO被老板指责公司的报告或者业绩为什么没有做好时，这些人就像普通人一样哑口无言。当时加内就觉得，即便是大公司的高层，很多东西也是不会的，就像普通人一样。当然，被指责以后，大家就像什么事情没有发生一样，彼此互相敞开着沟通，每个人都彼此做着自己的工作，人人平等。

从此以后，她不再怀有对优秀和精英的畏惧，她可以拿起电话就可以打给任何人、任何公司，直接对对方说事情。

人生没有什么值得害怕的。不用害怕优秀的人。

4. 主动讲出来。

很多时候，我们认为客户会非常了解我们的行业，了解我们的专业。其实这种想法是错的。无论精英多么优秀，看人入木三分还是入铁三分，还是得通过与你沟通，来真正了解你。你更不要以为他什么都知道，真那么厉害，通常他们只是在某些方面厉害而已。很多方面他也是一窍不通的，这就好比去问一个法国人是否懂福建话一样。因此与精英企业家打交道，你尽管说你擅长的，没有关系，如果你展现出的特长之一是他们觉得需要的，能对他们的供应链或对他的资源产生互补，你就有机会了。

有一次，我的客户李先生拜访过一位新的客户。这位客户的来头可不一般，他趁李先生不在时来公司参观，与公司经理还聊过天。公司经理也不知道他的来意，对方问什么就答什么，也不会多说，整个接待过程就像被审核一样。客户老板回去后，写了一份报告说，这家公司很一般，没有李先生说的那样好。

一年后，李先生再次见到了他，并邀请他来公司。但同样的流程，开会的时候让他很惊讶，问道："上次我来的时候你们的表现都很一般，为什么一年后你们的进步会这么大？"经理说："上次您来时没有表明身份，我们以为您是来审核的，所以您问什么我们就答什么，也没敢详细解释。这次您是以朋友的身份来的，想对我们了解多一些，那我们就可以放开来谈，畅所欲言了。"这位客户这时才发现李先生公司的水准非常高，回去就写了报告，合作项目马上就被批准了。

很多时候，我们认为客户会非常了解我们的行业，了解我们的专业，其实这种想法是错的。同样的例子比如蒂姆·库克，他在担任苹果公司的CEO之前是做物流和供应链的，对销售和产品并不是非常了解，但是他做到现在这个职位，许多产品如果你不给他仔细解释，他真的不会明白。

我的一个朋友在浙江给苹果公司代工做磁铁部件。早在2012年，苹果公司对磁铁的要求最多写满半张纸，可是发展到今天，对一个磁铁部件的要求已经有一本书那么厚了。大企业也在不断完善自己的标准和要求，很大程度上都是通过对下游供应商的控制而学来的。

跟我们的客户打交道时，对方可能不了解你的实力，那你就容易失去机会。所以一定要有智慧地充分表达自己。哪怕能有一点打动他们，就会有成交的可能。

任何人的认知都有局限性，包括我们的客户，他们对我们了解很少，否则就与你有更多的合作了。所以在关键时刻，你必须主动讲出来，让他们了解我们自己，进行充分沟通，并在这个过程中抓住机会，成于细节。

5. 勤俭努力，广结善缘。

我做了好事，别人怎么还没有回报甚至还以怨报德、反过来伤害我？这是怎么回事，为什么会这样呢？

连先生是新加坡知名船舶供应公司的第二代掌舵人，诚恳正直，富有激情，非常能吃苦，还是上海交通大学工商管理硕士。

2000年的某一天，我在洪先生介绍下认识连先生的时候，他正是青春年少，英俊潇洒，当时是要做一个管理系统项目。我跟他讲了山东即墨服装厂的员工是如何高速生产服装的案例，结果说者无心，听者有意，让一个在相对封闭的供应链里面极其努力工作的人知道了些外面发生的事。所以多年后连先生跟我讲，那些故事对他来讲属于很了不起的启蒙，从这个意义上说，我是他的启蒙老师。其实这也不奇怪，因为我们必须走在时代的前沿，把最好的信息和模式带给客户。在我看来非常普通的案例，对有些传统的企业来说却具有很大的冲击力。

巴西的一只蝴蝶扇动翅膀，会在美国得克萨斯州掀起一场龙卷风，这就是蝴蝶效应。蝴蝶效应在连先生这里被演绎得非常精彩。

正是出于这个原因，对一个要进步的人来说，接收新信息是刹不住车的，他每天都在寻求公司的变化。当时，每个月的结账单都要手写，很不方便，因此他就决定采用数字化方式记账。他先去买了一台 4000 新币的电脑，又花了 2000 新币找人来做软件，这个人来了两次就消失了，最后他又花了 8000 新币买了另外一套系统。这个不断吃亏、交学费学习的过程，也是企业进步的过程。

先交代一下结果：他接过了父亲打造的生意后，最值得他骄傲的事情是，在他手上以每年 10%—15% 的成绩增长，且这一增长率已维持了 20 年。这一增长率是通过团队的增长、客户的增长、遇到好的时机、岸外生意的增长等因素实现的。

2010 年左右出现了石油荒，每桶石油可以卖到 160 美元，各个国家都提高了石油的勘探效率，为争取第一手的开采权而纷纷驶向待开发的海域。当时与之相关的生意在短时间内暴增，他也抓住这个机会与更多的客户建立了新的往来。

2012—2013 年，伊朗可以供油，美国开采页岩油，油价开始大跌，甚至跌到了 50 美元一桶。机会总是青睐有准备的人，时势造英雄。在行情好的时候，趁此机会迅速扩充拓展人脉；在行情不好的时候，又迅速转型，进行其他方面产业的投入。因为供应链的贡献，连先生先后投资家具、塑料再循环的项目。用历史老师的话说，有了这前几步的成功，连先生就不会停下他前行的脚步。

当我问起连先生做生意最大的感想是什么时，他说做人一定要有正念，与人为善，在思想上不能坑人。当你想不择手段地通过某一个订单争取更大的利润的时候，就会出事。订单是不可以投机取巧的，一旦有了这样的不合理想法，那么在订单还没有完成之前，你就会发现无数想象不到的问题，如供应商问题、公司内部问题，以及许多意想不到的问题。

有一个高端客户向他订购了一批用于桥梁建造的特种螺丝，把价钱压到了低得不得了的地步。这时有人建议他提供质量稍微低但价钱会便宜几倍的螺丝。但是他想到这将用于人命关天的桥梁，还是坚持了自己内心的价值观取向，向客户提供了符合质量标准的产品。就是因为这一态度，到现在这些高端客户仍然在与他合作。

当然，他也会遇到很多非常不好的事情，这时他通常会采取跑步的方式来缓解压力。总体上他抗击的能力还是相当可以的，也是一个不做梦的人。我通常把不做梦的人形容为大神级别的人物，深度睡眠会让他们在第二天保持足够的精力。

有一次，东南亚一家船务公司客户的采购部经理换成了另外一个印度人。因为公司每年与这家船务公司的业务都能达到百万美元，这位印度经理就冠冕堂皇地对连先生说，多年来你们在我们公司赚了不少钱，我现在要求你们把过去几年业务总额的 7% 汇入我们公司账户，作为折扣。这几年业务总额的 7%，折算下来大概是 30 多万新币。对于中小企业来讲，这可不是个小额数字。

事情已经非常明显了。连先生已是满腔怒火，可是如果不给这笔折扣的话，这个客户就没了，但形势比人强，在这里还没有撒野的胆子，现在的状态除了自己还能靠谁？只能答应对方。同时，这个印度经理还要求连先生帮他把吉隆坡和雅加达两地近百万美元的欠款要回来，并告知他此事属于帮忙，没有任何佣金可拿。

连先生抱着一颗真诚和付出的心，单枪匹马完成了所有的任务，并且把 30 万新币也汇到了他指定的公司账户。

任务都完美地完成了，应该是对方感恩戴德，给出优秀的订单的时候了。正当连先生拍拍身上的灰尘准备好好休息的时候，奇怪的事情发生了。

接下来，所有订单都没有成功。当公司打电话到船务公司时，对方职员直言说你们公司已被列入了禁止采购名单。经过调查才知道，这个印度经理已经换了供应商。虽然公司后来找到这个印度经理沟通，但对方只有一句话：不再谈了，这是公司高层的决定。这不仅是卸磨杀驴，是磨还没卸就开始杀驴了。

回到家里，连先生关上房门，面壁思过。就这件事，连先生与我分享说，他并不后悔为这件事做的一切决定，虽然对方不义，但他所做的事情符合自己善良和利他精神的价值观，公司尽管出让了7%，还是有利润的。他认为从这件事中得到了很多经验，使自己对以后的发展和国际贸易有了更深层次的理解。

后来业界内很多人都知道了这个故事，连先生勤俭努力、广结善缘的声誉和诚信品牌也就此建立起来了。目前，连先生的公司已发展为新加坡在船舶供应方面屈指可数的优秀知名企业了。

一切正连先生所说：企业的发展历程就像是一条难以预测的路，有坦途也必有险境；企业大，风险也大；勤俭起家，广结善缘。

我做了好事，别人就会给你有好的回报——不要有这样的想法；做了好事，就必须让人都知道——也不必这样想。但广结善缘久了，你会发现你的事业越来越顺利，这才是正业。

6. 真诚信用。

有些人为了达到目的，总会采取一些不太好的方法，这样也能把生意做得不错。那么，我们是否要效仿他？做生意的本质是什么呢？我们来看看，怎么定义“不太好”。好与不好关键是对别人是否有利，医生对重病人说会好，这是善意的谎言；但如果是真的“不太好”，中值法则会把他拉回来的。中值法则就是用不好的动机和方法得到的，最终会还回去，平均起来没有多得。

而好与不好的真正评判标准是真诚。真诚也是一种力量。

我与许多优秀企业家沟通过，问他们做生意的本质是什么，答案都是真诚。你有能力做出好的产品，才接下这单生意，假以年月，就可以证明自己的实力；做没有信用的东西是没有回头路的，没什么可以骗，也没有什么可以作假的，只有做出来的结果才能说话。做生意的过程之中会遇到形形色色的人，如何筛选则要看企业家个人的格局。主动帮忙一定是打开格局的非常好的方法。

有些人为了达到目的，总会玩一些小聪明、耍一些小把戏，或者做一些小动作，或者是吹牛，表象下潜藏的是贪婪、势利和傲慢。但说到做生意，没有人不喜欢坦诚和摊牌。大家都认为，还是让这个复杂的世界简单点的好。

跟我合作超过 10 年以上的客户，都知道我的项目收费一定是合理的，因为我走高性价比的中等路线。我会给他们解释市场上不同的收费标准，包含所有的工作范围，以及后续的隐含成本。我的项目定价与服务范围深度对称，我坦诚地对他们展示项目中所有的方方面面，而且中间不会再有隐性成本，过不了自己这一关的项目我就永远不做。要合作，我们就在三观一致的前提下好好谈。我的客户给我的结论是 20 年极其可靠，所有项目都圆满结束，20 年间没不开心的项目。他们还向我介绍了大批与我三观一致的好客户，我也介绍了很多三观一致的好客户给大家。好的人缘是建立在真诚、诚实基础之上的。

我创业早期曾与人一起合作项目。这个人在做项目时，对客户说："如果是我接了这个项目，收取一半的价钱就可以了，以后有类似的业务就直接找我去做。"我的客户感觉这个人不对劲，就来问我："他的出价低于市场平均价格，为什么要这样做？"我二话不说，就与这个项目合作人断绝了生意来往。一个做生意不懂得真诚、吃里爬外的人，是不会做得好到哪去的。2018 年我还通过朋友打听了一下这个人的状况，他现在每天还是在混吃混喝，本性难改。《醒世歌》提到："人从巧计夸伶俐，天自从容定主张，谄曲贪嗔堕地狱，公平正直即天堂。"不能以诚待人，总有一天会遭到批评。态度诚恳、踏实庄重的言行，才能获得客户的信任与尊重。

你有能力做出好的产品，才接下这单生意，假以年月，就可以证明自己的实力。如果执意要粗制滥造、不守信用，那是没有回头路的，因为只有做出来的产品才能说话。你没什么可以骗，也没有什么可以作假的。

7. 建立关系，互通消息。

有的人做生意火爆兴隆，有的人做生意门庭冷落。比较一下就容易发现，做生意好的人明显掌握了非常准确的信息。那么，如何建立关系，互通消息呢？

与朋友聊聊天，互通信息，这是犹太人、温州人的绝招。在深圳，我有位好友，某天在跟他的几个朋友一起吃饭。席间一个朋友说，有桩生意很好，很有前景。他马上停下来不吃了，好像发现了这桩生意就是他的江山、他的天下似的，便问朋友："什么生意？"但对方也不大愿意讲，便支支吾吾地不想说下去了。大家都说先吃饭，吃完你们再私下聊。他干脆就放下筷子就不吃了，更强势地追问："到底是什么生意？"那种气势，让人根本没办法不回答，搞得大家都很不爽，可是他就是穷追不舍，非要问清楚。所以到了最后，朋友还是把这桩关于电线生产的生意说了出来。席间大家也都没把这桩生意当回事儿。可半年后，我的这个深圳朋友开设的生产电线的工厂开工了，到 2019 年已发展到 2000 多人了，国际上很多电子产品的耳机线都是他的工厂生产的。

还有一次，一个老板在炫耀自己的人脉。友春公司的梁女士此时正在发愁一个订单进不了印尼的某个港口，结果这位大老板在炫耀自己时，说到这个印尼港口的老板是自己好朋友，自己如何帮助过他。梁女士当即抓到机会恳求他帮忙。结果，他碍于面子，当场给印尼这个港口的老板打了电话，立刻就解决了梁女士的难题。梁女士也由此登门直接到印尼这个港口老板的办公室拜访，两人后来就成了好友，后面的生意也就不用说了。

我的客户蔡先生在新加坡开了家 CUBE 胶囊酒店，为有预算的旅行者提供最安全便利的睡眠。谁又能预料这些背包客在未来不是世界首富？2019年2月，我在CUBE胶囊酒店与三个以色列学生聊天，一起吃早餐，这是我首次直接与以色列年轻人聊天。他们大概十八九岁，去年用了一年时间打工来赚取旅游的费用，打算在2019年走遍十几个国家，目前已经去了越南、尼泊尔和非洲、美洲一些地区。他们说要开阔视野，然后明年回国后再去考大学。有这样的教育理念，难怪以色列会有那么多的诺贝尔奖获得者。这么小的一个国家能做到各方面产品和技术都能领先于世界，是因为他们具备全球的视野，而且从孩童时期就开始了。更重要的是，这些孩子本身自愿这么做，身边并没有父母的陪伴，而是五六个人一组，既能彼此结伴以策安全，又能够一起分享看世界的快乐。

张校长想让一家小公司的投资经纪帮她寻找投资人，但是这个投资经纪人并不看好张校长的项目。有一天，一位外国富豪来到新加坡，与这个投资经纪人谈起买房子的事情，便顺便问他有没有什么生意可以投资。他就把这个消息告诉了张校长。结果，张校长在酒店跟这位外国富豪谈了一个小时，就完成了融资，七天后投资款项就到账了。这笔资金在当时足够公司运营和翻身的，大大减少了公司的压力，从此公司也走上正轨。所以说机会是无处不在的。

做生意好的人花时间建立关系，互通消息，明显掌握了大众所不知晓的信息。有了这些非常准确的信息，就有了整合资源的机会，继而聚焦核心资源。

8. 分享是人缘的桥梁。

不少人不愿意分享，觉得这是秘密，而且把什么都看成秘密。其实除了核心机密，大部分秘密在变成现实之前，也不过就是些比较重要的信息。不分享是个非常不好的社交方法。

即使再牛的人，也需要这样几种人：生意人、医生、私人老师、律师。只要你不是很有心机地去设计别人，而是抱着善心去分享，别人自然会感知得到。分享是人缘的桥梁。

梁女士是做船运的，可是十多年来无论如何努力，都没能达成与某家上市公司的合作。该公司的老板78岁了，某次来到梁女士的公司。梁女士与他都是烟客，而且都喜欢抽手卷烟。闲谈中，梁女士告诉他常吃忧遁草可以防癌，对吸烟造成的健康问题也有很好的疗效。梁女士不过是随口一句话，却投合了这位老板的心思。他的一位家人患了癌症，而且病情严重。闻言他当场打电话安排家人去买忧遁草。不用说，不久以后，双方的生意也做成了。

我曾经请了一个在澳大利亚毕业的印尼华侨员工做我的助理。在他工作的第二年，我们全公司去雅加达开年会，他说他负责接待。到了雅加达机场，我才知道他的父亲是印尼第二大烟厂的CFO。自然，我们在雅加达不用再去担心任何问题。晚上他的父亲请我们去了一家能容纳3000人就餐的雅加达餐馆吃饭。

餐馆的老板很自然会过来陪酒。此时我就发现，这个郭老板在短短的20分钟之内，吃了一只鸽子、一块牛排、两个非常大的虾，喝了半瓶红酒。我就问郭老板："您过会儿去其他房间时，是否还要吃喝？"他说："当然了，每天晚上都有不同的人来。我都要去陪。"我问他："您这么吃，身体能扛得住吗？有没有三高？"他说："你的眼睛真的很凌厉，你今天挖到宝了。"接着他停顿了一下说："我的饮食方式看上去是很不健康的，但我有四大配方，能保证我安全。我的配方神奇到连医生过年时都要来给我拜年。"

有这么厉害？我迫不及待地请教他，并拿着餐巾纸，迅速记录了下来。其中一个是治疗中风的配方。郭先生是开餐馆的，能广泛接触到社会的三教九流，其中自然就包括一些名医。他的一个员工在中风后，几经医治都无法治愈，郭先生就让他按中风的配方服用中药，结果不到一周就行动自如了，目前还在公司工作。席间，郭老板还把那个员工叫了进来，向大家展示他的健康状况。

几年后，我的一个好朋友李小姐的哥哥在马来西亚中风了。我把这个治疗中风的配方给了她，结果她的哥哥在七天之内不但从床上起来，还能驾车了，行动如常。李小姐为了表示感谢，介绍我认识了她的老板，一个非常低调谦虚的绅士陈先生。后来就是这位陈先生成了我在新加坡最好的朋友，给我无偿提供了一间豪华办公室使用，我要交给他水电费他都跟我生气。分享能使你广结善缘。高端人脉就是这样建立起来的。

9. 挑与不挑：不可以看不起任何人。

为什么有些人专门交结对自己有用的人，因而被大家视为势利眼?

其实每个人都在与对自己有用的人交往，但往往受制于时间精力所限。有格局的人会应用“不可以看不起任何人”的规则，不但交往到好的人才，还留得好名声。

我有一个新加坡的客户蔡先生，从事海事机械工程制造，我们经常中午聚餐。15 年前他所在公司的生意比较低迷，公司创始人就决定去欧洲走一圈，拜访一些老朋友。某天在一个朋友家结束晚宴后，要从比利时赶去卢森堡，就找了个人拼车。结果当天交通状况非常拥堵，两个小时的车程竟然走了 10 多个小时。可是就在这 10 小时中，他们和一起拼车的另外一个欧洲人谈笑风生，变成了好友。几个月后，我的好友接到了这个欧洲拼车朋友的电子邮件，此时他已经升职为一家规模很大的船务公司的采购经理，问他们是否能帮助他们公司在新加坡靠岸的船只补给机械零件。就这样，一直到今天，每当有他们公司的船只在新加坡靠岸时，要更换的机械工程零件，就都由蔡先生来做。这也是个非常了不起的绝对优势，走出去就有机会，而这个机会也不是任何人能够模仿的。

但毕竟每个人的时间有限，能交到什么样的朋友，还得有个“挑与不挑”的标准。有了这个标准，就不会有意或无意瞧不起人。

不挑：不要抱着什么人我要交往、什么人不要交往的成见，而要把交友建立在自己的眼光之上，在不挑的群体中不断扩大视野，有眼光的人才是有人生境界的。在一群人中，不显眼的人会帮你很多。不挑不是与任何人做朋友，而是为挑打下基础。

挑：挑选的目的是懂得别人的需求，看自己能不能帮助别人。能够帮助的就努力合作，帮不到就暂缓放放，有机会的时候再说。成就别人，也成就自己。

友春公司的梁女士与我分享成功的经验："结交朋友，不可以看不起任何人。我的很多人脉都是20年前就开始结交的朋友，之前都在打工，一直都维持着很好的友谊，现在他们中有人公司上市了，有人在整合资源，有人是律师，有人是会计精英，等等。一个朋友就代表着一个细分市场，所以绝对不可以忽略人脉。"企业成长需要有耐心，优质人脉的成长也确实需要时间的积累。

10. 主动帮忙。

我在几十年来与中小企业打交道的过程中发现，中小企业最大的资源就是创始人本身，而创始人本身素质中最具核心竞争力的就是格局。有了格局，就有人缘，就有了人脉，而人脉的根本就在于相互帮忙。

我有一个客户张校长，是新加坡知名的主持人。有一次在一个活动上，某富豪在演讲之前，因稿件上的字太小而看得不是特别清楚，就让张校长帮他看一看。张校长就用大大的字做了一些标注和排序，做了简单更改，并对他说，以后让你的秘书把字号打得大一点，因为在舞台上的灯光照射下，容易看不清讲稿上的字。

张校长的耐心和细致给这个富豪留下了很好的印象，双方就这样成了朋友。之后每当他有重要的演讲，都要找张校长帮忙修改稿件。有些政治家来新加坡访问时，也会请张校长代写欢迎词。双方基于一个做人的基本的态度客气地往来，并没有牵扯到什么利益关系。

这个富豪有一次要找一个非常好的主持人，来主持一场重大的食品方面的交流会。张校长拿到稿件后，并没有按着他的思路进行修改，而是坚持要看他的工厂，了解他的产品。在这种敬业态度下修改的主持词，内容非常接地气，非常有穿透力。

过了几年，张校长要买房子，四处找房屋经纪人看房子。富豪朋友知道了这件事，就亲自驾车来到了卖房地点。卖房子的很多代理都认识这位富豪，对他毕恭毕敬。结果这位富豪朋友对张校长说，你不要买这些房子，眼光不好的人才会这么干。过了两天，他带着张校长去看了一处非常不起眼的楼盘，解释了这处楼盘周边的优势所在，楼盘会有什么样的潜质等。张校长就买了这处楼盘，这位老板本身也买了这处楼盘。结果，从买的那一天开始，这处楼盘就连续涨了6年。

这处楼盘装修好以后，张校长又发现，眼光真的是最重要的一件事情。张校长买下的公寓只有90度的视角，只能看到车、海、船。富豪朋友买楼的角度不同，能够270度地看到风景，能看到车、海、船、缆车，还有市中心，这个单元的价格涨得更快更高，非常旺。

张校长也是非常有格局的人，在庆祝住进新房的那一天并没有请这位富豪朋友。张校长对他解释说，我不想让人知道我身边有这样一个富豪朋友。结果这位富豪特别开心，还赞助了厨师和最精美的食品。

普通人用脚步一步一步的积累，而精英人士是用航天飞机穿梭。如果没有精英的指点，平凡人的进步和学习将非常慢。精英人士不一定会给你承诺，但只要你在他的视线范围内，就会帮到你。

有一天，张校长与一个商人聊天，对方问她有什么梦想，她说："我很希望自己有个教育台，或者教育频道。"两年后，这个商人来到她的办公室，说他已经是某家公司的CEO啦，你送上来计划书，可以帮你成立教育台。这个事就这么办成了。

有了人脉，就会有真实信息，就会有好的商业模式。只有资源平等，才能互相帮助。如果现在没有，那就用未来的！只有优秀的人，才能得到有用的人脉！

人脉的基础是你有"价值"。你的价值越大，别人就越会帮你。

建立人脉不用巴结，多些互助和提携，主动帮忙，这样的事业基础才会让你连睡觉都香。

11. 人脉也要非常有分量。

我在新加坡初创企业时，有幸遇到了好朋友梁女士。她只是介绍了一批批的新加坡主流社会的朋友给我，而且 90% 的人见了一次面就签了合同。如果没有这个有分量的朋友的引荐，而是采用一个个打电话、发名片、上门推销等传统方式，对一个海外创业者来说，拿到项目的机会几乎为零。

人脉也要非常有分量。当别人想打你的主意的时候，他们也要考虑一下下场如何。做生意绝对如同混江湖，是人情世故等多方面的利益权衡。

有一次，一家上市公司老板在印尼的巴丹岛与人说梁女士不还钱，这个消息很快就传到了梁女士这里。做国际业务，声誉很重要，一查记录，发现这家公司只有一张未付发票，付款期 30 天，还没到还钱期限。很明显，这种行为就是诋毁。

必须制止这个老板四处散布风言风语。梁女士首先找到介绍他来做这单生意的好友，让他直接前去斥责这个老板。这个老板发现情况不妙，虽然没再多说，却也没有来道歉。这个老板敢与醒来的雄狮 PK，还是有点家当的，因为他的公司业务做得还不错。但是对于下一个订单，梁女士直接给了另外一家公司，并让这家公司与这个老板做生意。这家公司有个特点，就是不把声誉当回事，还款期一定要拖到一年以上。这个老板的账款被拖得实在受不了，最后查明了原因，赶紧来找梁女士求饶。生意场上不能乱讲话，就是讲也要看看对方背景和分量，掂量一下后果。

12. 坦诚与摊牌。

我担保我有，你就有。摊牌和真诚沟通往往能解决大问题，将公司隐患消解于无形。

我很愿意分享梁女士不平凡的经历。我们交往多年，是非常好的客户和朋友关系，自然一切都很坦诚。20年前，梁女士的公司规模非常小，发展到今天已成为亚洲的大公司，公司有非常多的优点，值得跟大家分享。

2018年的一天，梁女士公司的合伙人表情沉重，签署文件也有些迟疑。这位合伙人在公司创业初期没有投入什么资金，对公司的日常运作也贡献不大，却占有50%的股份。在早期公司极其困难的时候，当时梁女士也没有什么资产可以抵押，他以自己的全部身家作为抵押，向银行做贷款担保，最后公司安然过关。梁女士一直认为这是一个非常棒的合伙人，曾经在公司最难的时候，梁女士还问他："如果你要现在退出，也没有问题，公司也可能过不了这关，会破产。"这位合伙人回答她说："同甘共苦。"

梁女士发现他有些心事，就跟他说："我们是在艰苦的环境下一起成长起来的，没有你当时的担保，也不会有今天的成绩。我向你担保公司的每一分的账目，都是按照上市公司的标准做的。我担保我有，你就有。你的50%股份，一分钱都不会少。"结果，这个股东也真诚地说："是孩子提出了一些不同的想法。"这就是摊牌和真诚沟通。自此之后，大家又恢复了以往那种股东间的信任，彼此心照不宣。

我还有很多客户，往往公司经营得非常辛苦，最重要的是还不快乐。我一进入这样的公司，就知道原因所在了。两个股东一人一副面孔，有时已经一周没有相互讲一句话了，那么员工要跟着谁呢？这样的公司怎么可能没有办公室政治呢？怎么可能没有帮派呢？股东间都不能真诚沟通和摊牌，那么企业怎么往前成长，还谈什么人缘和人脉？

梁女士的一个很好的朋友本是我的朋友，多年过去了，手下的人却无法与梁女士的公司达成交易。终于有一天，我的朋友直接与梁女士摊牌说："我们是这么好的朋友，为什么这个项目给别人做，就不给我们做呢？我们有什么问题？"

梁女士见他如此疑惑，马上真诚地解释说："过去几个项目的确给了外包公司，但是外包的公司也是我的子公司。下次我做不过来，一定找你帮忙！"

洛克菲勒在管理公司的时候，对股东也是一样的摊牌，我要什么，我不想要什么，说得清清楚楚。结果他的一个股东在工作时一定要去沙滩去玩游艇，那他只能按照公司的规定去处理这件事。因为事情已经摊牌，大家都要遵守，这就是规矩。

我在20多年里接触了很多国家的客户和朋友，与他们都深入沟通过如何交朋友、如何摊牌等，不同背景的企业家、不同文化下的企业都有不同的沟通方式和共性思维：与新加坡企业合作需要直接坦诚，讲求诚实和诚信，有话直说，没时间转弯抹角，毕竟大家都忙。这是因为新加坡地域小，一天开6个会议没有问题，但一个会议不要超过3小时；与中国企业合作需要含蓄；与马来西亚企业合作需要格局和目标清晰，如果能让他们突破，他们义无反顾地跟你做；与印度尼西亚企业合作，需要坦诚和清晰的利益分配；与日本企业打交道需要信守承诺，说一不二；与意大利企业合作需要绝对信任，即使关系再好的朋友，在做生意的时候首先选择的是不信任你，而是细心观察你的每一举动；与德国企业合作需要严谨；与印度企业合作需要反复确认，比如问这个价钱是否是最终决定，当对方说是最终决定的时候，你还要多问三遍同样的问题，但到最后还不是最终决定，他们一定有方法进一步打折扣；与美国企业合作需要资格资质；与澳大利亚企业合作需要严格的证书；与欧洲企业合作需要经常来往；与阿拉伯企业合作需要登门拜访；与菲律宾企业家合作需要当地人脉，他们朝气蓬勃；与泰国企业合作需要人脉；与越南企业合作需要讲关系和应酬；与韩国企业合作需要应酬，但应酬场合上答应的条件也未必管用。当然以上只是一些日常经验，也不能以偏概全。但文化方面的因素确实存在，真正在工作中做好每一个例子，还需要企业在本土化与国际化的角色中不断转换。

我的一个在新加坡从事特种精密机械加工的客户，在新加坡、中国、西班牙和印尼都有工厂，4家工厂要面对4种法律和文化体系：新加坡的总部是核心和设计制造中心，在中国以服务中国市场为主，在西班牙以服务欧洲为主，而在印尼以低成本为战略布局。公司的管理层由当地不同文化背景的人担任，坦诚和信任摊牌是根本管理方法。

虽然跟每个国家、每个不同企业打交道的时候，他们都会有自己的风格，但其中最简单的方法就是坦诚和摊牌。要直接告诉他们你要的是什么，不要的是什么。很多朋友会觉得，这样会不会太直接了？以我个人的经验，认为这是最简单、最直接、最有效的企业沟通方法，能节省大量的时间、精力和不必要的沟通成本。如果谈不拢，那我们就去找出根源，不必相互猜疑、相互摸底，这一方式对中小企业来说尤为重要。

这种方式非常轻松简单。比如好多客户都要请我吃饭，我跟他们说："不要客气，你们三到五个人，我只有一个人，一顿饭下来花的钱和时间也不少，我们不如回家好好休息，想一想下一步怎么把企业做得更好。"他们都非常开心地表示赞同。

其实饭桌上的沟通并不是最好的方法，偶尔吃饭联络一下感情可以，但在成熟的经济体系中，绝对不是靠吃饭来做生意的。在新加坡，吃饭就是吃饭，吃饭时不谈生意。人情世故、入乡随俗是不可免的，不论是在饭桌上还是在公司里，但尊重和坦诚沟通却没有人不喜欢。谁不想知道真相？有的时候在一个非常复杂的环境里，你坦诚直接，而对方在怀疑你这是不是真的，那你又何必在意？既然你是真诚的，那就不要再纠结于对方的想法如何，他们早晚都会知道的。

任何企业要想进入国际市场，与国外企业进行合作，坦诚和摊牌非常重要。

吉利汽车的李总去奔驰谈判的时候，对方想用各种充满负能量的方式来对付这个中国企业，而李总用了一句"I love you"就破冰了。

我也在多年来与中小企业打交道过程中意识到，坦诚和摊牌已变得至关重要。如果你讲话非常婉转或给他们留了足够的面子，有的时候他们反倒听不明白了，这会非常危险，容易误事。我就是需要直截了当地把问题指出来，因为最大的面子是企业长期健康成长，老板内心快乐，这就是企业的终极目标。如果一个老板连一句批评的话都听不进去，还需要维护那么多的面子，就不必与他合作了。亢龙无悔，何况还没有变成龙呢？这样下去早晚会出事的。

在中小企业管理员工的问题上，更需要坦诚和摊牌，直接告诉他们你的想法，千万不要让他们去琢磨，这会导致办公室政治，大大降低管理效率，产生很多不必要的衍生问题。

因此管理层必须学会摊牌和坦诚说出自己的观点，清晰地告诉大家你要什么，不要什么，并下决心去执行。你要告诉团队，你是认真的，错了就马上纠正。不要担心员工说你无情，要给大家充分表达想法的机会，对事不对人，最终大家会一致达成协议和认同的，毕竟皮之不存，毛将焉附？只要出于公心，最终总会取得成效的。

有的中小企业因为管理结构不健全，员工之间经常会产生一些矛盾。在处理矛盾的过程中，如果一不小心就会变成袒护一方，或者是三角战，自此以后公司就会充满“战斗英雄”。因此这时候最好的处理方法就是把所有的相关方叫在一起，直接摊牌，你说他什么，她说了你什么，让所有的真相显现出来，让所有的误解和不真实性也同时显现，包括动用所有方式如录像回播等，结论就自然出来了。这时你都不用处理，他们马上就会自行解决，这时企业的文化就会走向正能量。大家知道胡搅蛮缠在公司行不通的，那每个人就朝正确的方向去发展。

坦诚和摊牌是企业管理的精华。

第八节
如何与精英圈子打交道

1. 精英文化。

做企业不是做侠客，要学会以势造势，学会互补，学会学习。毕竟同行如“小强”，是打不完的，只要赚钱，就会有人去做。新世纪的企业家要在新的文明背景下展开思考，我们要成为什么样的公司，世界需要什么样的公司。

精英文化主要是相对于民主文化和独裁文化而言。民主文化指尊重大家的决定，独裁文化指独断专行，而精英文化指听取每个人的优异建议并做出最优的决定，任人唯贤。

通用汽车总裁斯隆曾在开会时说，如果时间允许，当大家意见一致，不妨先停下，延至下次开会时再表决，希望下次会有不同看法。他希望通过这种方式，尽可能全面地捕捉到危险和机遇的信号。作为公司领导，不要听到风就是雨，一惊一乍，要知道君子和而不同，小人同而不和。但事实上是很多领导喜欢听好话，听高度的马屁听惯了，再听中度和低度的马屁还不够过瘾，“上有所好，下必甚焉”，这会打造小人文化。

以我与多个国家的客户和朋友打交道的经验来看，明显感觉到没有人不懂人情世故，只是表达和追求的方式不一样。在海外做生意，相对来讲就没有那么累，逢年过节送礼的文化氛围不浓，即便送礼，一个礼篮算是大的了。这说明，有比送礼更重要的一层关系，那就是你的实力，你的质量，你对生意的承诺和真诚，以及对生意本质的追求。很多老板逢年过节都会在老人院、孤儿院等地方做义工，这也属于精英文化。

在激烈的市场竞争中，要用实力说话，从做人开始。只有合作中有竞争，才能走得更远；最有竞争的合作，才能双赢，因此我的公司的名字就叫“竞合”。

2. 融入主流社会。

从19世纪末20世纪初算起的话，华人已经有了近百年的移民历史，遍布欧洲、美洲、大洋洲等。可是为什么非常出色的华人在当地那么少？做主流大生意的那么少？在学校，成绩顶尖学生有许多都是华人，可是一进入社会，华人群体反倒不能真正融入主流社会，这是个值得研究的问题。

部分原因在于，在国外，当地人往往有着自己的人脉圈子，相互之间友情很深。

在很多国家，华人大部分都与华人联姻。最好的朋友一般都是华人，根本就进不了当地人的社交圈子。而他们的华人朋友都是从事什么行业的？不是开家超市，就是经营餐馆，很少听说有华人在海外做电信大亨，做银行家，做顾问，做投资银行合伙人的。

相当一部分优秀的海外华人，选择了从事医疗、IT、科研行业，或者是做其他专业性很强的非社交型的工作。工作带来的收入也非常高，但往往不属于主流社交人脉。

黄先生因为工作背景的原因跟当地的人非常熟悉。有一次，一个澳大利亚本地人跟他讲到底本地人是如何PK华人的。澳大利亚人其实内心是非常害怕华人的，因为华人聪明，数学好，记忆力还强，在专业领域澳大利亚人没法与华人竞争，因此只能靠社交靠人脉与华人竞争。

黄先生有4个女儿在澳大利亚读书。有一次，他把女儿们叫到面前，让她们写出五个最好的朋友的名字。结果，就像他预料的那样，每个人的朋友都是华人，没有一个当地的朋友。黄先生的妹妹移居墨尔本 20 年，两个女儿虽然极为接受澳大利亚的文化，但最后还是嫁给了华人。

移居海外的华人，很多人都喜欢居住在华人聚居区。当华人特别多的时候，当地人也不敢进来，而这些移民在里面住得也很舒服，也不愿意出来。所谓的移民，只不过是换了一个地方去住，根本没有融入真正的当地的文化，进入真正的主流生活圈。

在国外，熟人和人脉是不一样的。

在国外的熟人文化真是太简单了，见了面都会很热情地问候你：How are you？ This is a Wonderful Day. 从外表看起来非常和气，很有礼貌。可是你问他，明天去你家吃饭？他马上就会说：No，No，Stop。即便是可能，也需要预约。这方面华人就不一样了，直接买菜，回家一起做饭。

所谓熟人文化，其实也就是聊了几句以后发现没有什么好讲的，估计也不会再联系了。

人脉文化就不一样了。他们一起长大，一起生活，是发小，是铁哥们儿的关系。黄先生的太太在私人银行工作，她说，跟高端人脉做生意非常直接，因为是人脉圈内的，他们通常都是一个电话，“哈哈哈哈”，就成了，根本不用费尽周折和关系。

我在企业初创时期帮一个客户做咨询时，公司的老板孙先生聊到一家中资企业的项目。当他提起这家公司名字时，说最近公司业务非常难以推进，虽然我们做得很好，但是没有机会见到总经理俞先生。孙先生的公司做的是电梯吊机服务生意。我下意识地意识到，我的 MBA 同学就是这家公司的总经理。可想而知，我当场打了电话给他，第二天我们就见到了俞先生。就这样，生意很简单地就做成了。

3. 如何与精英圈子打交道。

进入精英圈子，最重要的是要有贵人帮一把。这个贵人可能是偶然遇到的，可能是因项目合作真诚而被其赏识，也可能是10年、20年的老友。没有他们，想熬出头，遥遥无期。他们帮你几句话几件事，就能让你进步几十年，无论拿项目、融资、并购，都是这样。

我在新加坡初创企业时，幸运地遇到了一个好朋友黄先生。他只介绍了一个朋友 Jerome 给我，但这个朋友不仅是客户，还变成了我的好友，一年中帮我介绍了超过十个客户。这其中，如何与精英圈子打交道确实有学问。

有能力有资源的大佬，他们的人脉关系都成熟稳定，多半也不需要普通朋友，或慎重交新朋友。不是他们看人低，而是他们确实很忙。你找他们当朋友，尤其在你还没有做出成绩时，他们怕你给他添麻烦，很难进入他们的视野。这个时候，引荐人就至关重要，引荐人的背景、身份、地位非常重要。

要与大资源做大生意，就必须认识大佬。做大项目如果不认识有能力、有资源的大佬，见不到老板，一定很难签到合同，很难收到钱。这不是搞关系，这是事实，这是直路。

友春公司的梁女士创业时，在行业中名气还不是很大，公司有很好的设备，但拿到大的项目还是不容易。有一次她认识了行业的鼻祖级的老先生，而且老先生还认梁女士为干女儿。老先生有三个徒弟，结果这三个徒弟瞬间就和梁女士成了一家人。老先生在行业巨头聚会时，特地把梁女士介绍给业内各个上市公司的大佬们，这次介绍让她在这个行业有了江湖地位和基础，自此以后每次谈生意都有机会见到大老板。由于梁女士非常有智慧而且诚实，做生意言出必行，因此这些大老板又不断帮她打广告转介绍，公司开始高速发展。

为什么有部分中小企业能迅速成长、进入精英圈子？是因为他们掌握了高端精英圈子规则。

大部分中小企业和白领很难把项目做到精，是因为不懂精英圈子规则和文化，甚至都不知道还有精英圈子规则和文化。不懂就进不去，上不来。

进入精英圈子，可以使你的公司站在制高点，俯视天下；有精英圈子帮忙，如虎添翼，事半功倍；以精英圈子快充发展，势如破竹。精英圈子与平凡企业相比，有着完全不同的规则和文化。

举一个初创精英团队建设方法的例子。

一些实力不够的公司怎样才能邀请到优秀人才入职，是一个非常值得深思的问题。大部分人做生意都是把原始资金用于产品研发，基本是投入市场，有一定成效后，再招人、融资、生产、销售……

真正优秀的老板则是这样做的：先定一个能赚钱的大方向，比如先找到一个市场的痛点，然后用 10 万元人民币建立世界级合伙人团队，集中精力搞定左膀右臂，最后寻找投资者和客户大哥。千万不要用 10 万人民币去做市场产品试验，这点钱是远远不够的。用 10 万人民币去找能解决这个痛点的最牛的 2—10 个人，让他们分管产品、营销、融资等方面。因为是市场的痛点，找到 2—10 个这个行业的顶尖人物并不难。找到他们后，也许他们不愿意加入，但你可以请他们推荐其他人，他们大都会给你推荐愿意参加的人。当你找到 2—10 个愿意跟你一起创业的人组成团队后，你拉着他们进行融资。这个时候这个团队已经非常值钱了，同时整个团队的创业欲望也越来越高。这样，市场的痛点有了，钱进来了，团队也有了，接下来就是解决快速运营及资本运作。用这样的方法，你花几千或几万元甚至更少，就可以找到精英团队，融到资金，这就是顶级的精英运营思维。

成功的路上，总有贵人相助！优秀的企业家，有以下几个表征：

第一，他很在乎时间。很多人以为优秀企业家在乎的是钱，其实不是。这个时间用了以后产生了什么样的价值，所以优秀企业家是在乎时间的。凡是能用钱解决的问题千万不要自己摸索，用钱去解决好过自己浪费时间摸索。时间是最贵的成本，时间大于金钱！

第二，优秀企业家是在乎朋友的。优秀企业家对朋友的定义，跟一般的社会的定义是不一样的。优秀企业家的朋友定义是志同道合，然后在一起完成。但是他的志同道合，不是说我们价值观相同，而是说我们要铲平这座山，我有炸药，你有推土机，他有地图，咱们就可以志同道合。山铲平了，要不要再合作是另一码事。所以，他们会在乎朋友，这个是绝对的。

第三，他们在乎健康。我见过的所有的精英都很重视养生，有很好的生活习惯。

第四，他们在乎家人。有钱的人忙于应酬、没有时间回家，与他在不在乎家人是两码子事儿，他们是在乎家人的。

第五，他们的生活很有品位，越身处其中就越明白其品位所在。例如我的一个非常成功的企业家朋友，每个星期三都去给老人院做饭，风雨无阻。如果他听到谁做什么能帮助弱势群体的，他都参与一份。过年过节，都坚持不懈。

如何与精英相处？首先一定要站在平等的位置，不要有去占别人便宜的想法。有两个重点是非常重要的。

第一点就是你要为他开窗。梁女士某次在与一个大企业老板聊天时，批评这个上市公司老板不该留下不好的员工。当时这个老板非常生气，可是两个月后又回来问梁女士："在我们这种特种行业，怎么能让不好的员工走人？"梁女士说："我公司实行扣分制度，扣完了，就走人。"于是他回去后，也在公司实行了扣分制度。自此他也把梁女士当成好友，生意自然不在话下。我们必须有自己的性格，如果你是真心帮他们改正错误，虽然他们当时也不开心，但可能几个月后又回来找你，以其他方式来讨教如何具体改正。这的确是精英圈子存在的面子文化。

第二点是你要跟他学习。某天上午，梁女士与一个大公司的老板聊天。这位老板很强势，自己打广告来展示自己，梁女士也只好当一个好听众，只附和，不评论，不插话，因为大部分大企业老板不喜欢被批评。如果大家有时间，听听别人的经历也不错。不要每次都想从别人那里得到什么表扬，或者是为了生意的目的挖掘信息，平平淡淡也能学到很多想象不到的知识和信息。

还有个例子正好与此相反。梁女士非常有耐心，有一次与一个初次见面的老板聊天，这个老板并不知道梁女士的背景，上来就说："你不懂。"对于一般有身份的人来说，这是非常令人生气的一件事，但梁女士把这当成一件开心的事去接受，因为她见的人太多了。这位老板不断地炫耀着自己，当然梁女士也是在津津有味地吃着饭。她后来告诉我说："头一次感到吃饭是这么快乐的事。因为要听他讲话，如果什么事都不做，那是非常累的，所以自己就慢慢地吃，把每一口饭都嚼到了一百次以上，因此头一次体会到吃饭原来是这么香，是件享受的事情。从来没有这样美好的体验，之前都是狼吞虎咽。"在吃饭的过程中，也确实学到了很多独特的见解。

第九节
迎接投资者

1. 企业家和投资者讲的不是一个故事。

叶先生曾经帮一个做医疗用品的教授找投资人。教授的公司用 3D 技术测试心跳，可以预防中风。第一代产品做出来了，已被市场接受，但教授觉得这个产品还需要继续改善，还需要 100 万新币的投资用来研发第二代产品。

教授的理念是：这个产品能够挽救无数人的生命。融资来的 100 万新币，10 万新币用于生产和销售，90 万新币用于研发第二代产品。这是给后代留下的最宝贵的技术。

叶先生告诉教授，你的情怀非常好，但是没有钱。你这个企业如果走不下去，讲什么情怀都没有用。帮得到人的技术才是有用的，第一代产品既然已经能够应用，融资来的钱应该 50% 以上用于营销和市场，适度投入 30% 融资额度及部分现有利润进入研发下一代的产品是合理的，这才是投资者的逻辑。投资者不希望把钱给你以后，研发出来的第二代产品卖不出去，自己的钱不见了，何况有些钱也是来自其他的投资者，投资者也有责任的。

教授看起来明白了这个道理，于是一个投资者进入眼帘。就在快要达成协议时，教授眼睛发亮地又开始讲，实际上想让 90% 的资金必须用于研发，这样产品会更好，会有更多的人受益，产品的成本并不高，10% 的资金用于生产和销售就足够了。

投资者本来已经打算投资，听到这个论调后，马上说：明白了，我还有个会要开。然后就走了。

无独有偶。2019 年 5 月，我帮助一家互联网科技公司在美国 OTC 融资上市。因为好友在新加坡做 OTC 技术板的美国融资上市工作，我非常清楚他们选择项目的要求——技术重要，市场应用证明更重要。

这家科技公司已有 10 年历史，不断创新技术，保持前沿，每年报表基本持平。这位老板跟我说，他需要 300 万新币，需用其中的 200 万研发新一代产品。这简直是个大的错误，公司成立 10 年了，一直研发都没赚钱，很明显是营销销售的问题。我告诉他，以你公司的背景和实力，你现在需要 1000 万美元，90% 用于深度行业营销，10% 做产品升级。原来的商业模式是卖设备和技术，现在应该是卖解决方案。很多同行公司的技术实力远不如这家公司，却受到 OTC 美国投行的认同。经过深入沟通，这位老板接受我的建议，于是我安排 OTC 投资团队与他见面。

因为我与黄先生有深交，当然这家公司到 OTC 后也得到了热情的接待。一个小时后，这家科技公司的老板忘乎所以地说，我们只需要 300 万新币，其中 200 万需要研发新一代产品。OTC 的一位合伙人马上就问了一个问题，随后结束了会谈。

有无数的创业者都有着很好的情怀，有着很好的产品和专利，但他们就是低估了这个世界的规则。很多人都说我的产品能够救世界上很多的人，能给世界上很多人带来价值。可是一个已被情怀绑架、连自己都不能救的人如何拯救世界？最后一事无成，情怀的逻辑和生意的逻辑是不一样的。

我在很多客户面前也跟他们这么说，我不是来说服你的，听得懂就合作，听不懂就下一个。你有炸弹，我有炮筒，他有射手，我们找志同道合的人，一起来开天辟地。

2. 家族企业找不到接班人。

在新加坡，传统行业从事者的下一代大都受过高等教育，生活都有保障，父辈也不想让他们辛苦，他们自己也不想再这么辛苦下去。比较辛苦的企业缺少接班人，这很正常。

有一对从事金属贸易行业的夫妇，都已 60 多岁了。这个行业需要经常加班和熬夜，他们兢兢业业，渐渐感到体力不支。他们有两个孩子。大女儿在澳大利亚读完书后，就留在当地一家大医院当专科医生，有着相当不错的职业前景，明确表示不会加入家族企业。小儿子在英国学习金融专业，毕业后在伦敦的一家金融公司工作。父母让儿子回来接班，可是儿子也明确表示，从小就看到父母那么辛苦地熬夜，自己不愿意像他们那样生活，反而劝父母把生意卖掉，然后一起环游世界，安度晚年。

公司还有一批追随多年的老员工，这对夫妇也不忍心马上就把公司卖掉。随着他们做生意的激情渐渐消失，虽然公司的利润还可以，但业绩却在不断下滑，这个时候公司是很难卖掉的。到最后，公司不得不选择结束营业，将资产出售。夫妇二人确实去环游世界了，但经营了三十年的公司没了。

我做咨询这么多年，听到无数的中小型公司的老板说：努力地做下去就是要给自己的孩子留下一份事业；但是我也看过无数的父母事与愿违，这个事业还是他们自己的事业，到后来还是自己的事儿自己办，企业没有接班人。

究其原因，就是因为商业模式的保守。每一个时代的个人对职业的选择是有要求的，如果企业不能顺势而为，连自己的家族成员都不愿意加入，发展的后劲就有限了。

因此在企业最旺盛的时候找到志同道合的投资人或合伙人，让企业进入下一个阶段的发展，是当前大部分企业的直路。

3. 大格局投资人。

有一次去参加新加坡的融资路演，见到一位40岁左右的企业家分享了他的经历。他的项目在美国、新加坡、马来西亚做了很多场路演，都没有人投资，最后他想办法直接去印度找到一位十强首富级别的人物。他来到首富的家中，对方直接就问他，你既然能见到我，那么你需要多少钱？没有问太多生意的细节，融资就这样成了。

我想，这些大人物投资，更看重的是融资者本人。

CUBE酒店的蔡先生在做房地产生意过程中，遇到一个新加坡排名前几位、很有实力的房地产商。对方极其看好蔡先生的人品和能力，便问他，在酒店行业有什么好的生意理念。早就看到这个空白市场的蔡先生就提出：新加坡每年游客总量为5000万，旅游收入每年50亿新币，胶囊酒店、家庭酒店和租赁公寓酒店在新加坡是市场空白，未来应有发展空间。就这样，投资就成了。

有一个中国的投资者想要投资我一个做全球食品代理的新加坡客户，希望以100万新币收购他公司的部分股份。我的客户在飞到中国去洽谈这笔投资的前一天晚上来到我家，把厚厚的公司账目摆在我面前。我记得很清楚，那是三年的账目。他问我："人家投资一定是要看账目的，你觉得我去了该怎么谈这件事？"

当时我还是非常了解这个投资者的背景的，就告诉他："对方来新加坡，住在你的家里，看重的是你的人品，看重的是你的未来。对方投资的其他生意，都远远超过了你今天要求的价格。你这个投资，对他来讲是个很小的投资。他就是相信你这个人。你如果拿这些账目给他看，就把这件事情的方向搞错了，而且看账目可能把事情搞复杂了。对方投资你的意愿可能就会因此转变，从感性转到了理性。看账目看的是过去，而他投资的是未来，方向不对了，这个事可能就没了。"结果，第二天晚上，他打电话给我说："成了，对方如愿投资，而且很着急地就把钱打了过来。"我告诉他说："对方捡到了便宜了，怕你反悔。"

4. 普通投资人。

投资人一般只关注什么时候能够分红和还款，大部分都关注短期利益。如果你的投资人还承诺给你生意帮助，到头来却不能帮你，最终的结果往往是以大部分人还是把股份收回为主。

我的一个客户李先生，因为投资印度尼西亚的工厂，需要资金和业务的发展，就找到了一家上市公司进行投资。对方在资金和生意这两方面都给予了承诺，但到最后，在业务发展方面没有办法帮到公司。两年后，公司利润也不高，分钱肯定不是主要的，发展才是根本，这就是矛盾。最后经过友好协商，公司最后把股份买了回来。

找普通的投资人，最重要的是要明白投资的目的以及条件。比如你需要 20 万开一家店，每个人出 2 万，这样 10 个合伙人的模式就非常适合。但是你要与投资人讲，5 年之内可能没有利润，因为要扩充和发展，如果对方都答应，你能在两年之内还能分红，那就是开心的事情。同时还要跟他们说，5 年之内如果做得不理想，20 万是不够的，如果大家不愿意继续出资，那创始人一个人把债务顶下来，但其他人一定要支持和理解，这样就不会有人因此而吵着分钱闹内讧。

5. 不理想的投资人。

我的一个客户陈先生在创业初期，在市场上是人人皆夸的人才，勤奋努力，人品又好。一个大老板看好他，就支持他开公司，在自己做化学生产的公司中租了一个地方给他，还答应可以帮忙开信用证。于是陈先生就与他成立了公司，开始了创业历程。

陈先生的生意很快就有了一定起色。有一次做海外生意，因为自己的公司新创且规模较小，银行不提供信用证支持，陈先生就找到这位合伙人，让他帮忙开具信用证。结果这位合伙人“咿咿呀呀，呀呀咿咿”，找各种理由百般推脱。陈先生一看这人不痛快，承诺不能兑现，还是要靠自己，于是用自己的积蓄和向朋友拆借，筹款与银行进行沟通，最后得到了银行的支持。在之后的日子里，凡是涉及与资金有关的任何方面，这个投资人都没有支持过他。

最终，他从合伙人的手中买回了股份。发展到现在，他也拥有了自己的大厦。他说：“如果自己还不是很有能力，对方不给你支持也很正常。但要记住，经济独立是最重要的。”

这么多年过去了，我见过无数人当面许下承诺。他们答应投资，答应借钱，但到最后都无影无踪。如果自己没有充分的准备和破釜沉舟的决心，在借钱方面还是要慎重而为。

张校长收购“丽的呼声”电台时，投资人在最后的一分钟说不能投资了，结果自己不得不想尽一切办法凑足资金。

我在拜读杨锦麟老师《不知天高地厚》一书时，非常有感触。杨锦麟老师在企业初创的时候，一个投资人答应出资，可到了关键时刻说不能投资了。还好杨老师有自己的声望，一位陌生的粉丝只是要了一个账户信息，就把钱打过来了。

在投资方面，只要钱没有到位，任何承诺都是空的，都有可能发生变化。这一点请融资者千万注意。

6. 融资谈话的基础。

在成功的投资并购中，买卖双方都应对市场、对双方背景有极大的认同，双方应该心甘情愿。投资方投的是企业未来的盈利能力，企业收入本来就包括未来收益，而市场本身就存在不确定性，因此问题视角要有“高度”。

比商业模式还重要的是诚信体系。融资人是否具备诚信，实现承诺？在你还没有做到的时候，别人如何相信你？你是否是一个老老实实的人？是否有背书？

商业模式是第二步重点。大家能看到市场、战略、执行、利润、风险以及退出，都能写出一个非常完美的计划书，而且要现实。

比如对方谈起两年保证利润，或收回本钱，这是非常合理的要求。任何投资者都会这样想。过去几年运作都很顺畅，你进来照着做，基本可以持续运营；就像一辆宝马车，按规矩开，都没问题，这是让人安心的大智慧。

谈两年保证利润，就比如说我手里有大粮仓，却说如何保证我明天三餐能否吃饱一样。首先我们要认同这是个大粮仓，两年保证根本不是问题。

一斤种子 10 元，种地后打出粮食 1000 斤，卖出 2000 元。把精力用在如何让 10 斤种子变成 1000 斤粮食上，而 2000 元收入才是投资的根本，不需要过多关注 10 元 1 斤的种子，有必要谈谈这个 10 元是如何变成 2000 元的市场。

梅西体重 70 千克，身价 1.2 亿欧元，折合每克 1400 欧元，比黄金贵 5 倍。那么，财务数据能解释得出这是为什么吗？如果投资人每天想，明天他要是出了意外，怎么办？让梅西保证不出意外，这样想的话这个世界就不会有人做交易了。真正能给出保证的是你的眼光和信任，是胆识和机遇。

买卖双方都处在一个博弈和测试的过程，彼此挑战对方的底线，以及对成功的渴望程度。

追求“低风险，低收益”的银行都很多坏账。追求“高风险，高收益”的投资，是靠眼光的，没有保险。最终投资的是自己的眼光及卖方的背景及信任度。很多公司在并购后发展迅速。所以说，不该追求保证，而是追求投资并购的本质。

7. 融资人的状况和心理。

融资人要非常清楚自己的状况和实力。自信最重要。

每一个出售股份、出售公司的人都希望快速看到结果，但往往事与愿违。通常规模越大的融资和并购，就越容易出现“必然性”，而非“偶然性”。什么是“必然性”呢？我曾经与新加坡大华银行的融资部经理聊天：我们都有一个共同的感觉，很多交易看起来都能成交，到最后就是不成；很多看起来很普通，根本没有机会成功，但是一谈就成，这怎么解释？只好用“必然性”“偶然性”代指了。这种情况下，融资人往往比较紧张，过于关注自己，而忽略事情本质，容易失误。

在融资的过程中，小公司的账目会非常简单，可是面对着未来的计划，比如机器零件生产，账目的复杂度要高10倍。

——我们家的账拿不出手给人看，就可以不给人看吗？肯定不是这样的。

你赚过2亿与你赔过2亿，这可以同等而语，也可以不同等而语。这两个东西都是宝贵的，你赚2亿你怎么说？你赔2亿你怎么说？

如果对方看完了路演，不打算投资了，你就去问他：怎样你才买？你可以学，至少你知道，错在哪里，不断改善，对不对？

如果这尊菩萨纠结于过去，你就不要找他；他看好你的未来，你就好好地谈。很简单，看到自己的价值，不仅仅是成功的价值，还有失败的价值，看得到你的价值，就有人愿意投资。

在你的投资者面前，如果你只是在检讨你的错误，那人家哪有时间听你检讨？你应该是在错误中告诉人家，你接下来该怎么做，毕竟未来的事情比较重要。没有人愿意听你过去如何失败，也没有人愿意听你对未来如何憧憬，大家都在想做成这件事。最重要的因素是什么？每个人的价值是什么？

你必须对你的失败过程进行非常深刻透彻的反省，痛彻心扉，幡然觉悟，真实呈现，把自己说明白。你会见到无数的天使投资人，最终自己找到了经验，知道怎么样去写计划书，怎么样去写出卖点和特色。有些投资人喜欢看纸本的计划书，而有些人哪怕给他半张纸都会觉得累，他必须看到你这个人。

找投资者的时候，要看你的投资者是一个聆听者，还是一个阅读者，还是一个触觉的学习者。聆听者不喜欢先去看你公司，而是想先见面，要听听你说什么；阅读者，他要先读你的计划书；触觉学习者会喜欢到你公司，先看了再说。所以我发现，在找投资者的过程中有一点其实挺重要的，那就是你不要只顾闷着头沉浸在自己的规划中，因为你不知道什么时候会碰到什么人。

如果投资者是一个阅读者的话，那么你在写PPT时除了数据之外，可能要在计划案里面展现你的个性，你公司的个性，而且个性展示要能引发他的兴趣。所以你要对投资者有研究，不是只有他研究你，你也要研究他，这样融资的成功率才会比较高。有些中间人给你介绍投资者时，都不告诉你合作的前提，又不愿意说对方的背景，这时你就要跟中间人讲："你的投资者应是希望我成功吧？我不需要他的电话，也不需要他的姓名，但是你起码把他的基本背景讲一下，这是必需的。"这个要求是可以主动提出的。

这就是投资和融资的魅力。有些事情，尤其是未来的事情，大家赌的是人，不是你的计划书。

有些投资是很快的，我的一位好朋友与一个初次见面的富豪在酒店里谈了一个小时，就完成了投资。机会也是无处不在的。

在投资和融资的过程中，还有另外一种奇怪的现象：看起来很能成的项目就是不成，看起来不可能的项目却一谈就成。我把这种现象归纳为八字不合和八字奇配。所以在中小企业在投资和融资过程中，情感比事实还要重要。

你自己改变了，现状并没有变化；但是你看现状的角度变了，这时候现状就会发生变化。

有一个投资者要投资我的一个媒体朋友，准备收购一家电台，但从当年的8月一直到10月还没有结果，一直在拖。本来是曙光在前，但此时越看越像是一条隧道，而且是一条单纯的黑暗的隧道。隧道可以无限延长，但是你的灯和你的车快没电没油了。就在他坚持到极点，耐心即将耗尽的时候，一个机会又来了。前一个投资者因为个人的问题没法投资了，可是又出现了另外一个投资者。当另外一个投资者投资以后，其他的投资者更加相信，虽然这是一点光芒，你又不得不重新进入隧道，而且是一条黑暗的海底隧道。但创业就要不断寻找机会，不断补给，总有一天会见光明。

我的朋友之前见了无数的投资人，可以说是满天的泡泡，甚至无数人都把你说得一无是处，目的就是为了压低你的谈判筹码。但对方毕竟还是感兴趣的，只要有提出价码，就有机会，融资人必须有这样的信心和胆识去判断。

在投资和融资的过程中，眼光是不可衡量的。有些人花 100 万投资一家幼儿园，这家幼儿园只有 20 个小孩；而另外一个人投资 50 万给一家幼儿园，这家幼儿园有 200 个小孩。两位投资人占的股份却是一样，怎么去平衡对和错？

本书的主题并不在于写融资，我也希望以后有机会写一本投融资的书，把更多的经验分享给大家。

第十节

公司越强，利益就越明确，老板越有空

公司规模小的时候，老板什么都知道，一切尽在掌控，整个公司就像一家人一样。但公司一旦发展大了，人数多了，管理的层级也多了，这时候彼此掌握的信息就开始不对称。每个人都要掌控，但掌控的核心有本质的区别：老板是希望以最小的投入掌控最大的回报；而经理人想以最小的劳动付出得到最大的回报。从本质上这是矛盾的，因此只要信息不对称，公司就会失控。信息不对称，利益冲突的现象就会层出不穷，创始人与股东之间，创始人与经理人之间，经理人与供应商之间，销售人员与客户之间，等等，都会出现利益冲突的现象。

人性和逻辑是建立在不同文化背景之下的战略层级的商业模式框架和基因，因此今天的企业家必须拥有更高的智慧，才能以胆识和魄力做好跨国的运营。

比如老板请了一个职业经理人去负责子公司，当总经理。这个经理人原来的年薪是 15 万美元，现在是 30 万美元。头三年，这个经理人抱着感恩戴德、渴望出人头地的想法，玩命地干。但是三年后，公司的利润达到了 1000 万美元，这时经理人心里不平衡了，于是注册了一家自己的公司，将公司的客户拿过来，以原来公司的机器进行生产，反正老板也不知道，自己公司的负债变成老板的负债，老板的利润变成自己的利润。如果问题出来以后再处理，事情已经变得一团糟。这个问题如何解决，至今困扰很多老板及经理人。

为什么说经理人也是一种困扰呢？吃里爬外难道不违法吗？事情不能这样讲，利益不一致是一个根本问题。如何打造利益共同体？采用股权激励，将各个利益方绑在一起，每一个人都会衡量自己尽可能公平的投入和产出，由此找到最均衡的利益和相互制衡的契约，才是长期的解决之道。

中小企业不可能拥有垄断的资源，只能另辟蹊径，整合资源。要知道，富人的钱都是穷人给的，这一点值得深思。

洪先生是一个非常优秀的企业家，在合伙人管理和股权激励方面做得非常到位。洪先生是新加坡一家精密制造公司的董事长，公司生产汽车零件及医疗精密产品和模具。客户主要分布在德国、法国、英国、新加坡。很多汽车的安全带拉紧扣都是洪先生公司生产的。法国的知名暖气水温及电力调整设备都在洪先生的公司生产。他在新加坡和中国有工厂，在新加坡有 45 名员工，在中国上海有 65 名员工。

八年前他几乎每天都出差，和团队一起解决问题，这两年，他经常在家里抱孙子呢。这是很多企业家都想达到的境界，公司大了，时间自由了，说明公司管理得很好。

洪先生刚出道时，在新加坡的印度公司 TATA 培训中心学习。培训中心要求学徒在三个月内，每天都用一把锉刀磨一块 U 槽板，锉平后又从不同角度继续磨成不同的形状，每天用手去摸这个铁片，最后达到手铁合二为一，这是真正的铁杵磨成针。在 TATA 的这五年，让他养成了非常好的品质——精进和坚持。

之后，他进入杜邦公司工作。国际大公司非常讲究个人的专业性，并不希望一个人在不同的部门之间换岗。可是洪先生的能力太强了，每个部门做完后，觉得没有突破，就主动要求换岗。换岗需要考试，洪先生每次都能以优异的成绩通过。在这个过程中，他的经理对他也是刮目相看。连他自己也没有想到，这些经理都是日后他创业的贵人中的贵人。

一个偶然的机会，一家做模具的公司邀请他加入，因为这家公司需要做大，有更多的发展空间。公司模具部门算上他只有两个人，而他自己之前是做各种机器零件加工的，对制作整套模具却完全没有经验。洪先生经过一年没白天没黑夜的努力，下班都把图纸带到家中，铺满地上，不断研究，终于解决了所有的问题。

这时一个创业的转折点来了。他的一个好友邀请他创业，好友负责做销售，他负责技术和生产。听起来一切都非常完美，但结果却是一场噩梦。合伙人虽然认识很多人，但基本上没有任何人给他们订单，公司开业一个月就差不多要关门了。这时这个股东退出了。别无选择的洪先生又找来了五个朋友入股，一起经营公司。

洪先生的人缘特别好。早在TATA实习的时候就帮助过很多朋友，其中有个模具设计师名叫西蒙，因不懂技术而得到过洪先生很多帮助，后来进入一家日本公司做到了非常高层的职位。就在洪先生的公司处于最困难的时候，西蒙把公司的一套最简单的模具交给洪先生去做，交货期限是五个星期。

哪知道洪先生用了两个星期就把模具做好了。西蒙跟日本老板讲，这个模具交货期特别快。日本老板不相信，其他的供应商都是过了五个星期还做不完，为什么这家公司做得这么快？就坚持来洪先生公司考察。要知道洪先生的公司非常小，只有一台铣床和一台磨床，非常简陋，但是推托不掉，日本老板还是来了。

日本老板过来，一看洪先生公司这个状况，大吃一惊，又点头又摇头地说：这样也行。他告诉洪先生：你去买一台很好的EDM电火花放电机器，我支持你。洪先生当时刚刚创业，哪里有钱和信用去银行贷款来买这台机器？想来想去，还是找到之前工作的模具公司，大家成本分摊，一起来买一台机器。就这样，在日本公司的大力支持下，公司的业绩越来越好。

通常模具要经过很多次的调整才能达到量产，洪先生提出一道非常苛刻的标准：试模不超过三次。第一次一般是 90% 的产品成品率，第二次基本上量产，很少出现第三次。

质量好，交货快，有口碑，这成了洪先生的标牌，市场上也有越来越多的人知道了洪先生的公司。原来杜邦公司的经理也升职为另外一家跨国集团的高管，就把洪先生直接介绍给欧洲的客户。这些客户又不断地给他介绍了更多的客户。

在创业的前几年，洪先生的公司也遇到了很大的问题，最主要是来自合伙人。当公司有了一定积累后，很多合伙人都坚持把钱分了。洪先生无奈，只好答应了这些合伙人，但要求一旦公司急用钱，大家一定要把钱拿出来，可是真正急用的时候，大家都说钱没有了。因此资金不足，错失了很多很好的发展良机。比如没有快速做大规模，还有不少上市公司找洪先生的公司谈合作和并购，但因合伙人漫天要价且又不愿负责任，导致公司发展重重受阻。洪先生无奈，只得以高价收购了其他所有合伙人的股份，目前只有两个伙伴，价值观一致。在这个过程中，洪先生积累了大量的合伙经验。

公司的大部分客户都来自跨国公司。面临的一个非常高风险的问题就是收钱，一旦国外公司不付钱，无论是通过法律手段还是其他手段，对中小企业来讲基本上都是没有任何办法的。

跟国外做生意，还钱不准时，要非常小心，追钱要快，追钱一放松就有问题。因为没有很大的交易量，不能用信用证做交易，都是以信誉和银行的转账为准，因此与客户之间的日常交往和信息留存就变得无比重要。比如说对海外客户一定要保持经常联系，即便没有工作也要定期检查，一旦工作量低了就要问为什么，公司是换人了还是公司发生了什么事？必须密切关注。

与大公司合作，通常账目都不会有问题，尤其是日本公司，比较注重信誉，到时间还钱很准时。只要你没有问题，他们的订单都会源源不断，很少随便换供应商。

洪先生与外国公司打交道有自己的原则，做生意从来不给回扣，要回扣生意就断了，因此交的都是雪中送炭的朋友。而且洪先生的大部分订单都是直接对客户，很少对采购中心，毕竟采购中心相当复杂。每当客户来新加坡，洪先生会尽量带他们看本地风土人情，介绍当地特色和文化，无微不至，让他们感到宾至如归，以至于回去以后还会主动想办法找生意给洪先生。

随着生意数量增加、规模越来越大，如何降低成本、提高效率就成为一个非常大的考验。在生产方面，洪先生从 1995 年起就想进入中国市场，直到 2003 年才与新加坡上市公司合作，在上海设立生产工厂。公司开业的第二年，由于受到经济风暴影响，生意少了很多，合作的这家上市公司当然先照顾自己，洪先生的公司这时候就出现了订单问题。同时上市公司也不签担保。出于无奈，洪先生最后买回了这家上市公司持有的股份。

在这个过程中，洪先生大胆地做了一件普通新加坡公司不敢做的事情：他把公司的股份 100% 转给了当地的合伙人，由当地合伙人作为法人，经营这家价值百万美元的公司。通过股份的 100% 转让，完成了优异合伙人的资源整合。

洪先生用相信人的方式善待合伙人（当然，前提是合伙人的人品确实不错），开启了公司发展的新篇章。到 2019 年，公司的业绩每年都以 30% 以上的速度成长，为了防止发展太快，洪先生还得经常踩刹车。而当时跟洪先生一起去上海发展的另外四家公司，有一家采用洪先生的模式，放手让当地人来管，发展得也不错。另外三家公司则因经营不善都关张了。

回想多年发展的经验，洪先生说，合伙人的理念和视野很重要，如果合伙人都是一些每天在车间里工作的人，见的世面不大，会耽误公司的发展。找对合伙人，对海外运营非常关键。

现在，洪先生在新加坡和上海的合伙人价值观非常一致。比如当洪先生提出能外包的都外包后，中国的公司就砍掉了 60% 的工作进行外包，把最精密的工作留在公司内部，创造核心的价值。

纵观未来的发展趋势，社会的分工越来越细，专业的公司越来越多，只要外面能做的全部外包，就让公司更能集中优势发展。外部扩充，内部精简，资源整合，品牌建设及资本运营是未来的发展战略。没有人会愿意跟着一个几年都没有变化的公司。企业必须不断进步，才能有更雄厚的实力，从而对人才的吸引力就越大。

第十一节

被遗忘的护身符：合伙人协议

优质合伙人协议或股东协议，等于是在自己的职场中安放了避雷针或防火墙。

在 20 多年的咨询中，我发现大部分公司之所以做不下去，90% 的原因在于合伙人或股东之间出了问题。要打破合伙人或股东的偏见，比建构一个芯片还难。

没有赚钱的时候，这笔钱只能放在公司账户不断周转，这个时候大家都很努力，相安无事。可是公司赚的钱足够大家有成绩感来分享的时候，问题就来了。有些人想把钱分了去买套好的住宅，有些人想把公司规模扩大进行基础的投入，这都没错，但是比例是多少、何时分、公司的钱如果不够该怎么再投入，这些都是在合伙之前没有说明白的事。

合伙人协议应该是伴随我们合伙办企业始终的，是我们与生俱来的护身符。可是绝大多数企业都没有这个意识，优质合伙人协议或股东协议被严重忽略。有些公司在一开始时，因为有专业投资者的进入，这方面结构会比较完善，但大部分中小企业在公司成立初期，都是因为朋友关系随随便便就成立的公司，随着企业经营的问题越来越多，大家对处理问题的观点就变成了你惹我，我惹你，根本没有游戏的规则。

还有，大部分人都会把合伙协议视为一份法律协议，应该由律师来处理，由律师来起草。这种看法肯定是只对了 20%，还有 80% 需要来自企业的管理经验。试想，公司怎么分钱；公司发展方向；投资方向；个人贡献与股比；没有贡献的不自动退让，而另外一个有贡献的又不甘愿；公司用人的原则；基本的投入；对事情的各种分歧的看法；每个企业在不同行业所经历的不同问题……这些问题蕴含在公司运营的方方面面，每一个都能引发股东间的严重分歧，甚至让企业万劫不复。其实，这些问题都属于人心范畴，而不属于法律范畴。

股东协议，合伙人协议或股东协议，股权激励协议，分红协议……这些的基础首先是以企业管理为背景，最后再用法律进行基本合规性的梳理。协议都是法律的重要依据，是法律维权时的判断标准。其实，人性才是协议的根本。

本书因为篇幅所限，略举几个发生在身边的案例，让大家更能生动地了解合伙人协议的重要性。

1. 自己人反而不好说话。

我和好友叶先生是做公司并购和融资的搭档，我们经常在一起讨论家族的生意。家族的股份若处理不好，反而会更加麻烦。

有一家公司的情况特别有趣。兄弟两个创业，哥哥做不过来，就让弟弟加入。后来哥哥被诊断出皮肤癌，做生意就开始保守起来，而弟弟看到市场的潜能，决定把公司发展壮大。可是公司发展得非常不理想，资金缺乏，需要引进股东及融资。于是，哥俩签订了一个协议，哥哥同意把自己的 51% 股权以 25 万新币转让给弟弟。

之后，弟弟放开手大干，先找到了叶先生进行融资。一家上市公司以 240 万新币的估价，注入了 120 万新币，但条件是占 51% 的股份，资金只能用于公司的运营，不可以用于私人用途。

哥哥知道这件事后，非常生气，认为自己 51% 的股份应该是 120 万新币，而不是25万新币。可是弟弟也非常委屈，估值是哥哥退股后重新定的，如何与原来的比？而且公司里的钱不能动，上市公司用钱是有标准的。哥哥不同意，弟弟无奈下只得说未来赚了钱再还。哥哥坚持自己被骗，于是把弟弟告上法庭。

这下问题又来了。融资前，当时公司运营不佳，弟弟用了自己所有能用的银行设施，包括银行的信用卡。银行知道这桩官司后，就开始追弟弟还钱，不然就面临破产。

此时弟弟没办法，把剩余的49%的股份也卖给了这家上市公司。经过多方斡旋周转，可还是无法还清哥哥的钱及银行的钱。于是弟弟与妈妈讲了这个状况，哥哥这时也发现自己做得有点过分，想收回破产申请，但是为时已晚，弟弟还是破产了。

为什么会出现这么严重的状况？原因是高估了对家族人员的信任，低估了人心的变化，这种状况在很多公司都在发生。公司没有很好的专业人员帮他们做入股或退股协议，当协议不完整时很容易出现纠纷，更何况连协议都没有？股东之间赚钱也吵，不赚钱也吵，分钱也吵。

家族的企业没有处理好，自己人反而不好说话。祸起萧墙，是更大的麻烦。

2. 没有协议约束机制，什么都会发生。

我在新加坡还有一个客户，公司的股东全是新加坡人，文化背景相同。公司赚钱了，这时一个股东说：我们应该去买一间办公室，可以自己用，也可以租出去；而另外一个股东坚持把钱分了，升级自己的住宅。这本不是一个太大的问题，但是因为双方僵持不下和经营理念不一致，大家只好拆股，纷纷另立门户。本来具备优异实力的企业，又要从零开始建立。这都是当初没有好的合伙人协议、股东协议所产生的必然结果。这类事情在不断发生着，过去如此，现在如此，相信将来也依然会为数不少。

我还有一个客户，是位非常善良的人。他投资了一位年轻人的公司，给的条件非常优厚，两年之内可以不分红，五年之内可按照协定的标准把股份全部卖给创始人。只要你好好努力，他会提供资金以及工厂给创业者。但是第一次投资让他失败了，因为他很相信这位年轻人，可是这位年轻人账面做得很好看，实际上根本不是那么回事。我告诉他，投资公司不能亲力亲为，那么就必须有检查机制，从那以后我就帮他做了一个非常完整的投资规划，公司定期请非常专业的第三方进行专业运营审核及账目审核。目前，公司在马来西亚和中国的分公司都采取这个模式，既合法，又有利润，还省心，这些都是通过机制和制度完成的。

3. 利益冲突的时候，很容易遮住双眼。

下文这个案例中的两个主人公，在公司的股份比例是一半对一半，公司是卖焊条的。

一家上市公司因为欠了他们公司 20 万新币的款而无法偿还，就用股票来顶替。有股票也好过没有钱，当时股票的价钱非常低，每股新币 2 分。

世界上总是有神奇的事情发生。9 个月以后，新加坡政府宣布建设两个综合娱乐城，10 年之内不再发放新的执照，娱乐城的业者当然希望娱乐城建设越快越好，越快就越能赚钱。90 亿新币的投资需要大量的钢材，顿时引发新加坡市场上钢材价格暴涨。最重要的是要有货，要快，价钱不是问题。这家上市公司的股价也涨了 20 倍，涨至每股新币 4 毛钱。

面对突如其来的财富，原来的 20 万新币的股票变成了 400 万新币，其中一个股东坚持把股票卖了每个人分 200 万新币。可是另外一个股东坚持后续还有更好的潜能，于是矛盾就爆发了。无论怎么调节，也没有办法达成协议。

坚持卖掉股票的股东找到了我的好友叶先生，想托叶先生找一个买家买他的股份，他退出。可是另外一个股东坚持，要卖就卖回给他，不允许其他股东加入，而且提出的退股价钱特别低。双方自然无法达成协议，这个过程拖得越久，坚持不卖的股东就算是赢了。这个事儿就不了了之了。可是此后坚持卖的股东就无法面对他了，从此就消极怠工，光拿薪水不做工了。我没有继续跟踪这家企业的状况，但是我肯定不看好他们的发展。

其实，这个过程还有折中的解决方案，但是因为双方在争吵时头脑混乱，被利益蒙蔽了双眼，陷入困局，不能自拔。这种僵局，也是中小企业需要借鉴并极力避免陷进去的。

两个股东各持一半股份，这是非常危险的安排。在企业发展的重大决策上面，如果不能有一个很有眼光的大股东做决策，再好的企业也会万劫不复。

根据不同的国家的法律，绝对大股的股份是 66.9%—75%，至少 51% 也是有一些优势的。另外，股份的大小也不能完全决定企业的发展，董事会的协议、合伙人的协议、重大决策责权利的精英决策方式才是企业长期健康发展的保障。

做企业情商很重要。情商就是人心。不要因为一点小钱就想不开，就斤斤计较。我的好友林先生是一家上市公司的总裁，跟我讲了一个真实的故事。有一家公司在被并购的最终阶段，其中一个家族董事提出一个要求，问对方能否送给他一辆奔驰车。要知道，整个公司的并购价格过亿。对方公司马上感到这样格局的人不值得拥有这样的并购价格，并购的事情也就不了了之了。

4. 无感恩心态。

黄先生是我二十多年的老客户，他是做精密磨具制造的。他成立过很多公司，其中一家公司的合伙人的心态就很有意思。

有一个设计师自己想要创业，创业前月薪是 2000 多新币。黄先生觉得他有一定的能力，就想帮他。他按照这个设计师的建议，合伙成立了公司。因为对方只有一个人，黄先生就在公司里给他腾出了一间办公室，每个月 1 万新币的薪水，另有补贴、车子和 49% 的干股。黄先生没有拿任何薪水。两年后公司有了利润分成，第三年开始，公司却因能力与市场原因开不下去了，但是这个设计师股东还是在一段时间里拿着每个月 1 万新币的工资，理由是没有这个薪水生活不好过。

就这样，公司还是倒闭了。

多年以后，黄先生又遇到了这个人，大家又谈起是否可能在一起合作，每个人都出一部分的原始资金。这位设计师说他需要每个月9000新币的薪水，黄先生跟他说，没有问题，但是自己也要拿9000新币。这个设计师当时一愣：当时咱们成立第一家公司的时候，你也没拿薪水，为什么现在又要9000新币？

成立第一家公司的时候，因为是新公司，没有市场信誉，黄先生以自己母公司的名义为这家公司担保，与客户谈判、与供应商谈判、与银行担保以及提供办公地点，各个方面的隐性成本实在是太多了，其实黄先生纯属支持他。但是他根本认识不到这些，反而认为这是理所应当的。

所以有的时候帮助一个人是好事，虽然你很真诚，但对方不以为这是真诚，而且觉得是应该的。这次再合作，如果再以之前的形式合作，那就是典型的不懂得感恩。

黄先生来找我，问这件事情应该怎么处理。我告诉他，这都是因为没有做合伙人协议。大家应该把有形资产、无形资产、投入、分配、责任、权利、义务、退出机制等都说明白。最重要的是，合作的限制条件是什么？而不是大家看到的前景这么简单。任何一个限制条件没有做好，都会导致合作产生问题，这是公平合作最主要的评估机制标准。

黄先生说，这太复杂了，我们哪里会做？这的确是一句心里话，很多中小企业，或者是已经有股东的公司，重新起草这些文件是非常有难度的。我就遇到过这样一个客户。2017年，我应朋友之邀为他的公司做一个非常长远的规划，本意是让两个股东更加和谐。可是另外一个股东小心眼儿，总认为把我请来是要对付自己，结果可想而知，这个项目最终没有做下去。2019年，我的这位朋友又过来找我说，他们已经势同水火，最后那个小气的股东退股了。现在，还有其他三个股东跟着他，而他也决不能让这样的事情再次发生，于是就找我来做合伙人协议了。

5. 合伙人协议。

合伙人协议标准也不简单，既然是行为标准，就包括公司的方方面面，我们最终成型的行为标准至少包括 100 个基准点，包括了公司运营过程中的大部分可能性。

2017 年下半年，一家做室内装修的公司找到了我。公司不大，已经发展六年了，有一男一女两个股东，都有各自的家庭。找我解决问题的是男股东。两个股东是在不得已的情况下硬被拉在一起创业的。两个人性格都很开朗，为人善良，都很爱自己的家庭。女股东的先生也在公司做管理层。

我发现，这两个股东基本上不太跟对方讲话，实际上也无话可讲。我见到女股东后，发现她也是一个热情开朗的人，为人大方且有远见，于是我就决定接下了这个项目。

针对他们的实际状况，我给他们制定了一个咨询的蓝图，首先做三个最重要的培训，包括商业模式转型、培养左右手，以及超值服务流程。这三个培训可以让两个股东深入沟通公司现在和未来的发展，多讨论些话题。与此同时，我规定他们每周一下班后，必须在一起开一小时以上的会议，讨论培训的内容和落地执行情况。结果如我预期的那样，两周后，他们的家人在办公室外面等着，他们两个从晚上 9 点谈到半夜 3 点，讨论公司的每一个细节，不断形成每一个文件，两个股东突然间有了谈不完的话题。

趁热打铁，我又为他们做商业模式转型的品牌咨询项目。随着项目难度的加大，他们的管理水平大增，不止两人间的关系大大改善，团队的融合度也大力提升。2018 年底，公司的业绩比 2017 年翻了三倍，“人心齐，泰山移”的精神在这里得到了体现。

机会成熟了。在大家建立起非常好的信任关系后，2019 年初，开始正式起草合伙人协议。我规定了协议中的 15 个部分，由他们自己先针对协议中的特定情况制定解决方案，然后大家再一起讨论决策的可行性、责权利的安排。比如，两个股东是一男一女，因此在股东的开篇就规定，任何股东涉及与对方的男女关系，都必须退股，而且不可以拿走公司的半分钱；同时两个股东的家庭要经常在一起聚会。大家不止欣然答应，而且能看到他们是发自真心的开心。

大家看看，这就是合伙人协议中很重要的一部分。合伙人协议必须量身定制，企业不同，股东不同，目标不一样，情况也不同。合伙人协议来自两个股东内心的看法，每个股东都是世界上唯一的个体，都有自己独特的思想，千万不要去拷贝其他人的协议。

当然，合伙人协议中还有很多灰色地带的解决方案。比如，还没有遇到过的事情必须协商，碰到僵局的时候必须有导师，实在解决不了的事情就放下，这都是针对双方实际情况的最好的解决方案。

2019 年 4 月 16 日，当我见到连先生时，他与 20 年的供应商朋友王先生一起投资了一个刚出道不久的小伙子。小伙子因为家族的问题要出来争一口气，成立了一家塑胶造粒公司，希望在大环保方面有所作为。我问他们，如何能够长期而很棒地合作下去？

连先生、王先生告诉我说，他们合作的原因是因为有默契感，彼此认同对方的人格。多年来，所有的合伙人都没有不好的名声，在市场上没有欠别人的钱，这是大家合作的主因。

我告诉他们，你们这属于江湖式的进入。什么是江湖式的进入？中国知名企业家冯仑曾经在这方面有过详细的论述：大家都是铁哥们儿，彼此认同，就一起开了家公司，这就是江湖式的进入。

可是没有西方式的规则和退出机制，很多江湖式的进入注定会酿成江湖式的决斗。在过去 20 年的咨询历程中，我已见过了太多类似的场景：有兄弟之间的决斗，有好友之间的决斗，有太太之间的决斗……精彩绝伦，挑斗者无能，被挑斗者无奈，两败俱伤。

接下来我跟他们讲，以我20年间对近千家公司发展历程的观察来看，绝大多数公司出问题都是因为合伙人出了问题。当我问起合伙人之间会有什么问题时，这两位善良的老板表示，我们把投资的钱拿回来，接下来，谁让公司发展都无所谓的。

看到没有？这样的心态，为后续企业的伟大发展埋下了一颗非常了不起的炸弹。

我跟他们两个说，你们都可以说是功成名就的企业家，可是你们的另外一个合伙人，他没有自己说得出口的资产，无论是房子还是基本的人生积累。当赚到第一个100万时，如何分钱？你们两个一定是希望公司再投资发展，而对方一定是希望能拿出一部分来购置自己的房产，这样就产生了一个分歧；当公司不断进步的时候，有个股东坚持代理就好，有些人说要投入资金进行研发，又会产生另外一个分歧；当请人的时候，他把自己的太太请进来做财务，因为管钱重要，而你们想，其他股东定期查账的时候，不信任感的分歧又会产生……大家都是做生意的，这种例子能举出一百个。当然，用不了一百个，有十个分歧时，就会有大的问题出现。没有一个好的合伙人协议，企业是走不远的。

话讲到这儿，两位老板陷入了深深的沉思。我知道他们在想什么，也知道触动了他们非常敏感的神经，我就马上提议，一起谈一谈怎么做这个合伙人协议。他们反问我说，合伙人协议不就是法律合同吗？

话谈到这里，暗箱浮出水面了。我告诉他们，大家都是好朋友，你们不要被市场上所谓的合伙人协议吓坏了。合伙人协议也属于咨询的范畴，是大家对未来发展过程中各种潜在问题的一种预测和预置的解决方案。于是两位老板很谦虚地向我请教如何做合伙人协议。限于篇幅，这里无法详细解释合伙人协议，但我还是想针对这个主题稍微展开，因为读者读到这里，都想知道合伙人协议怎么去做。

我告诉这两位老板，做合伙人协议的时候，经验非常重要，里边会涉及大量可能性及平衡的处理方法。比如说，三个股东谁当董事长，当上就很难下来，可如果规定必须其他两个人都同意才能当董事长，只是这一条就能让企业解决绝大多数股东间的问题。

很多企业为了留住比较好的员工或在市场上找到志同道合的人，采取了合伙人制度，目前这是一个高大上的主题，市场上有无数专家云里雾里地渲染合伙人的复杂性，中小企业没有办法把还没有发生的所有情况列出来，应该回归人的本性，采用最简单的规则，相互制约而又不至于走入僵局。

另外，有了公司，每个股东就觉得自己是该像老板一样，行使老板的权利了，四处管人，四处用计，这也是常有的事。当老板了嘛，人上人了。但实际上合伙人不应该是这样的。为什么把他变成合伙人？就是因为他在某一方面的特长，你不能因为把他变成合伙人而忽略了他的重要潜能的发挥，而让他去做不擅长的工作，比如把一个优秀的销售员提升为销售经理，这个时候这个世界上还可能少了一个最优秀的销售精英，多了一个差的销售经理。

我们并不是说一个人职业不能晋级，晋级有晋级的标准。成为合伙人以后，应该在自己特长方面更加用心，不该做的事情不需要过问，每个人要清晰的责权利。

责权利是什么，相应多少股份，分配的方式和结构如何设定？如何衡量价值观？如何评估每一个岗位的绩效？如何能分配得有意义？

另外，合伙人协议设置的目标过于直接，合伙人只对衡量的目标感兴趣，而对没有衡量的目标视之不见。在起草协议时，要考虑许多的因素，例如合伙人的贡献，忠诚度，服务年限，工种，对下属的培养，价值观的匹配，自我约束能力，自我进步能力，退出，破产退出，等等。

6. 讲一个不寻常的合伙人破产退出例子。

我的另一个好客户朋友陈先生，公司有 4 个股东，每人都占 25% 的股份。其中一个股东破产了，其他两个股东都有自己的生意。陈先生想买破产人的股份，可是另外那两个股东因担心他所占股份太大而不同意，于是，陈先生提出把这两个股东的股份也买过来，可是这两个股东又觉得陈先生出价低。事情陷入了僵局。

按道理说，陈先生可以再开一家公司，这家公司就让它逐步倒闭好了。可是，在关键时候就可以看出，优秀企业家处理问题的方式是不一样的，因为他们相信他们的责任是不一样的。陈先生最终还是说服了另外两个股东，把股份卖给了他。做事情要有始有终，卖的价钱就按照公司的账面价钱来。这两个股东都答应了，这时，他作为大股东，与破产局进行了充分沟通。破产局的股份也最终圆满解决。他在业内和市场上也留下了非常好的声誉，因为他是一个能够承担责任和解决问题的人，大家愿跟他合作，愿跟这些愿意吃亏的人合作。

他在与破产局谈判的时候，因为也没有什么经验，就找了一个非常好的会计师。这个会计师也非常愿意帮忙，半夜 12 点还让陈先生去他去家里，开了最好的红酒招待他，教陈先生如何跟破产局的官员进行非常有效的沟通。因此好人经常会有贵人协助。

这个案例也发生在一家明显没有合伙人协议的公司中，对退出机制根本没有任何解决方案。在一件事情面前有不同的意见，这很正常，大家都未必有错，因为没有标准。这个公司的纠纷最终得以和平解决，是因为创始人的胆识和魄力，大部分公司就没有这么幸运了，往往会闹得不欢而散。

第三章

如何抓住机会

第一节
坚持A计划，逐渐延伸，不忘初心，方得始终

我从创业到现在已经20个年头了，为什么20年还能每天如一日兢兢业业地走下去？这跟我身边的朋友和客户是分不开的，我每天都能从他们的身上看到光芒，从他们身上看到不朽的精神。

陈先生是我20年的老客户、老朋友，是个地地道道的新加坡人。他心地善良，言出必行，高瞻远瞩，几十年如一日经营着特种化工和环保公司。可以这么说，每个月我们都在一起吃饭聊天，谈公司的现状、过去和未来。

陈先生一个非常成功的商人。他出生在一个非常穷困的家庭，爷爷和父亲都是农民，劳作非常辛苦。他不想再做农民了。他认为家境贫寒是个优势，因而自己有足够的突破逆境的动力。他家隔壁就是一户富有人家，住在很大的洋房里。每次上学走过洋房的时候，他都跟自己说，将来也要让妈妈住上这样的房子。他说，这是他很小的时候就有的人生初心和动力。

只有初心是不够的。他上小学时，妈妈常常把他送到学校后，就会回去想办法跟亲戚或朋友借一毛钱，再回到学校给他，好让他有钱买饭吃。他看在眼里，心里非常难受，于是他就想办法自己赚钱。

放学后同学们都回家去玩了，他和表弟去抓鱼，10条鱼就能够卖一毛钱。每天他给自己定的任务是抓20条鱼，这样每天可以赚两毛钱，从此妈妈就不需要

给他钱了，他反过来还可以给妈妈一毛钱。

在抓鱼的过程中，他学到了人生中第一个做生意的经验。表弟比他小两岁，每抓一条鱼就会跑到岸上，把鱼放在桶里后再跑下来。他觉得这样做很累，就每次都抓了三四条鱼才上去一次。本以为他抓的鱼会比表弟多，可结果却是表弟比他多抓了很多条鱼。经过仔细观察，他发现原来当他手里有一条鱼时，再去抓其他鱼，动作就会比较慢；表弟虽然跑上跑下地很累，但每次都是只抓一条鱼，效率特别高。因此他得出一个结论，人不能太贪心和偷懒，不能只想做大的，小的积累起来也是大的，要一点一点去做。到今天，只要生意进来，他都会尽最大的努力去服务。

小时候他的另外一个赚钱的方法，就是到树上采花。有一次，他看到一朵特别大的花，却长在高高的树枝上。于是，他花了很长时间做了一根特别的杆子，乃至整个上午都在做杆子。凡事没有经验，往往会产生意想不到的结果，当他努力采花时，那朵花好巧正好掉在了他的头上。偏偏这朵花里有个巨大的蚂蚁窝，于是蚂蚁爬得他满身都是。由此他又得出一个属于自己的生意理念：大的生意不一定是好的生意，如果你没有足够的识别能力和准备，麻烦可能会很多。到今天，他还在坚持这个原则。

陈先生跟我说，这些来自很小的时候抓鱼采花的经验，贯穿于他的工作中，形成了他自己独有的价值观。那么，很多人小的时候都抓过鱼、采过花，肯定人人都容易产生类似的经验，可是为什么陈先生偏偏就能总结出经验呢？到今天我也没有找到答案。但我相信，也许这就是一个优秀的商人与众不同的发展基础吧！

陈先生的第一份工作是在美孚炼油厂工作，一做就是七年，薪水也不错，老板也很好。陈先生的哥哥是海员，有一天妈妈说，不要再去做海员了，你们哥俩看看能不能在一起做一点生意。于是，陈先生就去跟公司说，能不能给自己一个代理权？因为他这个人特别好，工作不辞辛苦，不给领导添任何麻烦，又能帮公司解决很多问题，所以公司就给了他们一个代理权，自此他开始卖美孚炼油厂的产品。

一开始做生意，他就在想，客户为什么不跟美孚油厂直接买，还要多付价钱跟自己买呢？

看到没有？生意不是想好才做，而是做了以后才发现，原来做生意还有这么多难关。

他不断努力，不断反省自己，关注行业，制造卖点。当他拿到第一张订单时，快乐得简直要跳起来了。

第一张订单是把化学产品送到客户的大船上。这件事看似很简单，但在出色的人眼里，就不是个简单的事情了。换成其他供应商，卸了货签了字就走了，他不是这样。他帮助海员把这些化学药品搬入船舱，只要是不需要船员做的，就一定让船员休息，船员基本上不用做什么事情。这些公司的船员也渐渐觉得他的服务特别好，就不断建议管理层订他的货。他的订单越来越多。

功夫不负有心人，他的服务流程也就更加细化，甚至包括半夜、下雨等情况下如何处理，无论遇到什么难题他都能克服。只要是这些工作是大公司不愿意做的，同行都说员工难找、员工不愿意加班等的，他都愿意做。当然他自己的员工也会有这样那样的想法，可是他跟员工讲："我们不这样做，就生存不下去。"看到老板这样坚持，员工也跟着他一起努力。可想而知，他所做的这份工作，已经很少有同行愿意做了。

终于，与他的公司提供的服务比起来，其他供应商都被投诉到各种意见如雪片般乱坠。在全球领先的散装液货运输商思多而特（Stolt）集团的各船运公司中，他的公司的名号越来越大。他讲了一句经典的话："当你把客户宠到同行都不能服务的标准时，就没有人跟你竞争了。"在这个时候，财富也就被充分累积起来了。

只是靠供应别人的产品，虽然利润还是不错，却总是有无限的竞争压力。随着公司服务声誉的扩大，陈先生的另外一个大的机会来了。谁说创业的时候就能看到未来？我觉得大部分创业者都是从一个机会迈向另外一个机会，没有几个人能看到未来。

思多而特集团这家世界级公司因为他的服务和声誉特别好，就给他提供了更多的机会，出现各种问题的时候总是要先问问他怎么办。比如一艘船的内舱会有各种各样的化学药品残留，一旦凝固就很难清洗干净。于是他就把这些样品带回公司，经过成百上千次实验，终于做出了国际海事组织（IMO）批准级别的船污清洗剂。可想而知，一个学会计的能开发出世界顶级的船污清洗剂，得需要耗费多大的心力。去英国比赛时候，我还帮助他们用一周时间做了整理，结果拿到13个批准配方。可见你的专业是什么并不是很重要，重要的是你得有激情，去解决这样的事情。

随着客户关系的信任度越来越好，客户在买船的时候，都邀请他一同去看：船舱怎么设计，怎么清洗会更好……虽然自己非常疲劳，但充满激情地解决了客户一件又一件事情以后，不仅自己有工作的满足感，而且企业也迅速壮大起来。舍得给予他人，自己才能获得快乐，这种利他精神让他拥有了非常好的人脉。在这里再插一句，陈先生的所作所为太符合我提出的一念三点理论了。

通常一个采购者被调入其他的部门或更换到其他公司时，新的采购经理会换部分供应商，可是因为陈先生公司的服务太好了，船员们都会提供非常好的反馈，渐渐地他又会被新的采购经理接纳。同时，以前离开的采购部经理因为怀念他的服务，也会把他带入其他的船务公司，因此他的生意在不断扩大。到了今天，经过30年的发展，很多采购部的经理都有了自己的公司，或者成了世界顶级公司的总经理，因此他生意非常稳固，这是多年努力所建立的基础。

只要努力工作，不给别人添麻烦，踏踏实实地积累，与时俱进，就不用担心你没有生意或是明天生意好不好，这是杞人忧天。我经常跟很多客户和学生讲，只要有积累，就不要担心未来，好好去为客户创造价值，世界不会淘汰你的。

陈先生是学财务出身的，有着很好的财务基础，看财务报告可以看到整个公司的资产，现金流，银行状况，哪里需要改善，哪里亏损，投资是否过度，借款是否过多，当生意有问题时资金会不会有太大的压力……CFO 兼职老板，就有这个优势。

“一个将军要想打胜仗，必须有几位大将。匈奴为什么发展得快，是因为他们把主要权力交给有能力的将军，自己的子女是远远不够的。”他跟我说：企业的授权和精兵强将是取得成功的非常重要的要素。

目前，他在马来西亚和中国的分公司都采取“阿米巴经营模式”，既授了权，又有利润，又省心，这些都是通过机制和制度完成的。我们花了最少十年时间来讨论这个机制，在实践中不断改善。我也希望读者在做某一生意的时候，不要心急，4000 年的大树，成长需要 4000 年，即便倒下了还能活 4000 年，40 年是不够的，世间万物有自然的时间和规律，急不来的。

目前，陈先生的业务已经遍及全球多个船务公司，公司的业务也纵向进入蒸馏、垃圾焚烧等优质领域。

陈先生到今天都还在由衷地讲，一如既往地坚持，人要不忘初心，方得始终。尤其是处在互联网时代，新兴产业竟然对他的生意没有半点冲击。你说陈先生的眼光远不远？

这个世界只有三种事：自己的事、别人的事、老天的事。没有那么复杂，以苦为乐！经常告诉自己，别放弃。你还在坚持梦想吗？老板是特殊人种！保持必要的屈从与忍耐是一条的成功策略，塑造自己的过程很痛，但最终能收获一个更好的自己，极度努力会出现奇迹！熬是人生最深的滋味！

坚持 A 计划需要极强的乐观态度。只有偏执狂才能生存（Only the paranoid survive）！能将 A 计划进行到底的人，即使多年后工作阻力逐步增加，他们依然坚持，从不放弃。

举一个简单而形象的例子，关于 A 计划和 B 计划的：

先看 B 计划。先给你 500 万，条件是在 5 年内每天工作 12 个小时，其中 2 个小时读书学习，1 个小时锻炼身体，2 个小时交际人脉，6 个小时专业精进，1 个小时静养。这种情况，每个人都会完成工作。500 万就是内心既定的目标，而后面的做法就是行动力，只要按照这个做法，大部分人都能赚到既定的目标。

再看 A 计划。你每天工作 12 个小时，其中 2 个小时读书学习，1 个小时锻炼身体，2 个小时交际人脉，6 个小时专业精进，1 个小时静养。然后 5 年内赚 500 万。在这种情况下，不是每个人都能完成工作的，500 万能否赚得到是未知数，大部分人都会中途放弃 A 计划，转入 B 计划。最终没有达到拥有既定的目标的能力，也没有达到既定的目标。

看明白了吧，先给你 500 万的目标，执行 A 计划的人是少数，成功的人自然是少数。

来自日本的“2 元店”大创（Daiso Japan），产品很有水准。为什么在新加坡有这么多人想做生意，可就没有人去复制它的理念？当你了解了当地法律、租赁、人工等壁垒时，就不会简简单单地想着每 2 元可以赚 1 元了。可以导致失败的因素多了去了，至少各个国家的文化和法律就截然不同。

我本身非常讨厌 B 计划，B 计划就是备选方案，一旦你专注 B 计划，就会把能力和时间从主业 A 计划中拿掉。两头不着岸，A、B 都做出精品，精品就是需要极度时间和精力的投入。对中小企业来讲，B 计划会让自己永远沉浸在安全区内，保护自己，有 B 计划时，他们就会怀疑 A 计划，就会陷入极大危机，这个危险会使自己的事业绝望，甚至会不断评判自己的 A 计划，不断寻找 B 计划。这些人大都以工作为生计，感觉工作无趣，不好玩，为钱而做。

当然，还没有找到A计划的人，有无数的B计划。这个时候，B计划并不是B计划，而是在选择若干A计划，另当别论。

我做咨询行业20年，最好的客户曾经都送奔驰车给我，希望让我加入他们的公司，但是这些对我来说都是B计划，都被我拒绝了，因为我有A计划。

太多人说A计划一旦做不到，必须有B计划。我想，需要B计划的人是因为害怕失败，可是失败之路没有什么可以害怕的，失败本身没有什么错误，成功之路本来就是弯的，弯路是直的，就像本书的主题。失败有什么？没什么了不起。It is Ok! 不能从失败的地点站起来的，那是真正的失败者，那才可怕。站起来就是成功者。

我们看到太多人的成功，可是很少知道他们的失败。曾有记者在采访乔丹时赞扬他非常成功。乔丹却说，为了这个球，我9000次投入都失败了，我是在9000次失败以后，才有把握投入这个球的，我不想做个失败者。人们都把成功归功于天才，其实天才只是刻苦而已。施瓦辛格和拳王阿里每天都能坚持5小时的高强度精进锻炼，其成功都来自刻苦。

施瓦辛格在做健美运动员、演员和政治生涯中，无数次被评为烂人。2019年5月他在南非时还被一个人从背后踹了一脚，执政时支持率曾降到28%，可是他依然坚持下来了。他说，如果害怕失败，自己就完了。坚持A计划，没有B计划，因为他们热爱自己的职业，有职业目标，才不会被别人随随便便影响。

试想想一个人如果有了激情，出于对自己职业的热爱，每天用5个小时做一件事，一年就会超过1800个小时；如果每天在生意方面持续精进，改善5个小时，10年将会超过18000个小时。超过10000个小时精进就能成为世界级的专家，难道我们没有10000小时？

每天24个小时，去掉8小时的睡觉和2个小时的路上时间，这14个小时如何分配？难道拿不出5个小时在一件事情上精进吗？很多人都说太忙，可是你看他做的事情，虽然他能找出1000个理由说，这个是重要，但跟他的主体业务关系根本都不大。就这样，很多人的10000小时白白浪费了。

当执行A计划的时候，相关A计划能量在逐渐形成，在最关键成型期，如果随意倒入B计划，会把思想打乱，很难成事，就像滚烫的水中加入了一个冰球一样的道理。

梦想的成功来自初衷！

第二节
做有心人，留心机会，整合资源

就像同样是会飞的工具，我们既然已经有了飞机了，为什么还发明火箭？在原始部落的人看来，飞机和火箭都会飞，看来都是一样的东西，但是飞机是在地球的大气层内飞，火箭是在星球之间飞，其本质差别大了去了。

旧的传承遇到新的时代，会产生新的问题，再由今天的人来解决。不是生意越来越难做，也不是圈子的规则和逻辑变了，而是不懂得生意的逻辑，因此越来越难做。现在市场上的实际情况是，每个品牌每年都能推出一个新的变化，而以前的情况是三年做下来都没有任何的变化，可你呢，还是十年生产一个新款。这肯定不行，必须适应新的生意逻辑。要做有心人，留心机会，整合资源。

本书中多处都提到陈先生，这个陈先生是一个非常聪明的人，兢兢业业，从不计较做多做少，分多分少。每次见到他，都是状态极其乐观。

陈先生在新加坡经济发展局培训后，就开始自己创业。创业后简直是拼了，白天拿订单，晚上画图，还要生产、装配、试模……几个星期不回家是非常正常的事，太太都来公司陪着他。他终于因为过于劳累而倒下了，经过几个月调养后，他到了一家大公司做工程师，后来又决定加入一家精密制造公司。

十多年前，陈先生在印尼的巴丹岛设立了精密零件加工工厂，每周要去一次。有一次在过海关的时候，他遇到了两位以前的老同事。这两个人拿到了

Qimoda 公司的订单，做 SD 卡精密零件，但是因印尼厂商不配合改进，非常头痛，就问陈先生可不可以把这个产品用冲压模的形式做出来，以取代计算机数字化控制精密机械加工（CNC 加工），这样速度会提高几百倍，生产成本也会大幅度降低，而且也可以避免 CNC 加工易产生的毛刺多、基础面不平的缺陷。

那时候 SD 存储卡刚刚开始热卖，全球的需求量都很大。但 SD 存储卡的核心部件有十几层，铜片、绝缘材料等层层叠加在一起，总厚度也不到 0.3 毫米，而且在 5 毫米的长度内至少有 80 个链接角，稍微不小心就会出现绝缘和短路的问题，属于难度非常高的加工工艺。陈先生耗时半年，做了几百次试验，终于把产品做成了，而且一次冲压，在不到 5 秒钟内能出 80 件产品，一次就开 7 套模。可想而知，这在全球是一个技术突破，当时从德国到韩国、日本，都没有人能够突破这个技术难关。

虽然用了半年时间，花了巨大的努力，开发出冲压模，但是会者不难，难者不会，产品一旦公之于世，拷贝者将接踵而至。因此陈先生马上注册了设计专利，保护的国家包括新加坡、马来西亚和印度尼西亚，注册了所有的冲压方法和细节。接下来可想而知，生产线在 5 年间不断流出黄金，创造了奇迹。产量高峰时，每年的利润高达 300 万新币。

当时德国 Qimoda 公司已经占据了全球 SD 卡 30% 的市场份额，在得知陈先生公司的产量大幅度提升后，该公司的高级技术人员亲自找到陈先生的客户公司，要求必须看 SD 卡冲压流程。但这个流程是陈先生公司做的，因此新加坡的客户不得不把他带到了陈先生的公司参观。

这位德国人在来之前就在想，这个生产流程一定是个庞大的工程，很多套模具，配以很先进的机器，可是到工厂以后才发现，陈先生就是用最普通的冲压机，模具也只有小盒子大小。当这位德国人看到模具拆开后，发现除了冲压刀口的角度外没有任何特别之处，顿时惊讶得目瞪口呆。但他很有职业道德，讲信用，并且尊重技术，并没有拷贝陈先生的技术。

但好景不长，一个台湾的客户来公司审核。审核员是一个看起来很普通的小女生，要求陈先生公司把模具打开，声称她只是品质管理人员，不是技术人员，不用担心。公司看她是一个小女生，也就没有太多预防。这个女生傻傻地看了一会儿就走了。两个月后，台湾的订单停了，原因是他们生产出了完全一模一样的模具。当时陈先生真想跟股东抱头痛哭。

随着台湾订单的快速减少，新加坡这边的订单也没有了。新加坡有四个股东，陈先生只占 10% 的股份，公司在高速发展的这几年中赚取了不错的利润，有的时候客户半夜来公司巡视，见公司的老板都在打麻将，只有陈先生一个人在生产线。陈先生说：这是责任，没有办法，别人不干，我干。陈先生每天都工作到凌晨两点多，并没有计较这些打麻将的股东拿了 90% 的利润。

订单没了后，同时因为在这个公司开发模具和生产的过程中过于疲劳，休息一段时间，陈先生也就退出了公司。

陈先生以前的公司的大股东因为赚到钱退出了，另外两个股东眼看生意没法经营，又重新把陈先生拉回了公司。

这次陈先生改变了公司的发展策略。公司内部必须做最关键的步骤，比如品质管理，公司投资大量的品质管理测试机器，可以快速测量零件的精准度。公司由内部加工变为随着区域市场的成熟而外包出去。比如东莞的工厂不仅技术非常成熟而且工价比新加坡低，目前陈先生在那里有十几家很好的外包供应商，但随着他们的价钱越来越高，也需要不断物色更多的供应商，以代替高成本的供应商。同时也增加优异的营销部门，进入航空等领域。

在业务方面，新加坡本地市场的精密加工零件业务竞争非常激烈，因此必须开拓海外市场。在海外做生意，尤其是在菲律宾、泰国这样文化差距特别大的国家，非常好的方法就是找代理。代理可以通过朋友介绍等各个方面渠道来找，也可以是行业的上下游如机器供应商等。资源整合是关键。

在泰国有不少很棒的机械厂，他们有门路，有联络网，但技术不过关，在当地很难找到好的技术人员，而且泰国政府对国外投资也持相对的保守态度。在菲律宾，他们喜欢把项目给自己的人做。陈先生的一个员工回到菲律宾以后，自己创业不理想，就做了陈先生的代理，结果工作比较轻松，比打工还好。但菲律宾的外国投资越来越多，技术人员的升级越来越快，目前对外生意的机会就越来越小。在印度，设立工厂的很多外国大公司因为技术人员没有到位，管理层频繁更换，也是有相当多机会的。

对中小企业来说，只要坚持做有心人，留心机会，外部扩充，内部精简，秉持资源整合的理念，就可以扩充在世界的版图。

整合资源的案例比比皆是。对于一个初创企业来说，要想在国际市场运营，做代理或与代理商合作是一个非常重要的整合资源的途径。

我有一个客户，公司曾经代理国际最知名的品牌，也因为国际知名品牌的策略突然转变，公司不得不放弃这些品牌，其间有说不完的爱恨情仇的故事，我们尽量讲其中一些做代理、资源整合的精髓。

一家知名的卡通公司要授权我的客户做食品产业。我的客户看到了该公司出品的卡通，非常感动，就答应了。他们有二十多个产品，我的客户迅速帮他在新加坡各个百货商场都铺了货，通过各种渠道进行促销。

有一天，这家卡通公司觉得我的客户做得非常好，就通知他说："我是厂家，市场已经证明我的产品非常好，我要拿回来自己做。"

形势非常严峻。我的客户当即召开销售人员会议，告知大家，我们可能失去这家卡通公司的代理权。

别人不仁，不代表我们不义，有的时候在商场上，利益是第一的，我们如果帮别人把市场做好了，别人要拿回代理权，只能怪我们的自己的水平不够。于是，我的客户就把代理权交回给这家卡通公司。

善良的人自然有他的机会，一个很棒的机会终于到来了。有一个在美国超过百年的卡通品牌，在各个领域都进行过授权，唯独在食品方面没有授权。他们来到新加坡后发现，那家知名的卡通公司的产品在短时间内做得特别好，就找到了我的客户。我的客户经过对几方面市场的调查，最后签约了。我的客户从设计到生产到营销一条龙服务，当然也是因为自己公司的声誉以及与各个商场的关系特别好，同时加上这个美国的品牌效应，产品很快就在新加坡打开了市场。

因为市场走得特别好，美国的品牌代理商便问我的客户，要不要把产品做到马来西亚、印度尼西亚、中国大陆和香港地区。经过一番市场调查，我的客户与美国方面直接签了上述地域的代理合同。

在中国，我的客户找到了一家不错的公司，进行品牌代理，生产的产品也够水准，也进入沃尔玛等大卖场。这个时候有一个中国的投资者看到了这些产品，并找到了我的客户，想要做这个产品的代理，经过一段时间的接触，对方也知道了美国的联络信息。这时这个投资者联络到了美国的品牌拥有者，并且承诺，自己能够把这个生意做到现有规模的几倍，想直接拿代理权。美国人对这个数字非常渴望，于是找我的客户来谈：不如你来做一个顾问，把这个产品代理权给中国投资人让给他来做，我们双方面都能够赚取不错的利润。

这个时候，我的客户已因这个品牌在当地拥有了相当好的声誉，自己产品的布局也基本完成。如果失去这个品牌代理的话，最多也就是少赚些利润，不如做个顺水人情，就答应美国人把代理权交给中国的投资者。

经过一段时间，这个投资者又来找到我的客户。因为美国公司一次性品牌授权费要好几百万美元，这位投资人觉得开价高，就找到我的客户帮他一起来谈。按道理，我的客户是不需要帮他这个忙的，因为他在劫他的生意，结果他还是帮这个忙，最后谈妥的代理权，比之前节省了60%，而且还可以分几年平均还款。

有些代理商争取代理权，最关注的是能够跟品牌商签多少年的合同，以防没有了代理权，多年付出最后功亏一篑。以品牌拉动市场的销售，这是这批人的追求。而另外一批代理商的追求的是，以优异的品牌，带领着自己或其他的品牌前行，在这个过程中不断进行商业模式升级，当最终有一天失去这个代理权时，照样还有其他品牌和产品运营。

当然有些产品的市场网络已经相当不错，但由于其他代理商做得不好，这时再把代理权转接过来，只要好好维护和运营，就会产生不错的利润。在这种情况下，这就是一个买卖，如果品牌商重合同、讲义气，就不会存在品牌代理风险。

有些大品牌，他们与其他品牌之间的强强联合只是短期所为，几个月后又会换成另外一个品牌。比如麦当劳与某些卡通品牌进行的联合促销，不会一直做下去，也就不会被某个品牌绑架，如果有一天没有这个卡通大家就不来麦当劳了，那麦当劳的战略就失误了。

无论采取哪一种的代理方式。你都要问自己，你做生意的目的是什么？你如何能够拥有长期的利润，同时又不受制于人，不断整合升级？这是关键。你何时可以拥有这个代理权，你何时可以放弃这个代理权，都是智慧的选择。

参加展览会、行业展销会是企业发挥功力的非常好的道场。要买的人没有渠道，会找到你；要卖的人没有客户，也会找到你；你在展览会上，也可以找到买家和卖家。而且展览会的层次越高，你的地位就会越高，公司的势能就越大，对代理权和客户对拓展能力就越强，招揽代理品牌和市场的业绩越来越好，公司的可信度和实力就会越来越大。

刚在你做大以后想进入大卖场，但通常大的卖场因为怕麻烦，就让这些小品牌直接找这些已经做大的代理商，因此商誉的积累是非常重要的。

你作为大的代理商，是有非常好的经验的。在保质期之内，订多少货是最佳？带了一个产品是什么样的系列？适不适合这个市场，什么人在吃？甚至有些经验不是语言能够表达的，例如在夏天促销巧克力就属于不很懂行情的决策，因为巧克力应该在冬天做促销，人们在天冷时喜欢吃油腻一点的产品；而夏天适合促销糖果，夏天天气燥热，人们想喝水，吃糖能够产生很多口水，有解渴的功效。

韩国有一款方便面，卖点在于“辣”，因此其广告侧重突出方便面的辣度之高。可是在其他地域，谁能吃这么辣的产品？连生产厂家都知道不适合一个辣度打天下，因此就把辣度分为几层，在不同的推广市场各有定位侧重，尽可能最大化地进行市场普及。而四川的麻辣口味属于民族传统口味，就非常大众化，适合在许多地区推广。

另外作为代理，即便你是一家非常大的公司，你去争取一个好的品牌的代理时，对方也不会随便给你，给了你就意味着把这个品牌在这个地区的普及责任交给了你，你必须展示如何去做这个产品的促销。不止有一套规划，还要有无数的案例、照片、影音资料，拿出实实在在的实力证据，空口无凭，不是你讲我就信，这都需要多年的积累。

当然，代理商做大以后，也可以随意选择产品，好卖的就卖，不好卖的就拿掉。通常一个好的代理商，在一个城市里都有两三千个客户，在当地重要的连锁超市都会有入口。他们批准一个产品是非常容易的，一旦被批准，接下来的就是连锁店或者是零售商的工作，他们会自动点货，自动下订单，就会有固定的源源不断的收入，这是非常有效的商业模式。

当你把一个产品卖好的时候，另外的供应商，也是自己代理产品的供应商，想做别人的产品，这是一个非常矛盾的问题。解决这样的事情，如果没有技巧，就会两边都失去，因此这些年来，我们花了大量的时间去解决这样的僵局。还有，实体店和互联网有很大的价格差别，尤其在促销的时候，而设定比如轮流做促销有规则就非常重要，轮流做不打架，最终双方都能接受的解决方案是最好的。

第三节
不倒翁：最坏的时刻往往蕴藏着最好的商机

白先生是一位我非常尊重的企业家，出身草根，却具备超乎常人的智慧，极其淡定，性情豪爽，与人为善。他几十年如一日地坚守自己的主业：旧服装回收。他的公司在新加坡、马来西亚有 4 家工厂。

公司客户主要在非洲和印度尼西亚、泰国、印度、缅甸、日本等国。日本人会买旧服装？是的。没有弄错，经济发达的日本有几百家旧衣服装店。日本人非常怀旧，早在 20 世纪 90 年代就要求白先生的公司代他们寻找很多怀旧服装，比如美国的喇叭裤之类。当然，现在的行情也不是很好。他们特别喜欢名牌，也经常买二手服装，并不是发达国家的人就不买旧衣服了。

2019 年 4 月，我跟白先生见面时，他告诉我说在泰国与慈善机构合作，把公司的部分收入按比例捐给慈善机构，用于救助泰国的灭蚊行动。真心地帮助穷人，是他内心一直没有停止过的想法。这家慈善机构还链接了很多的泰国、马来西亚、越南、新加坡等地的酒店，酒店报废的家具都由白先生的公司进行拍卖，所得收益也是按比例交给慈善机构，用于灭蚊行动。这种做法类似于国际性宗教及慈善公益组织救世军（The Salvation Army）。在新加坡，做慈善需要捐助 70% 的所得，白先生对慈善从来都没有二话。

公司把回收的旧服装卖给需要的国家和民众，让他们有更好的生活，同时把剩余的不适合穿的废旧服装加工成环保材料，做回环保服装或用于其他用途。虽然市场趋于饱和，市场竞争非常激烈，但自古都是狭路相逢勇者胜。新加坡每月都会产生800—1000吨的旧服装，来自其他国家的旧服装也有1000吨以上。白先生公司的质量流程管理体系是我设计的，因此我可以评价白先生的公司非常有责任心，每个员工都尽心竭力地筛选每一件衣服，绝不让任何一件不好的衣服卖出去。人手不够时，老板和老板娘都会做帮手，这是东南亚企业家好的工作习惯和风格——不断接触一线，以确保公司的正确运转。

当我问起白先生最值得骄傲的事情时，他说自己是不倒翁，亚洲金融风暴时唯独他这一家的生意做得风生水起。当时每个月运往东帝汶的服装就有400个集装箱。

他还不忘补充说：做生意要有远见，最坏的时刻往往蕴藏着最好的商机。价钱无论多差，即便这个国家的货币跌到了零点，不值钱了，人们还是要穿衣吃饭的，因此不用担心没有生意。别人越不愿去的地方，他越愿去。当时他目睹了东帝汶的一条街的抢掠放火和杀人斩头，当时的场景已远远无法用“吓人”二字描述，而他自己就在另外一条街上卖衣服，却没有人敢动他。没有人随随便便成功。

白先生的成功经验是从小磨炼出来的，他也经常亲自去市场体验行情。1994—1996年，他去二手服装运作模式最为成功的日本、美国、德国等国考察。在德国，一个犹太人投资2400万美元建了一家二手服装回收大厂。这让他自己更加坚定了信念，去成立一家大环保二手服装回收公司。于是他从国外回来后，就着手成立公司。

做这个行业的另外一个原因是，他当时的本钱并不多。在那个年代，收衣服基本不用钱，用到的成本很少，却可能把生意做到最大，这是每个商人都梦想得到的机会。

知易行难，实际操作起来可不如知晓道理那样简单。公司一开始也是举步维艰，开着一辆小卡车，没有供应商，没有客户，他在谁都不认识也没有人知道他是谁的情况下，风雨无阻，开始了原始积累。一切都可用一个字形容：难。

白先生的经营理念，也是他与其他厂家最大的差别：帮世界上的穷人穿得更好更体面。当时我们还制作了一部短片《同一个世界，同一个梦想》，开篇就是一个笑得特别可爱的印度尼西亚贫困小女孩。到今天我偶尔还看一下这部短片，每次都能从内心受到触动。

要照顾穷人，卖给他们穿得起的好衣服。在东帝汶，90% 人都穿旧衣服，他们的报纸上都说，我们不穿新衣服，因为旧衣服的质量非常好，买一件新衣服相当于买 20 件旧衣服。在东帝汶，1 公斤旧衣服大概有八九件，卖 1 美元，可是买一件新衣服要 2 美元，质量还未必好。这对于当地人来讲，是太明显的账了。

要做一个世界级的旧服装回收公司，可不是有几个货舱就能解决的事情，投资几千万美元也不是什么大手笔。白先生不断扩充自己的经营面积，在马来西亚已经有三家工厂，最大的一家占地 120 亩；在新加坡的一家工厂总面积达到 360 亩。在新马地区，这就是大厂。

有设施远远不够，还要非常清楚服装来自哪里，到底会去哪里，这是非常关键的。必须非常了解市场，哪个国家需要什么，有什么样的规则，不能让买家把买到的产品变成垃圾，一定让他们能穿用。做生意不能靠骗，要诚实、老实，时时刻刻为客户利益着想，一定要平衡自己的做法。他不仅自己这么做，还把这个理念百分之百地拷贝到了下一代和整个公司的经营团队。

在相对贫穷的国家，人们对品牌的信任度是非常高的。与文化水平相对较低的人做生意，信任度是最重要的因素。2017 年，白先生到了非洲，访问了 8 个国家的当地贸易商。这些本地老板最后才发现，这么多年来卖货给自己的新加坡老板就站在面前。提起新加坡品牌的产品，他们都说可以买；同时讲到一些其他国家的产品时，他们说要看，尤其要到这个国家去看，因为经常货不对板，导致当地人不信任这些公司，往往付的是 A 货的价钱，可是来了以后是 B 货的可能性非常大，最后只能丢掉，损失很大。

这个行业容易产生 30% 的废品，如果予以焚烧会非常不环保。因此废品如果不进入大环保系统，就是个令人头痛的问题。白先生把这 30% 的废品做成擦手布已有 20 年的经验，做成再纺织原料已有 10 年的经验。现在，再纺织原料已经送到印度和巴基斯坦，给当地人提供了大量就业机会，同时又降低了生产成本。

很多国家做二手服装的公司，都是以中介的形式做生意，这里买，那里卖，电话是主要的工具。通常做法就是想尽一切办法把服装卖出去，让自己赚钱。这些厂商的国际运营能力一般较差，仅广州就有 300 多家这样的公司，大多数根本不清楚国外市场行情，如哪个国家需要什么（例如迪拜的旧服装会卖往非洲的尼日利亚，由中国人经营），有什么规则，什么样的产品容易热销，什么样的产品容易变成垃圾，等等。

目前白先生公司正在做高科技、大环保转型，达到零垃圾处理，所有原料都能再循环。2018 年，白先生跟随新加坡环境发展部长去日本最先进的环保处理工厂取经。白先生公司的未来规划是要做全产业链，首先是以慈善为基础的产业链基因，便于未来公司上市或者是并购。如果对方不能接受这个理念，公司也不会卖或合作。要给未来留下一个好的模式和系统，利国利民，慈悲天下。

说到人员的流动和更换，这是很正常的事情。白先生每个月都要到自己的每一家工厂走动一下，与员工聊聊天，了解哪里要给他们进行改善，那里要给他们培训，让老一代的人当顾问，引导新一代的年轻人不断创新。

我问白先生：做生意这么多年来遇到的最大困难是什么？他回答说：什么问题都不大，只要有耐心，都能解决。处在金融风暴时期，就要想出各种方法应对，跟着市场的行情走；运输费用过高，就要降低成本，与政府各个部门合作，让大家尽量免费捐出产品，以平衡增长的成本。

针对未来的竞争，白先生说，做得好不怕竞争，有竞争会做得更好。最坏的时刻也是最好的商机，这个时期最能考验企业家的智慧，这是企业生存和竞争的根本，行业只是载体。20 多年来，白先生每次都是这样充满激情地利他工作，在危机与机会中快速做决策。

这种在危机与机会中不断升级的精神，正是优秀企业家的特质之一。

梁女士从事重型运输行业，公司的机器设备投资巨大，动辄几百万美元。在雷曼兄弟公司破产后，梁女士的一位印尼朋友问她是怎么看待当前市场大趋势的。梁女士告诉他："雷曼兄弟破产，看来接下来几年经济境况会不好，订单会减少，房地产会跌，应该投资产业。"可这位仁兄觉得，开玩笑不是这样开的，见了三次面，讲了梁女士三次不对，他最终去买机器了。雷曼兄弟公司的破产引发了全球金融海啸，导致新加坡经济受到影响，他的公司自然也不能幸免，欠债累累，贷款不能还，到现在还没有缓过来，后悔不已。2008 年，新加坡 1200 方尺公寓才卖 80 万新币，如果当时投入房地产，2019 至少能增值 50% 或翻倍，不仅保值增值，还容易变现，这是东南亚大企业风险管理的方式之一。

行情不好的时候，投资高增值的低价格产业，养精蓄锐；行情好的时候，就购买设备，提高企业生产力；行情最好的时候，要提防金融危机。如此周而复始。这是做企业的不倒翁精神，这绝对是精英思维。

十多年前，我的一个做区域贸易化学产品的客户陈先生，听到海外供应商说起某个产品要起价了，许多新加坡的大公司将很难买到货品，叫他进货。但实际上这个产品在新加坡并没有市场。他经过简单的市场调查，就把所有的资金都压在了这批货上，自己也不知道对不对。很多同行都劝他说："你是不是疯了，这个产品哪会有市场？"后来这个产品起价了，市场一时间却无货可供。陈先生把这批货品出手后，不仅赚到了第一桶金，还自此进入了大公司的供应链，到现在还在卖这个产品。

我还有一个做吊机的客户孙先生，经营那种陆地上使用的、从50吨到300吨级别的有轮胎的吊机，主要用于高层建筑、电梯翻新等工程。孙先生在各个国家都有行业的朋友，也跟着新加坡的国际企业发展局不断参观各个国家的行业发展协会，因此非常了解整个亚洲的吊机市场。有一年，在泰国等发展中国家大量的基建工程实施期间，突然有国外买家向他采购吊机，价格是百年不遇的，一架用了七年的吊机，买时还不到30万美元，对方却出价到70万美元。

其实在早几年，孙先生就预见到吊机会涨价。首先他知道周边国家有新的机场、发电站等基础设施在建设，另外几个欧洲生产吊机的厂家已明确告诉他，订单会推迟到几年以后，短时间内是不可能达到供应要求的，因此他邀请我一起去四川泸州特别定制吊机。当时泸州吊机厂家告诉他：如果你要求把左侧驾驶改成右侧驾驶，那么至少得下两台吊机的订单。结果孙先生直接给他下了4台吊机的订单。

机会总是给有准备的人。当国外买家采购这个机会来临时，同行公司的吊机只能刚好满足自己的工程需要，而他的吊机已多出了十几台，包括从中国采购来的崭新吊机。因此，他就把吊机卖给了这些国外买家。

当别人还在非常辛苦地工作时，孙先生却能看清国际局势，以这个行业培养了自己的区域超值生意。写这本书的时候，孙先生的生意和公司大厦已被另外一家公司收购了，他现在也进入了资本运作和房地产开发领域。

企业建立有效信息已经是重要的工作，信息部门及首席信息官已经在企业中扮演着重要角色。

你会发现，越成功的人就越关注信息，区块链、云技术、奇闻轶事……他们都感兴趣。

每当万物沉寂，必有强大的新生命在孕育，它会引领下一轮万物复苏。大萧条必然藏着大机会。在这个充满着变数的时代，各种逆转都会随时发生。

试想一下，当我们漫步在大街上，如果没有一排排错落有致的店家，全都是空空如也的空房，那是一种怎样的失落感？互联网又如何能让实体店消失？

第四节

客户出资，自我壮大

如果把人的眼睛比成监狱，那么眼界就是监狱的墙。如果你不走出去，会以为这里就是世界。一遍又一遍地重复做着同一件事，却期待会有不同的结果，这是件很悲哀的事情。这个世界不会告诉你哪里有好生意，你得自己去找。走出去才会有收获！如果只是等待，发生的事情只会是蹉跎岁月，逐步变老。风有味道，小孩、猎人能闻到；目光抬高 1 寸，就能多看 100 里。生活就像骑独轮车，要想保持不倒，就要不断寻找平衡和运动。

陈先生是我的老客户，也是一位谦虚勤奋、开拓创新的企业家。他的公司致力于生产世界最精密、顶级的塑料光学元件，主要用于智能产品，如无人驾驶、航空、医疗等领域。

陈先生热衷足球运动，有 40 多年的球龄。也许是出于对足球的这份激情和昂扬的运动精神，他在生意场中如同在绿茵场上，盯住目标，奋战不懈。他每年都在上海、天津或是新西兰等地参加足球赛。目前心中的理想是培养小孩子、大学生，以圆他们的足球梦。

讲到生意，陈先生的公司成长最初并不顺利。公司起家时以低层次二手注塑机生产便宜的零部件，到了 2006 年左右，业务状况基本上只能维持现状，谈不上什么利润可言，因此转型势在必行。

陈先生的公司在早期经济转型过程中，就把业务的主要方向放到了美国，因为美国的尖端科技是非常多的。2006年，在一次美国之行中，他接到了一家初创公司关于穿戴设备的小项目，帮他们研发生产了其中部分产品。产品推出后，得到了这家公司的认可。

后来，这家公司被某世界级的互联网巨头公司看中，全体人员都被聘请来研发一个顶级项目。但他们在项目实施过程中遇到了光学科技难题，为此请德国、日本等在这个领域的世界上最牛的厂家来攻关，都遭到了拒绝。原因很简单，因为这些厂家根本做不出项目要求的产品来。

这个时候，因为他们曾跟陈先生的公司合作过，就邀请他去美国参观产品。该产品的关键部分是玻璃制成的，容易碎裂，存在安全隐患，而且加工起来极其复杂，产量低。因此，他们急切地询问陈先生，能否把这个玻璃元器件替换为塑料材质的元器件。

已经从业几十年、经验丰富的陈先生，凭着自己的直觉，认为这在理论上没有问题，实际操作上也是有可能做到的。对方就很期盼地说，那你愿意接这个项目吗？陈先生说，公司目前并没有足够的财力来投资和研发这个项目。

要知道，对方现在可是属于世界顶级的互联网公司，资金对他们来说不是问题。就这样，陈先生公司负责研发，对方出资，资金可以无限制投入。今天很多中小企业都在想尽一切办法，用自有资金自主研发新品，一旦资金缺乏，公司就可能运营不下去了。陈先生公司这种让客户投资包销的合作方式，是非常值得借鉴的。

光学元器件对光学折射的要求特别高，注塑塑料的光学元器件要在设计、生产、膨胀、冷却、检测、认知等全流程的各方面都要达到要求，是一个极其复杂而艰辛的开发过程。经过三年的艰苦努力，技术难关被一一攻克，几百万的投资见到了巨大的成果，该产品进入了量产。

当然，陈先生的公司随之高速发展，也不在话下。公司在新加坡原有两间厂房，随后规模扩充到四倍以上。公司也迅速由用原来的低层次二手注塑机升级到世界顶级注塑机，生产这个地球上最高精密度的光学零件。

完成项目后，这家互联网公司的这个团队就解散了。这些顶级的研发者及管理人员随后陆续加入了世界各国的类似产品团队，因此陈先生公司现在接到的许多订单都来自以色列、美国等多个国家，其最根本的原因就在于这些团队原来成员的介绍。

一家名不见经传的初创小公司，加入了最优秀的世界五百强公司，完成了世界最棒的项目。在不断蜕变后，初创时期的团队成员变成了贵人，所以说小企业和白领是不可以被小觑的。这就是人脉。

当我问起陈先生，会不会担心公司的高科技人才被别人挖去时，他说：不用担心这些。因为在这个行业里的人都知道，一件高难度产品的成功，绝对不是一个人能做的，即使请到了这个人，这个人心里也会明白，甚至一个团队也未必能做出这个产品。这需要整个公司竭力合作以及优良的企业文化，还要历经无数失败，才有可能成功。挖人最好的办法就是收购整个公司。

做生意要有胆识，这样就会有机遇。在当今时代经营企业，的确不是靠搞搞关系、严重依赖几个人就可以了，确实是要有两把刷子的。

当我问起陈先生最值得回忆的经历时，他说：首先，公司还在，但很多原来的大客户如日本的恩普乐斯（Enplas，帮助惠普公司生产工程塑料齿轮）都不合作了。做生意不简单，有高潮也有低潮。其次，被世界五百强企业认可，这也是一个件非常了不起的事情。最后讲到生意，只要你把一件事情做好了，认认真真、诚诚恳恳地去做事情，生意自然会来找你的。这是一个企业家发自肺腑的真实的内心话。

在自己实力有限的时候让客户投资，既需要胆识又抓住了机遇，既有订单又有机会。这是企业家突破的一个重要的商业模式。

第五节
不能停止，要前进：被客户骂是一件很幸福的事情

我有个非常低调的好友客户，既然很低调，就称他为A先生吧。A先生非常谦卑而睿智，在新加坡、西班牙、中国、印度尼西亚都有工厂，公司经营精密制造业务。

虽然公司已经建立了ERP系统（Enterprise Resource Planning，企业资源计划），但还有大量的信息收集不上来，老板或经理最多能得到30%的信息。原因是一些机密信息无法即时分享。管理层得到的信息都是对方想说的，具备不完整性，常常会导致老板决策失误。老板或经理如果只有30%的信息，那30%的决策就不可靠。而100%信息的拥有人又不在公司的完整的决策框架之下。因此如何得到客户的最真实的信息，是一个企业成功的关键。

A先生到今天都走在销售的最前沿，原因就在于他得到了真实的客户信息。让我们看看他的思想形成过程。

1986年，世界经济危机蔓延，失业情况非常严重。新加坡受到的影响也非常大，当时股票跌到了600点。A先生没有办法，就找到了一家公司，到中国台湾地区做销售员。说来大家可能不信，当地一个算命先生告诉他说：你是老板命，不要再打工了。就凭这句话，A先生在当地工作了两年零三个月后，就回到新加

坡创业了。

在20世纪80年代，A先生所从事的精密零件加工业的门槛是比较高的，没有人相信他能做出这个产品。当然，他也拿不到项目。于是，他开启了行业的创新模式：免费为客户设计、生产模具，产品合格后才收钱。如果客户不批准，他绝对不过问。就是凭借着这个诚意，他拿到了第一个大客户的订单。想一想，这种做法在今天处处都免费的时代不算新鲜，可是在30年前这绝对是一个超前的想法。

接下来的生意并不如想象中那样一帆风顺，因为A先生公司的客户遍布全球。每个客户都是他一个一个敲门敲出来的，到今天还在敲门。为什么他能30年如一日地坚持敲门？A先生说，因为他很快乐，每次敲门，每次受到拒绝，每次被客户骂，都是件非常幸福的事情。这是一种心态。客户骂你是为你好，客户与你嘻嘻哈哈就没有生意做了。

只要你把东西做好，与客户的关系就搞好了。可是保证生意能做好是非常辛苦的事情，不是简简单单地在工厂改善就会有结果，这需要有全球统筹的思维。

有一些机械行业的工序，在欧洲的租金和人工费用比在亚洲还要高，但为什么产品的价格却比亚洲还便宜？A先生就在不断整合这样的公司，以充分的国际资源整合建立自己的绝对竞争优势，在客户的供应选择中处在领先位置。

有时也必须非常尊重客户的面子和他们的文化。有一次，A先生与一个瑞士客户谈产品改善。对方坚持其中一个工序要拿到瑞士进行钻铣后再加工，其实这在A先生的工厂中可以一次性做完，而且精度完全能达到标准。可是这个瑞士人一直在炫耀他们的加工工艺是世界上最先进的，宁愿多加一道工序也不愿改善，而且还夸耀说用五六十年代的老设备就能达到这么精密的程度。这时候，作为供应商，你还能做什么？

与德国的公司打交道又不一样。他们公司墙上都是创始人的肖像，第一代，第二代，第三代……一个比一个厉害。这是企业的精神所在。他们注重传承。

客户都希望看到自己的供应商每年都在成长，因此公司取得业绩时，也必须主动跟客户提起自己的进步，无论是在技术、产品、规模和人员方面，都需要在多方面跟客户进行良好的沟通。

经营多地的跨国公司，最大的难度就在文化沟通上。A先生公司设在欧洲的分公司有相当的独立性，该拿的他们会拿，不该拿的他们也不碰，这就和在亚洲的公司完全不一样。因此A先生在不同国家的分公司行走时，要快速切换自己的文化理念。

有了压力，A先生就靠种花种草来缓解情绪。“不能停止，要前进，市场不饶人。”这是他的名言。当然，有些事情非常重大，解决的难度也非常大，暂时搁置不解决也是一种解决方式。能做到就把它解决到极致，暂时不能做到就把它先放下。比如早期公司装了监控摄像头，刚打开摄像头时就发现，有一个员工正在偷原料，怎么处理这件事？如果报警，那么第二天就出不了货了，而且自己管理不善，公司还不知道有多少这样的事情在发生？这个事就慢慢放下了，当时机成熟的时候，相关的人员通通都被移除。

A先生很有人生格局。他说：做事做习惯了，一停就完了。赚钱不为钱，为了挑战，那是好事；赚钱若是为了钱，那是一个灾难。人活着就一定有压力，压力就是动力，没有压力不行。压力是给社会做贡献的最基本的元素，没有压力，上帝就容易把你带走。净空法师说：有个非常富有的人，每天靠吃面包片来过活，舍不得买好的水，就天天喝自来水。但他把所有的钱都捐出做善事了。这是一个什么样的境界？非常值得我们思索。

面对未来的挑战，心态非常重要。早期创业时没有CNC、软件、3D，现在都有了，而未来还要做无人化、机器人……心态消极，就会困难重重；心态积极，就会突破和投入。

在市场竞争中，经常有些好朋友对 A 先生说，听说外面有人说你的不好，你注意一下。A 先生就回答他说：你认为我害过人吗？我骗过人吗？我欺负过人吗？朋友说：没有啊。A 先生就说，那就不去理他了，我还是喜欢客户骂我。看看，A 先生多有智慧。对此，A 先生风趣幽默地说：为什么狮子会躲着疯狗？狮子跟疯狗斗，本来就不划算。赢了没什么了不起，但被咬上一口那就得不偿失了，打个平手的话也就意味着与狗同一个水准。所以，有的时候躲远一点更好。有些东西别人给你，你不接受，那还是属于别人的。

做生意不能靠小聪明，最主要是要了解客户的需求，不断地把它做好。创业最难的事情是企业文化的推广，使命、愿景、价值观可以背下来，难的是点点滴滴如何执行。

来日本的游客常常惊讶地发现，他们还在采用的很多落后的技术和电器，诸如翻盖手机、传真机之类的古老设备仍然在普遍使用。在新加坡我就有一个日本朋友，80 多岁仍然健步如飞，满面红光，到现在还在做生意，就是不用手机。如果你是卖手机的，你能拿他怎样？

真相早已存在，只是你没有去探索。每一个细心的体验，每一个开启客户需求的灵感，都是一个市场空白。要探索这个未知世界，最好的办法就是去寻找你的客户，包括你未来的客户。

Grab 共享出租车给乘客配上耳机，放极其放松的音乐。人在极度放松的情况下，大脑才会找到灵感，自动解决问题。出租车已不仅仅是载人到目的地的交通工具了，而是在到目的地的过程中让你有不一样的旅程，帮你找到自己。这才是做生意的真谛。

什么问题都要解决，可企业资源有限，哪个排第一？

我问过很多公司，公司管理中最重要的是什么。很多人说是团队，很多人说是产品，还有很多人讲领导力，系统，信息，创新，结果，策略，等等。在这里奉劝大家别再摸索了，问路才不会迷路，走到第 90 楼的人再看 10 楼就会觉得很简单。

无论是短期之内通过融资成功，还是兢兢业业地每日提升生产力、不断积累成功的企业，都少不了利润，而利润创造的最关键在于客户，因此客户对于企业管理来说是最重要的。没有人会说，我们对客户不好，或者是我们不需要客户。这是企业的主流文化，任何一个老板或员工，只要谈起薪水，谈起加班，谈起休假，只要涉及个人的利益，总会争个“你多我少”，但如果谈起客户，每个人都会或多或少地做出让步，甚至全力以赴地去争取客户。

不能每天在抱怨，比如我没有生意，我的水平不行……这些论调我听够了，对不起，我不等你了！如果你不能简单说清楚，就是你没完全明白，我去与客户聊天了。

客户，才是牵一发而动全身的管理精髓。如果公司以客户为导向，所有的资源配置都以客户为核心，那这个企业就能长青，化险为夷，公司所有人才能以正确的价值观竞争于市场之上。

向客户请教，就是当一个人把所学全部忘光之后剩下的东西。

因为用心感知客户需求，我们才发明了汽车、飞机、手机、游乐园、美好的食品、戏院……生活中的一切一切。所有的这一切的评判的标准都是客户，因此企业必须以客户为核心开发出最好的产品，最利于客户的价值，最方便的通道，最贴心的促销。

最棒的厨师好不好，不在于他会做满汉全席，而是用手里最基本的可以得到的材料，如土豆丝和白菜，做出美味爽口的佳肴。

运气就是按照自己所处的环境和优势，对自己进行设计及运作，如果又恰好跟上了时代的潮流，遇到大趋势，那就是你的运气来了。

在大多数人看来，运气与机遇可遇而不可求。然而机遇无处不在，只在于我们能不能用心去体验、去发现。任何一个偶然的机会，即便本身这个机会没有成果，也会产生出无数的机遇，千万要留意每个机遇的细节。

在大多数人看来，机遇是可遇而不可求的东西，其实不然。只要我们认真感知身边的需求，就能发明出拉链衬衫领子（衬衫的领子总是最先磨坏），懒惰男人的包（手机、钥匙、钱包、卡都放在一起还不厚的包），小孩子防近视的下巴支架（一尺距离防近视眼），修车厂技师有没有可能穿白裤子（极高的管理水平，需要环境一尘不染）……机遇来自每一个可能解决客户痛点的细节。

话说 1984 年，瑞士的乔治·德·曼斯塔尔一直想发明一种既能轻易地扣住又能方便地解开的扣子。某天他遛狗时，他的毛料裤子上和狗身上都粘了许多刺果。回到家里，曼斯塔尔立即用显微镜仔细观察，发现刺果上细小的钩刺钩住了毛上的成圈组织。他顿时受到启发，后来就水到渠成地发明了尼龙搭扣。尼龙搭扣由尼龙钩带和尼龙绒带两部分组成，复合起来略加轻压，就能产生较大的扣合力和撕揭力，可广泛用于服装、背包、帐篷、降落伞、窗帘、沙发套等方面，用以代替拉链、按钮、纽扣等材料，还能防水。

我曾做过一家新加坡的饮品连锁店服务企业的咨询，这家公司的业绩有些下降。我与企业的老板经过非常严肃的沟通发现，症结在于公司现有产品陈旧，已不能满足现有客户的需求。竞争对手不但做了类似的产品，还能不断创新。那么，第一点是要了解自己的客户，知道现有客户的需求是什么，第二是了解竞争对手那边为什么排队，他们的产品为什么符合客户的口味。这家公司茅塞顿开，经过三周的市场调查发现，必须提升关键性的一流产品，未来如果能引入类似西班牙 LIAOLIAO 酸奶冰激凌系列模式，业绩还会大幅度提升。

因此，对客户重视，对市场敏感，这是中小企业要仔细揣摩的。当然，我们并不是说要满足客户一切需求。客户的需求是在不断变化的，因此客户的需求也是不会被满足的。我们要看重大趋势，引领需求，创造需求。中小企业只要耐得住寂寞，稳扎稳打，一切以客户为核心，终会迎来丰富的果实。这是行动力的终极目标，也是行动力的根本方向。

林先生快四十岁了，是新加坡一家主营电子游戏及周边业务的 E3 公司的董事长，拥有两家实体店。我与林先生公司有十年的咨询历程。E3 公司规模较大，业务范围包括电子游戏、配件、主机及周边产品批发，业务渠道分为批发及零售，零售又包括实体店销售和网购。2018 年，公司营业额超过 3000 万新币。

公司批发主要市场包括新加坡、马来西亚、印度尼西亚、文莱、菲律宾、越南、柬埔寨和缅甸等国，有超过 200 家零售店，营业额占比超过 70%。运营方面，公司只有老板和一个业务员，这是非常高的效率。

早在 2014 年，我与公司的两位股东做品牌及商业模式定位，确立了以客户需求为导向的规划，远见和信誉则成为公司的经营价值观。

规划和远见就是，有效率地把事情做成功。但生意做大后，你就会感觉到体力不支，必须规划出非常有效的商业模式。公司营业额从开始的 300 万到 3000 万，这种快速的增长对游戏产业来说，一定会带来商业模式的蜕变，这时对客户的了解就至关重要。信誉就是诚信，生意伙伴跟得久，你就会有生意做。

在代理权方面，林先生并不看好代理，因为做代理限制很多，资金和数量的限制也很大，一旦货物出现时间差或销路不好，就会囤积为滞销品。林先生的主要供应商来自欧洲、美国、日本和中国香港等地，与代理商保持了非常好的关系，同时靠着经验及对市场的敏感度发现：好的产品经过几组比较后，靠量快速进货；有时在国外已滞销、不好卖的产品在亚洲却销量非常好，这就是很好的订单；同时外国很多促销品，当他们的量足够大时也会来找林先生谈大宗采购。在这个过程中，欧洲和美国的产品基本上没有中文，适合菲律宾等非中文市场，但卖到中国就会有问题，而配有中文的新加坡产品则更适合中国的市场。

在与海外做买卖过程中，经常会出现非常不愉快的事情，因为游戏市场靠的是速度，信用证交易是不适合的，通过转账等现金交易，三天就能收到货。有一次一个印度的供应商来找林先生，前三次采购汇钱都完美成交，随着信任度越来越高，第四次汇去 8 万美元后就找不到人了。在海外的中小企业一旦出现纠纷，是很难通过法律手段解决问题的。林先生开玩笑说，有时候我们不要太贪，对某些没有信用的客户，还是一小批一小批地订购更安全，甚至货到门口直接付现金。可见，对客户的了解是没有止境的。

在零售方面，公司有超过 15000 个客户，很多客户都是公司的志愿员工。2019 年做清仓大促销时，连续四天，客户从 5 楼一直排到大街，要排队 6 小时才能买到产品，交通警察都出动维持秩序。这也算是一年一次的品牌推动，可让利给客户。

在网购方面，Shopify、Lazada 等平台的互联网模式对实体店有着非常不真实的影响。比如公司成本 100 美元的产品，网上零售价应该是 129 美元，但因互联网补贴 50 美元，结果网上只卖 79 美元，导致实体店搞促销就非常好卖，没有促销就影响很大。现在实体店也与这些大网站沟通，渐渐拿掉资助。实体店毛利率不会超过 10%—15%，所以如果零售的店面费用、员工费用和管理费用超过 10% 的店面销售额，公司就亏钱了，因为产品的毛利率非常低。在这种情况下，公司是没办法投入大量管理成本的，更谈不上海底捞式的感动服务了。

O2O 模式虽然号称网上订购、网下拿货，但大部分客户基本上不会在实体店多买一件产品。我建议林先生多开发主体以外的产品线，以增加线下实体店的收入，毕竟做生意需要创新及给客户提供更多的超值服务流程。

因此在如何寻找创新产品时，我建议林先生跳出自己的产品线，在五行之外看五行以内。什么是五行之外？不要用我们的眼光去判断年轻人要什么，或者是客户要什么，这都是狭隘的，我们总希望把自己的想法强加到别人身上，这在很大程度上是行不通的，因此就要直接去问你的客户：你们还需要什么？

比如来店的打游戏的年轻人，他们肯定需要省钱和赚钱。如何给他们制造省钱和赚钱的机会？就会产生史玉柱式的思维，这就是很大的突破口。林先生听了这些以后，马上拿出笔做记录。我相信，不久以后林先生的公司里就会有新的经营模式出现。

很多老板都抱怨说，小企业总会受客户的气，没有尊严。试着想想，小孩子需要别人养大，只有当孙子才能有吃有喝，才能成长起来。那么，当孙子的时候就要有孙子的觉悟，就要有孙子的气质，需要谦卑和忍耐，耐心等待长大的机会。有什么比生命和命运还伟大的？被客户骂，说明我们还不成熟，客户在提醒我们要明白自己的状态和自己是谁。

很多人都觉得整合资源是整合外部资源，其实客户就是最大的资源之一。做生意最重要也是最最重要的事，就是要有客户，不断地拥有更优质的客户。为什么能做到优质客户的生意？因为你变得跟他们一样优秀了，甚至超越了他们。在这个过程中少不了他们对你的提携，被客户骂是一件很幸福的事情。

第六节

聚焦利基市场，全力推动，要越做越深

利基市场（Niche Market）指由已有市场绝对优势的企业所忽略的某些细分的优质市场。

库马尔是我 20 年的好友和客户，是印度籍的新加坡人。他创立的 TECHNO 喷水服务有限公司成立于 1992 年，是新加坡独资企业，也被英国、美国的厂商聘为在新加坡及远东地区的顾问和分销商。

TECHNO 喷水服务有限公司面对的是高压水清洗服务应用市场，市场不是特别大。这是一个专业度较高的行业，技术含量特高，投入的设备非常高端。水压可高达 40000psi（Pounds per square inch，磅 / 平方英寸），对一两英寸的铁来说可谓削铁如泥。如果按喷嘴的的面积来类比，就如火箭引擎，喷射瞬间，现场无比壮观。

为什么说他在利基市场？目前 TECHNO 占据了整个新加坡 70% 左右的市场份额。从铁路到陆路，从海事到航空，只要能做的项目都做过了。客户包括新加坡科技、埃索、美孚、壳牌、中国石油天然气集团等。

库马尔在这个行业坚持了 27 年。企业初创时非常辛苦，一开始客户不给订单，他就每天来这个客户这里拜访。几个月过去了，订单没有来，但若是偶然没来公司，那么整个公司的人都会问库马尔怎么今天没有来？大家已经习惯了他天天前来报到了。就这样，生意渐渐做成了。现在，业务方面都是客户不断地帮他打广告，公司基本上不需要业务员，公司的品牌已经有了江湖地位，行业内无人不知。

库马尔坚持，做生意要稳，到今天他的公司的所有机器都没有用银行的贷款，供应商付现金结算，有着更好的谈判条件。五年前石油天然气行业不景气的时候，很多公司都倒闭了，但库马尔的公司依然稳健发展。

从 2000 年到 2019 年，我与库马尔不断修正公司战略，为公司设定最优化的模式配置。很多人来寻求合作，因为坚持利基市场，有地方和人员的限制，不适合的项目基本都拒绝，要保证公司在安全、平稳的基础下提供高质量运作，这才是竞争的基础。

公司业务范围其实很广，各种表面生锈和有污垢的零件，比如飞机引擎的叶片、履带等，都可以清洗。不要小看这个技术含量，飞机的精密零件一旦损伤，损失是不可弥补的。公司多年来积累了大量的经验。

当我问起竞争情况时，库马尔说：即便有充足的投资，但没有一个同行可以一夜成名，因为从事这个行业需要大量的经验、资质和信任的积累。有些资质需要几年的批准时间，还要有大量的经验，以及每天落实到实际的工作。

公司曾经有管理层集体离开，在新加坡成立了一家同样的公司，以为买了机器就可以把生意做好。他们的想法太天真了，因为这是一个利基行业，原始积累和客户的信任是最重要的。重要的客户基本上都是因为服务水平和质量要求，最后又回到库马尔的公司。

现在的很多大客户在委派重要工作的时候都指定库马尔公司做，不可以让其他公司参与投标。这种商誉是非常难得的。因此库马尔坚持不做与人竞争的市场，不参与恶意价格竞标。

公司的设备都来自先进国家，目前公司正打算提供技术、教育、培训，把模式复制到周边国家，还会在相关的公司设立高压水清洗部门。同时，也在准备进入一些新兴行业。全球的飞机越来越多，飞机引擎的保养尤其是涡轮叶片的保养，不可能运回美国，有些维修保养工序用水处理非常适合。

目前有几个国际的大公司想要投资库马尔的公司。我跟库马尔说：不能够带来资源和全球复制的公司，是不能要的，新加坡已经做到极致，现在是海外拓展时间。库马尔已经在运筹帷幄，下一步就是向周边市场的快速复制和发展。

第七节
升级方向在哪？从生产力到资源整合到资本

生意为什么越来越难做？永远不要与趋势为敌！蟑螂在几亿年后仍然活得好好的，恐龙恐怕连活下来都会感到耻辱！

经营企业的目的不是为了吃苦耐劳！生产力、资源整合和资本是企业发展的三驾马车。这是企业经营的密码。

企业的转型就是从苦力到资源再到资本的过程。聪明的创业者一开始就以资本为目标，充分整合资源，做核心苦力或外包普通苦力，不断把自己的公司推进供应链上端。这就好比，建房子的人是最累的，还被拖欠工程款。承包商、装修商们在太阳暴晒下辛苦地工作，却赚不了太大的利润，就是因为他们处在产业的底端，干的是苦力工作。而开发商只有部分现金，却能从银行贷款，又通过预售楼盘拿到一部分现金，再从分包商那里进行现金周转的账期管理。他们用很少的现金就能够撬动很大的楼盘，创造数倍利润，因为他们做的是资源整合。投资者、银行并不会盖大楼，也不会卖楼，更不参与经营，但是他们却能打造出一个城市 CBD 的地标性建筑，躺着都在赚钱，因为他们做的是资本。

在以美国为主的资本主义市场，资本的力度是非常大的；而以德国等国家为主的莱茵河资本主义市场讲究生产力，没有资产支持，贷款融资非常不容易。

以资本为主的发展方式，短期之内融到的资金越多，也意味着公司的债务越大或者是股权让渡越来越高，虽然有些公司可以在资本市场套现，但是无论谁是接盘侠，最终生产力的回报率才是偿还这些债务根本的方法。当长期生产力盈利能力不好时，股票走势也会出现颓势。

如果融资和还款时期遇到了5—10年一遇的短期经济危机，那对企业的生存来说将是非常严峻的考验；如果碰到50—100年一遇的经济大萧条，那将是非常致命的。

企业发展如何在生产力、资源整合和资本中选择最适合自己的路线，往往也是在一念之间。这取决于企业家手里的资源和胆识。在众多资源中，高端人脉是最重要的。建立高端人脉，需要自己先有料。如何让自己料子满满，名师指路、自己一悟最重要。

在生产力发展的基础之上引入资本，是短期内实现公司飞跃的最好的方法。比如某公司以正常的生产力发展速度需要10年才能达到的规模，如果在资本投入的情况下，两年内就可以靠投资推动快速地达到同样的规模及市场份额。这就是互联网烧钱的方法和免费模式。

一些很优秀的公司，既具备非常好的生产能力，同时具备非常棒的资源整合和融资能力，如果运气再好一点点，恰逢经济蓬勃发展时期，那么在市场大趋势下，这些公司就会迅速成长为独角兽企业，而资本市场的风投们也都不断地物色这样的公司。这种公司的特点也非常明显，就是基本上创始人不需要你管太多，他们在思想高度及执行方面有着与众不同的做法，短时间看平平凡凡，但爆发时却是炸裂式的。这些公司属于幂次法则中顶尖的那部分。

(1) 生产力。

生产力的提升是一个相对缓慢、逐渐积累的过程，财富的积累需要更长的时间，积累的财富又不断地进入下一轮生产力提升，大部分的中小企业都是以提升生产力的理念运营公司。生产力类型的公司发展比较稳定，债务相对会降低，把控性比较强。欧洲（尤其是德国）和日本在这方面是做得最好的，他们的企业文化能够让企业扎扎实实地做上几十年、上百年，可以百年为单位不断提升，精益求精，不断积累。

生产力的提升在很大的程度上取决于技术的进步，如大趋势下的蒸汽机时代、石油时代、电脑互联网时代、信息技术时代、芯片技术时代、物联网时代的发展等因素；也取决于公司内部专利、品牌、产品、服务、管理，等等。

在各个产业链中，处于最低端的企业也都是以生产力为主的公司。当然，日本和德国是典型以生产力为基准发展的国家，他们耐得住寂寞，每件事情、每个零件都能做到极致。

（2）资源整合。

拉里·博克（Lary Bock）就是资源整合的高手。他看好一个业务时，会在全球范围内物色三到五个这方面的顶级人才，说服他们来一起创业，虽说会遇到无数拒绝，但每个拒绝他的人也会给他介绍相关的几个人。等把这五个人找齐时，团队已经非常值钱。这时他们开始融资，在融资过程中这五个人创业的欲望会越来越高。当融资完成后，公司成立，快速研发产品，在资本市场上套现或者是公司进行并购。他用这种方法不断完成了几十家公司的创业和投资，而且每家公司都市值过亿美元。

新加坡有一家企业，能把酒店每天一吨左右的剩余食品在24小时内变成颗粒环保再循环饲料。这一专利技术在全球的酒店市场很有潜力，也被资本非常看好。这就是典型的资源和资本运作。

中国国内大学中有无数专利都没有转化成实际的应用，中小企业有无限的市场却没有卖点。如果资源合理配置，那就会进入资源整合的高效发展时期。

优衣库（Uniqlo）与东丽（Toray）就是非常好的整合例子。优衣库社长柳井正想在全球开很多家分店，但是缺少核心的技术和产品。柳井正知道东丽也想把材料卖到全球但没做好市场，于是就登门拜访，寻求合作。两家公司共同组建研发部门。优衣库的市场部要求东丽研发一款可以吸收身体散发的水分并将其转变为热能的材料，经过千余次的实验，最终研发成功，优衣库由此推出了一款Heattech保暖内衣。这款内衣在2005年就卖了450万件，2010年销量达8000万件，2017年突破10亿件。

资源整合是企业经营的另外一条极其特别的运营捷径。资源整合者应具备敏锐的嗅觉、强大的资源识别能力，展现出超强的整合能力。

我的客户张校长经营一家儿童教育公司，做得非常好。有同行觉得他公司的老师培训得好，就在自己的公司内部说，谁能够挖张校长公司的员工就奖励500元，最后张校长把那个人骂得狗血淋头，这个事情也没有完全被解决。时隔今日想一想，如果能够坐下来谈一下，把他的老师送到张校长学校中去培训，既能够有收入，也可以解决竞争的问题，甚至将来两个公司还可以有并购的可能，这个里面有很多精彩的东西，人只有在整合中才能成长，你竞争以后，才会感觉到合作的甜蜜，所以这两个词是相生相长的，竞争和合作绝对是同一个时间存在的事。

越两手空空的人，做什么事都无钱可出，越是能通过资源整合来完成自己的霸业。汇源集团创始人朱新礼是这样的人，杜月笙也是这样的人。上海滩“教父”杜月笙一生都在通过整合资源来壮大自己的实力，他先后整合了黄金荣、虞洽卿、蒋介石、汪精卫、宋子文等人的资源，从一个名不见经传的小混混变成了大亨。他不只是雁过拔毛，他拔的不是胸毛，而是翅膀上的主力羽毛。他们做事都不需要出钱，都是通过资源整合，通过银行出钱、合伙人运作的形式完成自己的霸业。

中小企业如果能进入资源整合的链条，就可以实现快速创业及财富的积累。中小企业的老板不应该只是在公司中闭关自守，而是应出去多找这样的机会。资源一通，一通百通；资源不通，百通不通。

你如果拥有别人需要的资源，就可以整合交换别人手中你需要的资源，这就是资源整合。

30% 是个神奇的数字。30% 的技术和力量来自自己，30% 的力量来自合作伙伴，30% 的力量来自社会合作伙伴。

企业做的不是 1 + 1 + …… + 1 = n，而是 1 + 1 + …… + 1 = 1，更大的 1。

(3) 资本。

虽然很多人都说上市公司没什么了不起的，可我认为上市公司真的了不起，从合法性、公司的持续性上都是大多数普通公司很难达到的。我们也应该把上市公司作为一种标杆模式去学习和超越，这是企业家格局的进步。

洽洽瓜子、涪陵榨菜，产品都是几块钱一包，但上市后公司的市值能达到几十个亿。小肥羊从 2 万创业发展到以 45 亿卖掉，它的价值是由客户说了算，放大了两万倍。百盛公司买了小肥羊，小肥羊当时的年利润是 1.5 个亿，也就是说百盛公司以 30 年的利润来买它，市盈率 30 倍。

七天酒店、如家酒店都已是独角兽了。他们一开始就是以这个为资本为核心，把一家小酒店经营好，随后迅速整合资源、扩张，在资本市场套现。最后创始人也进入风投领域。

赚钱最快的方式就是上市。在中国，每年有 1000 家公司能够上市，其中 500 家能够自主上市，另外 500 家是由 2—3 家公司组成的，即 1000—1500 家。还有 3000 家业绩很好却没法上市，就等着被收购。这样加起来，就是四五千家公司，每家按照 10 个股东算的话，就有四五万人，会很富有。

资本运作的三大战役分别为：融资，上市，并购。资本是以人为核心，以公司为对象，以未来的交易为基础，最后变成了一个并购方案。资本和资金不同，以未来的收益为导向，用资本来换资金就是融资，用资本来换资本就叫投资。

买家之所以愿意买你的公司，给你10倍、20倍的市盈率，原因就在于你有一个很好的模式和团队，能够保证公司持续成长。

一家公司之所以值钱，并不只是利润值钱而已，而是价值整体值钱，而这个直接的反应就是上市公司。

（4）神奇的幂次法则。

俄罗斯国立大学学物理的尤里·米尔纳，在美国沃顿商学院毕业后又进入了世界银行金融部门。米尔纳成功投资了中国的京东、阿里巴巴、小米和滴滴，还是脸书的股东，同时也是推特、爱彼迎、色拉布的股东。他不仅积累了很多资金，还认识了世界级别的大亨，是俄罗斯最疯狂的投资人，赚了硅谷100亿。米纳尔的疯狂之处在于，他让所有被投资的公司都没法拒绝他，因为他只给钱，而且不求回报。

2008年，米纳尔游说了俄罗斯采矿大亨借了2亿美元投资脸书，但当时脸书的CFO吉迪恩·余根本看不上这个。米纳尔立刻开出了“只收购2%股权，不要董事会席位，投票权都给CEO”的条件，只要收益就可以了，这让吉迪恩·余一听就呆了，立马带他见了扎克伯格并很快签了投资协议。

米纳尔是一个眼光精准的投资者，总能从砂子中发现钻石。

投资通常都遵照“二八定律”。比如说投10个客户，只要有20%成功就能收回成本，还能有不错的利润；公司中如果销售人员多，你也会发现，20%的销售人员销售了80%的利润。

还有一个比二八定律更神奇的幂次法则（Power Law）。尤里·米尔纳这些人不用二八定律，而是坚持在20%最优秀的人中找出更优秀的20%，也就是4%左右，这就是幂次法则。这4%的公司在初创时期看起来业绩平平，但创始人有着不寻常的能力，公司在过了筹备期以后便会迅速成长。尤里·米尔纳就是按照幂次法则出牌的人。

幂次法则存在于最优秀的公司、最顶尖的精英中。这些人不按常规出牌，甚至即便他们的商业模式在获得巨大成功后，还没有被其他人看明白，具备颠覆性，是绝对的独角兽。

连锁店开了几千家、几万家，可赚钱并不多，但他们大厦都很大，公司又是上市公司，银行还纷纷借钱给他们，这些幂次法则规则值得研究。

他们是“Paypal 黑帮”、京东、阿里巴巴、推特、爱彼迎、色拉布、推特，他们还是现在还未出现的，和颠覆现在独角兽的未来公司，也许就是你。

第八节

碰对的人和时机，做对的事情和决定，自我豁免

精英绝对不止具备一种素质，而是拥有多重精英战略。碰到对的人、对的时机，做对的事情和决定。21 世纪的公司要按 21 世纪的思维来运作。当大家都在比谁的火把亮时，太阳出来了……大趋势不可逆。苍蝇虽小，附于马尾，可奔腾千里，这借助的是大趋势。趋势就是镜子，镜子容量有多大？

做生意如要转危为机，就得“忍”和“稳”，沉得住气。人脉的帮助重要，自己的推动力和有志者事竟成的信心重要，但能力和人脉如果不对称，判断力不对，如何努力都没有用。因此就不是每个人都能做得到的。

“忍”就是不要随随便便就受到外面一些不同观念的影响而改变，不然就不会成功。忍的前提是你有定力，看得到大方向，做有把握的事。这就好比，你有一块表，就能知道当下时间是几点；有了两块表，却不知道几点了；有了十块表，就得问别人几点了。

“稳”就是思想稳定下来，要有主见，善于观察，敏感度也很强，对四面八方和周围环境要有很强的认知，有高端的人脉。

自我豁免，是指人们保护自己不受任何外部动荡的影响，并应对不可预测或无法控制的事件的能力。它是自力更生和自律的基础。休息是为了走更长的路，

为另一轮冲刺做准备。

处事待人，不可以轻视任何人，包括一个最普通的员工。要谦卑，就不会失败。

通常在一个城市或一个国家，5% 的政府精英是火车头，15% 的企业家是运行的动力，80% 的大众是主体。新加坡的政府资助的政府组屋（HDB）已经稳定，人民安居乐业，接下来肯定是私人房产成长的时候。一个国家有价值，房子很便宜，这可能吗？越有价值的国家和地区，房价一定是贵过周边的，加上通货膨胀的因素，新加坡房地产未来有地资产的走势非常好。房地产就像放风筝一样，就像跑马一样，拉得紧是为了激发力量，一旦放开，将勇猛飞翔，再上一个高度。

拿督胡先生是新加坡鼎业南集集团主席，为人谦虚低调，有广泛的新加坡人脉。公司从事建筑行业，历史虽只有 19 年，一年的营业额可达 5000 多万新币，并在着手策划在股市挂牌。目前，南集集团共有 700 名员工，高级职员有百余人。

拿督胡先生一生从未真正“打过工”。在创业初期，他做的是组屋装修的小工程，由于经营环境变化，在 1995 年因拖欠银行的 200 万元破产，5 年后才在亲友的协助下脱离穷籍。回忆当年的“出师困境”，他乐观地说：“做生意有起有落，但来往的商业朋友一分钱也不能欠。诚信是经商的原则。”之后胡先生帮忙岳父经营咖啡店。

2004 年，新加坡黄金大厦后面的大道路段临时护墙倒塌，黄金大厦也受到波及。市面就盛传黄金大厦的结构受到影响，大楼将被拆毁，人心惶惶，大厦一下子门可罗雀，商店和办公室的租金和转手价大跌，而胡先生就大胆地“人弃我取”。

他说：“根据我的观察和分析，黄金大厦又不是偷工减料建成的，何来建筑结构问题？黄金大厦地基稳固，偏偏谣言造成租金大跌，这是个难逢的机会。”

可想而知，胡先生一口气买下了6个单位，大部分资金都来自公积金户头。两年后，他以每平方英尺数倍于购入价的高价转手，赚得第一桶金。

南集集团接到的第一个上千万元的工程，是为50多家民众联络所的升降机“升级”。胡先生的策略是“买大卖小”。他说：“我们无法和大发展商争天下，只能以小搏大。小有小的做法，只要看得准，抓得准，也不难分享到市场的一小块蛋糕。别小看这小块蛋糕，利润足以让我们这类小发展商受惠不小。”

南集集团由此一发不可收拾，又赶上新加坡房地产高速发展时期，至今已完成了12个小型有地住宅项目。胡先生的做法是“买大建小”。胡先生的最新有地住宅项目是在东海岸的信立（Sennet）区。5年前，他以1000万新币买下南洋大学创办人陈六使家族的故居，购入价大约是每平方英尺800新币，然后改建为1栋独立及1栋半独立式洋房，“以一变三”正是他生财之道。

胡先生开发了许多别墅。大部分的房地产开发商都会找非常优质的地段，房子盖起来以后特别好卖。但银行的朋友跟我讲，这位仁兄眼光不是很好，开发的房子都不是特别好的地段。我去跟他聊天时，他说：“我的资本不多，别人不要的地方，我把它做得更好一点，以新加坡房地产的大趋势，照样可以卖。”事实是2007—2019年间，他所有的房子都卖出去了。接着他又以数百万至上千万元买下有地大宅、豪宅，再进行规划，把整栋旧宅拆掉，改建成数个面积较小的新洋房，结果卖得红红火火。

不过胡先生始终认为，房地产涉及投资额甚大，是时势造英雄，而且是风险较大、利润偏低。于是他果断采取应变策略：业务多元化。

组屋区翻新增建的许多休闲小花园，也多是交给南集集团承建。南集集团的另一个核心业务是建筑业，专长是建造步行、脚踏车走道及公园连道。南集集团标得及建造的环岛脚踏车及步行走道超过50公里，建造费不下2000万新币，全岛的80%以上的走道工程是由该集团负责。

南集集团的基建小工程还包括在组屋区建收费闸门、地面停车场，合计约有3000万新币。由于是政府工程，利润或者可能偏低，不过没有呆账坏账的风险。

南集集团有三家钢、铁、铝产品方面的工厂，全岛的路边和巴士车站的铁质栏杆、脚车停放架以及地面铁盖，半数以上是由南集制造和装置。

胡先生常说，自己的实力非常重要，要打响知名度，扩大在各个国家的人脉网络，比如中国的胡氏公会、马来西亚的胡氏宗乡会馆。

跟胡先生在一起，时刻都能感觉到他充溢着的激情。他面带笑容，什么事都说“成了，成了，成了，成了”，即便看不到结果，也说“成了”。无论是在他破产的那个阶段，还是八年以后他又东山再起，一如既往。因为在他内心深处，非常清楚自己的A计划，这个弯路只不过是一个过程。他一直坚持着，隐忍，平稳，富有毅力和胆量。他的A计划就是原来的房地产，他没有B计划。

我们经常在一起讨论新加坡及周围国家和城市的发展大方向。他见解独到，我只要请教过他而买的产业，都涨势良好。

新加坡未来的主要发展方向非常好，旅游、港口、金融、高科技、医药等产业链都很完善，裕廊岛在进行这方面的非常好的建设。新加坡的两个综合度假村继续扩充，金沙和圣淘沙各有150亿新币的扩充规模。新加坡的公寓已经发展到了高峰，拥有永久地契的房地产在10年之内有可能价值再创新高。

虽然业务发展遇到一定的瓶颈，胡先生还是坚守自己的利基市场。比如2015年6月，我的好友洪先生在泰国能够100%有把握拿到平民房的建设，这些房子有100万间，韩国公司和本地公司已经拿了60万间，还有40万间等待建设。当我把该项目推荐给胡先生时，他说我们在泰国就不专业了，婉言谢绝。我也只好通过朋友把该项目介绍给了菲律宾的EEI公司。

洛克菲勒去买一个油田的时候，虽然他很动心，但是他知道还不能，原因是周边的基础设施都没有修好，要么有足够时间亏，要么自己去修路，当他几年以后看到那些基础设施被修好以后，他虽然用稍微高一点的价钱进入市场，但是马上实现企业的丰厚的利润。因为条件已经具备。

碰对的人、对的时机，做对的事情和决定，其实本质就是智慧的选择，也是企业发展的根本。

第九节
产品必须具备复制性、跨国性，怎么与时间赛跑

蔡先生是新加坡胶囊酒店 CUBE 的创始人。他的人生信条是：追求卓越的目标，做有价值的事情，不简简单单地做个企业家。蔡先生一直强调自己的商业模式理念是：产品必须具备复制性、跨国性、与时俱进性。

他在当兵的时候，19 岁时就兼职做了自己的装修公司，下午 5 点从兵营出来后开始经营公司。20 岁就赚到了第一个 100 万新币。23 岁把装修公司卖了，投资了法国和越南餐馆。2003 年非典时期因经济不景气，把餐馆关掉后，带了几十万来中国做建筑设计项目。一年后因业绩不错，就把公司交给了合伙人。这时新加坡的市场也不错，就回新加坡开始做房地产生意。

2004 年，他在新加坡买了一间 60 万新币的公寓，定金只需要 20%，一年后卖了 70 万新币。如果以初期投入的资金来看，利润整整翻了一倍。敏感的他立即组织投资人，成立了一个私人基金，从事房屋中介业务，从楼盘和发展商手中买房子，然后负责出售。

在做房地产生意过程中，他遇到一个新加坡排名前几位、很有实力的房地产商。对方极其看好蔡先生的人品和能力，便问他，在酒店行业有什么好的生意理念？

早就看到这个空白市场的蔡先生就提出：新加坡每年总游客量为500万，旅游收入每年50亿新币，胶囊酒店、家庭酒店和租赁公寓酒店是新加坡的空白品牌市场及未来发展空间。新加坡、中国以及亚洲各个城市的酒店潜力巨大，按照已取得成功的模式，开1000间不是问题。

双方于是一拍即合，由投资人出资、蔡先生经营的第一家胶囊酒店在牛车水顺利开张了，品牌名为CUBE。胶囊酒店第一年就开始盈利，且入住率达90%以上。不到三年，已开张了两家背包式胶囊酒店和一家家庭酒店（Family Hotel）。未来还会投资服务公寓。还不止于此，有些物业被改造成酒店后，价值增加近50%以上，这不是房地产行情所能比拟的。

我亲身参与了蔡先生公司打造管理系统的第一阶段。第二阶段的阿米巴经营模式即将实施。在与蔡先生的沟通过程中，内部的ISO 9001管理体系已经完善；一切都是在线的Check-in & Check-out系统；加盟体系、物联网（IOT）体系正在持续打造中。

对酒店行业来说，客户的真实体验非常重要。公司现在不只致力于卫生方面的改善，还把客户旅游的全过程都纳入了体验的配套。比如买菜自己煮饭、体验周边的各种当地名吃、周围的购物，参加周边各种休闲活动、户内的智能化体验等，大大增加了客户旅行的内容和体验感，也增加客户的黏性。

在这个过程中，蔡先生发现，因装修商不专业而导致酒店开张延期几个月，这对于时间就是效率、空间就是效益的酒店来说，是非常不利的。于是有着装修经验的蔡先生在2019年成立了装修集成模组生产公司，采用模板化、集成化、互联网化的工作方式。别人要做两个月的工程，用这种方法两个星期就能做完。如果没有这个装修生产公司做保证，500家酒店的快速扩充一定会遇到很大的阻力。因此这是一个战略性的投资。

公司目前正在把酒店、城市生活、技术和金融加速整合，实现最优化的发展模式。蔡先生还补充说：做生意，基础是最重要的。口说无凭，你一定要有实力。在未来的扩展中，实力表现在优异商业模式、能做事的团队和强大的资金储备这三个方面。

商业模式规划包括市场的定位、如何做、怎么降低成本、怎么与时间赛跑、采用什么样的技术、如何提高利润等方面。商业模式规划要涵括所有一切的实用性。比如一个好的技术能否转化成市场的效率？竞争对手在做什么？比如，很多人花了几百万开发了一个产品或一个程序，做了不到一年，本钱还没回来，同行拷贝只用了几万块钱就做出了更好的产品，你还不能说别人抄袭你，今天是世界扁平的全民创业、信息爆炸的时代，一切都在考验你的速度、精准度及实力。

2017年底，印度的OIO公司来到中国，以"三小时一家店"的速度扩张，到2019年上半年已经开了上万家廉价酒店。在新加坡这么优质的国家，开1000家酒店的目标不是梦想。市场跑得太快了，要跟得上市场的速度，得有国际化的远见，不能单单放在东南亚地区。中国拥有最大的发展机会、人口福利以及人均消费力，在接下来的10年里蕴含着巨大的商机。

说起团队，蔡先生说他并不是经营精英酒店的专才，也没有这方面的经验，但当他有了5—10年的计划后，就知道自己需要什么样的人了，然后在市场上物色最优秀的员工。这些员工要等4—6个月才能离职，离职后来到公司也不是马上就会见效，这一切都要有耐心。等各个部门的优秀人才逐渐到位时，效应开始逐渐出现。公司要给他们设定绩效指标。如何设定呢？发挥每个人的强项，然后尽量满足个人的要求，最重要的是目标一致去赚钱。

资金方面，蔡先生说，不能做简单的创业者。在你还没有功成名就之前，融资是非常难的。当你有了一个想法，必须迅速地以100%的努力去实现它。当你有所作为，有财务数据和结果作为支持时，相信你的人就会越来越多，资金就不是问题了。

他开第一家酒店是因为在房地产方面的投资者相信这个理念。而两家酒店开张后，必须取得同样的运营效果，并且已经有了非常好的数据后，接下来特许加盟的理念将逐步成型，今天已经有很多投资者前来询问加盟的事宜，别人相信的不仅是你这个人，还有你的结果和数据。

当我问起蔡先生，你最大的骄傲是什么？他说：构思变成现实，能进入国际市场，将是更兴奋的一件事。

如果你见到蔡先生本人，你会突然发现，不知不觉就被他在言谈中迸发出来的激情所围绕。他坚持自己的理念，神采飞扬，滔滔不绝，一股脑地倾诉着种种机会和问题。2019 年 4 月 17 日我们聊天时，我跟他说一个的 22 项无接触检测技术，他当下就让我约技术公司老板见面。他真诚地寻求建议，与你谈合作、开条件，直白正大地说出自己的计划。这样的企业家如何没有人脉？毕竟他们追求的是卓越。

这世界好的产品多着呢，但好的公司，在每类产品中就那么几家，绝对值得考虑这是为什么。其他的方面可以找人才来互补，但能否把公司做大，能否留得住人，创始人主要是看一念三点。

产品必须具备复制性、跨国性，还有怎么与时间赛跑是关键。

第十节
其实走在对的道路上，只是还没感觉

机会来自水到渠成，一个机会孕育着一个更高的机会。大家往往追求的是成功的结果，其实成功的过程本身就是路，一切都在路上。

一个人的成功不是偶然，而是必然。越努力，越幸运！机会是闯出来的！水的冷热度，往往是由接触水的手的温度决定的。积累了近千家中小企业辅导的经验，我发现任何一个企业在即将突破时，自己都未必知道成功了，但成功的企业和普通的企业最大的区别就在于有激情和一如既往的坚持，其实走在对的道路上，只是暂时还没感觉。

廖先生是一个非常谦卑而睿智的人。几年前第一次去他的公司开会，会后他竟然弯腰去帮我拿鞋。我们的德行无论如何也不能超过客户的爱戴，因此我也对自己说，只要廖先生的事，就不是钱的事，绝对100%尽力。

廖先生的家族是从事农业的。他在新加坡国民服役以后，又糊里糊涂地来到了吉隆坡，帮助阿姨经营一个小商店，卖饲料，卖药，没什么技术含量。当时作为一个十几岁的孩子也没有太多的想法，晚上就与同事搭起可折叠的帆布床，睡在店里。他与营业代表轮流出去，推荐公司的产品。别人让他做什么，他都毫无疑问地尽心去做。

廖先生于1995年回到新加坡，并不知道自己已有了一技之长。这时新加坡农业经济模式基本上被淘汰了，他就与太太商量怎么样才能有一个好生活。他的堂弟在香港做五金生意，邀请他过去帮忙，可到了香港后就发现，以自己的能力和机会不见得比在新加坡发展得更好。这只能说那年头做农业的，不只是能人的日子不好过，连拼命奋斗的人的日子也不好过呢！奇怪吧？更奇怪而想不到的事还在后头。

之前他在马来西亚工作了好多年，因为品行端正，很多不错的老板都很赏识他，一听说他去香港，就都跟着他去看一看。但在香港没有看到机会。一个香港朋友说，在青岛的渤海湾有一种鳀鱼，体内油脂含量特别高，可到了岸上很快就会腐烂，因此被称为“上水烂”，每年产量 100 万吨，价格特别便宜。这种鱼不能加工成食品，却可以用来生产动物蛋白鱼粉，用作饲料。

这是个大好机会，于是一行人就到了青岛。大家见的确有这样的事情，都很兴奋。但是谁来做这件事呢？千头万绪，还是回到了新加坡再作商议。

廖先生面对着这样一个大好的机会，但以自己当时的财力及能力都无法把控这桩生意，于是就与亲属们谈这件事。他的家族是做饲料生意的，大家也觉得前景不错，就有一个堂叔跟他到青岛考察。这样到了 1999 年，用了足足一年半时间，实际考察出来的信息却完全不一样了。鳀鱼喜欢冬暖夏凉的地方，因此并不是在一个地方出没，而是冬天来到浙江，夏天就去了丹东。这样的话，算上长达千里的海岸线及捕鱼难度，即便能有 100 万吨的产量，捕捞难度也很高。

在他们离开中国前，当地政府请他们吃了一顿饭。席间，堂叔就与当地政府官员说了句让他在中国一待就是 13 年的话：“既然没有鱼可捕，我们可不可以投资养殖业？”回答是非常欢迎。随后，1999 年立项，2001 年签约，廖先生 13 年的中国生活就这样开始了。

要投资养殖业，既然自己的资金不足，就得跟股东们分头凑钱。没想到在吉隆坡踏踏实实工作时认识的那些老板都借钱给他，让他创业。廖先生非常有感触地说："以前傻傻工作，觉得没有什么结果。其实都是在做准备，你只是不知道而已。"

回忆这13年的历程，廖先生说："不好过，不容易。"虽然当地政府特别支持，但与一些本地企业之间的竞争是实际存在的。一些当地企业就开始强买强卖，想控制公司所有产品的销路及所有原料的进货，用不同的手段欺负小型的初创企业。

可是廖先生也没有想到，自己居然有着跟这些人打交道的潜在能力。当然，他也花费大量精力去与他们周旋，最终大家还是和谐相处，变成了兄弟。随着企业规模越来越大，他也受到了当地朋友们的尊重。

做养殖业最麻烦的是控制疾病，任何一种疾病都可以导致全军覆没，尤其是经常来自非洲的瘟疫。如果没有足够的财力购买更好的设备、设施，很好地度过危机，基本上公司都坚持不下去。这些瘟疫即便在发达的国家也很难控制，比如当非洲发生瘟疫时，日本把当地的和牛迁到深山里面，以便保护和牛的繁殖，但是由于空气的交叉感染，还是保不住。

农牧业产品的价格是由市场决定的，生产者不能够自主决定，因此在价格方面是非常被动的。在养殖行业，就连价格也是无法控制的，并且是完全不可控，无论是气候、经济因素，还是文化因素，都容易引发价格波动。

廖先生的公司与当地的民众也是相处融洽。他们捐助当地的各种公益项目、计划，比如照顾老人、赞助学生、逢年过节提供各方面的赞助等。廖先生说："能帮助别人，是快乐的。"

一直到2013年公司建立了稳定的机制，廖先生才正式回到新加坡常住。因为在新加坡，一个新的起点开始了。

早在2010年，廖先生的女婿打算与非常好的朋友在新加坡创业，租了一个小地方，但是办公室还没有四平方米，工作不到几个月对方又说这个地方不能用了，要搬迁。廖先生知道了这件事后，就请一个朋友的公司提供场地，帮女婿暂时栖身，开展研发和试验项目。作为一个经验丰富的过来人，廖先生告诉女婿，你们做这个生意应该是可以过生活的，但是老了以后口袋里也赚不了几个钱，因为你们不像是在做生意。

女婿是新加坡卡车机械方面的专家，对创业非常有信心。廖先生就在一个正式的日子里把女婿叫到家中，充分沟通，详细了解了卡车方面的技术以及前景。廖先生在中国工作了13年，在建厂房、投资设备、设备维护等方面积累了丰富的经验，对各种设备也有了充分的理解和认识，加上自己的女婿是这方面的精英人才，他意识到这门生意有着说不清楚的前景，在孕育着一个更大更高的机会，就像当初他从关注鳀鱼到从事养殖业的时光再现。

也许这才是廖先生真正的眼光。当传统行业不断萎缩、很多人都在转行的时候，廖先生却逆流而上，进入应该算是夕阳行业的卡车机械维修行业。事后廖先生说："只有往前做，才能知道会有什么奇迹出现。"

廖先生从小就不喜欢数字，上学时数学差一点就不及格。可是在做企业过程中，不会看数据是没办法经营企业的。因此他学习了大量财务知识，对数据特别敏感，研究财务报表、损益表、资产负债表，从不会看数据变成了财务专家。你在做决策之前的依据是什么，周期性的投入与产出，几年的计划，这都需要数据支持。王永庆说过：企业要用数据来说话。

廖先生亲自写了一份计划书。当时他的儿子在澳大利亚大学即将毕业，就由儿子译成英语与大家沟通。在计划书中，他建议大家一起组建一家真正的公司。2010年10月，廖先生与女婿以及几个合伙人正式成立了一家卡车机械维修公司。

随后，资金也到位了。此时需要一间真正的厂房，当时大部分人都主张先从小厂房做起，但廖先生的眼光非常独到，因为修理大型车辆需要很大的地方，以后随着经营规模不断扩大而不断搬家肯定是件很麻烦的事情，损失也很大，所以他主张必须按三年后的标准和规模投入。

公司很幸运，在新加坡一个非常不错的地方租到了一间5000平方米的厂房。隔壁的很多厂房都是由几家公司合租的，要找到这样的厂房也真的不容易。这间厂房确实也非常适合行业的发展，进驻以后不到两年，每一寸空间都被完整应用了。

当时业内企业都是提供一条龙服务，包括供应轮胎，因此公司也不得不一度从东营及青岛等地进口轮胎。但是卡车轮胎市场已经饱和，轮胎业务竞争激烈，于是，他果断地砍掉了轮胎业务。

修理卡车的引擎和变速箱，也都属于卡车机械维修的基本业务。但是很多外面的小公司只有一两个人，用很小的空间就可以做这个业务。对一个大工厂来讲，价格高了拿不到项目，价格低了运营成本又不允许，因此引擎和变速箱的维修也不做了。

到了这个时候，公司的业务主线就非常明显了——卡车底盘及主体结构维修。因为社会劳动力缺乏，很多公司要求卡车加装吊机和尾板等以提高生产力。公司非常敏锐地观察到了这一市场变化，加上女婿在专业技术方面的连番突破，发展到今天，很多人不愿意做的机械化设备的裁剪、焊机也被纳入公司整套业务流程，设计、安装、售后服务和维护等各个部门也逐一建立起来。

由于客户要求安装吊机，公司代理的第一个欧洲品牌吊机业务得以展开，但合作了三年后就分道扬镳了。这个品牌非常有名，此前在世界上还没有代理商主动结束合作的先例，廖先生是第一个主动与他们结束合作的小型合作商，原因在于这家公司的售后服务帮不到公司。

当然，一个代理没有了，就会有别的代理出现。另外一家全世界排行前五、非常知名的意大利公司来谈合作了。他们以不可一世的态度与中小企业谈判，基本上不会给你任何讨价还价的余地。结果廖先生根本不吃这一套。廖先生告诉他们："你们的产品虽然有名，但产品来到工厂前还是冷冰冰的，是我们赋予它生命。出现问题时，是我们第一个来到现场维修，不是你从比利时、意大利飞过来。你们不可以跟我们在这方面讨价还价，以大欺小。你们是需要我们的。这个世界现在不吃唯我独尊的那一套了。都二十多年了，你们的产品在新加坡还不能有一席之地，就是因为你们的合作方办事不力，没能把你们的产品发展起来。没有一个好的合作方，再牛的产品也没有用。但我们能做到，我们能给你的产品以动力和生命，让你的产品的功效百分之百发挥出来，让你、我和我们的客户共同发展。另外空口无凭，我们可以先合作一年，互相评估，以观后效。"

廖先生这一席诚恳而一剑封喉的话，让对方回去思考了几天。对方也被这些事实所触动，答应合作。经过后续谈判，双方合作产品和条件也都和廖先生此前订立的没有变化。2017 年，该产品销售额在合作的第一年就破百万欧元，这是非常了不起的成绩。

在开展吊机业务时，很多客户还要求加装拉臂钩，就是拉垃圾箱的钩子。加了拉臂钩，客户又要求连带解决垃圾箱的问题。由此，公司也就进入了与环保垃圾机械相关的环保行业。

2017 年恰逢新加坡政府开展废弃物设备投标，廖先生公司的合作伙伴在这方面中标了，因此设备的生产也就落在了公司身上。

客户当时进口了两个土耳其的垃圾桶，质量非常差，一度退回土耳其重新改善，最后又运回了新加坡。在新加坡，公共设施的设备都需要半年以上的监控期。因此又经廖先生公司调试半年，这两个垃圾桶才交付使用。

2017 年，新加坡政府再次公开招标自动拖车垃圾桶。国家的招标是非常严格的，虽然这是一个机会，但因公司在这方面并没有太多经验，于是管理层团队亲自拜访公共招标部门，问了几个问题：新加坡是否必须采购外国的好设备？如果我们本地开发出非常好的产品，政府是否会采购？均得到了正面而积极的答复。

这回有了政府的肯定，公司就又开始了对产品的设计。全公司经过一年不分昼夜、上上下下各个部门的努力和配合，每个零件都要进行多项极端的测试，一点点克服每个困难。最终经过近千遍的调试，2018 年 11 月，产品发布会如期举行。产品坐落在广场中央，不止达标，还非常亮丽，当时连我都情不自禁地拍了好几张照片发在朋友圈。当天政府人员、供应商、客户、业界的相关者都被邀请到了现场，见证产品的发布。产品得到了业界和政府的一致认可，从此有了参与国家相关设备招标的资质。

资质有了，但要拿到大客户和政府的订单，还要解决更为重要的审核："你有什么解决方案，遇到不可抗拒的因素和条件还能交付？""你的组织结构能保证项目正常运营吗？"……一箩筐的问题等待公司去解决。这些问题都不是很好解决的，不仅错综复杂，更需要具备雄厚的经济实力、生产实力、庞大的资源整合能力及市场敏感度，但都被公司一一解决了。

不能原地踏步，必须一直改变，公司的管理层要有远见，不断向更深层的领域和高层供应链进步。按廖先生的话来说就是："各个行业其实并没有什么太大的秘密，大家都看得到，在行业里无人不知。但是为什么有人能做得好？原因就在于要倾注毕生的努力去做，要一直进步，要有危机感。"

"公司内部的和谐与发展，团结是根本。"廖先生说，"无论多好的计划，一旦人员解散了，就什么都没有了，所以说凝聚力是最重要的。凝聚力不是每天大鱼大肉在一起吃饭就能形成的。哪怕大家就是一杯茶，在公司一个小小的桌子上都可以看到天下的事，彼此认同，共同完成，这才叫凝聚力。"

我与廖先生的公司做项目时，大部分项目都是在晚上 7 点到 10 点完成的，因为白天会非常非常忙，每位员工都在优异的企业文化下努力工作，无暇他顾。也许这就是廖先生把中国文化和新加坡文化的优势结合得非常好的结果吧。公司从卡车尾箱到起重拖拉设备，到垃圾环保设备，在原来的基础上不断创新、升级，是非常安全又脚踏实地转型的过程，是更高层次供应链升级的过程。

市场还有很大的发展空间。例如我与廖先生分享，每家五星级酒店每天都有一吨左右的各种食材浪费，这些酒店的废弃食品如果能实现垃圾自动回收、自动处理，变成可循环饲料，那将是很大的市场，这何止能上市一家公司？廖先生和儿子马上注意到这个机会。

在接下来的日子里，公司不断组建团队，与重要的国际合伙人合作。在2018年，公司最大的收获就是与来自意大利、德国、荷兰、中国等地的国际合作伙伴建立了非常优异的信任关系，获得了重要的支持。公司还不断邀请大学生进入公司实习，为他们提供优异的挑战机会，有几位大学生毕业后已经加入公司，公司会一如既往地寻找、培养人才。

这个世界，不是你大了，你小了，而是不断提升自己，把低价、低档次的工作转换成高价值、高档次的工作。人们要不断地学习，小学的老师到中学就不管用了，上高中就一定要找高中的老师，自己的事业和能力是有限的，必须借助于社会的力量。

我也期待着廖先生的公司能够不断改进创新，使产品达到世界顶级水平和水准。看看廖先生这几十年的经历，每一步都是为下一步做准备。弯弯的路上，其实都是直线距离。平时看似的弯路和积累，都是必由之路，都是直路。我们学到了其他人的弯路，我们的直路就更加近了。

第十一节
利用背水一战的机遇

我不太肯定自己的方向，但是我希望自己能走得远一点，命运靠自己转弯！成功只有一个字：干！因为没有任何人会为你的人生买单！天知道，大胆闯。

在人的一生中，机会就像流星一样，时间虽然很短，却往往蕴含着巨大的能量。尤其是在设计人生的过程中，也许别人看起来那么一次小小的机会，都能让我们成为巨富。

怕，就会输一辈子！把握背水一战的机会。想好好活，就得好好干，这一点很重要。要想成就一番事业，最重要的是什么？头脑简单向前冲。

2019 年 3 月，我在新加坡开始辅导从事水果饮料的向先生做战略规划。

向先生有过在非洲创业的经历。他承受过生活的艰苦折磨，所以看到当地的穷人，打心眼里就有要帮助他们的想法。我问他，在非洲工作时最大的挑战是什么？他说，与当地黑人吃住在一起，却不知道第二天能不能活着。再对比一下我们日常生活的国家，是多么安全，我们是多么幸福。

向先生不太擅长说起往事。事隔四年了，我问起他的经历，他才跟我讲述了他不平凡的经历，连他太太都不知道。

去非洲之前，他每个月底薪 3000 元新币，加上加班费可达 5000 元。每个月把 5000 元钱交给太太是最快乐的事，生活过得也比较悠闲，真正是二两小酒的幸福生活。

有一天，有个朋友说股票和期货的机会特别好，他就拿了两万块钱去买，结果赔光了。他不甘心，就用透支信用卡等方式，把很多钱都拿出来，又凑了十几万新币，结果又赔光了。这下麻烦大了，信用卡的钱要还，日常的开销根本不够，唯一的办法就是先把房子卖了，先还清债。可是房子卖了也没那么多钱，5000 元一个月也不能解决目前的债务状况，十几万元对一个打工者来说，是一笔不小的数目。

就在这千钧一发、无路可退之际，一个在非洲做生意的同学邀请他来非洲，每个月只能补贴一万元人民币作为生活费，能否发财，就看能不能把生意做起来。于是他也没有想太多，也别无选择，就在 2013 年一个人去了非洲。

有一天，他与中国好友出差，从尼日利亚工业重镇奥约州（OYO）到旧都拉各斯（Lagos）通常都带两个武警保护，但是这次没有带。走到半路上，遇到十多个拿枪的人，把车拦下了。他们两个人在枪口下，把所有的东西，包括车辆在内，全部给了这些抢劫者。他们身上只穿着一条内裤，让抢劫者们看到绝对不会有其他东西了，然后顺着小路走入森林。这座森林也不是特别安全，有野猪等出没。好不容易捡回一条命，就赶紧来到邻近村落，借电话打给同事，来接他们回去。

他们虽说住在奥约州的首府，但房子的四面墙不是砖头搭建的而是泥墙，一下雨就可以塌的那种；没有健康水源，要到河里去打水，而当地人从洗衣到排污，所有的水都排入河里，所以非洲有疟疾是很正常的。很多小孩子穿着用树叶做的衣服。

在非洲的很多城市，政府只供电 6 小时，剩下的 18 个小时要靠自己用发电机发电，所以在非洲卖发电机是个不错的生意。在乡村只能靠油灯。没有牙刷，人们都用手指刷牙。

尼日利亚、南非这些比较发达的地方都这样，其他的小国就更惨了，很多人生病根本无力看医生。当然，这里面的富人也是非常富有的。

向先生经过努力，从国内找来机器，打了一口井，做了一个太阳能抽水机。他回忆说，当地的小孩和妇女在接水的时候，那种开心的程度是无法想象的。在我们看来非常普通的水，在他们看来就像天上掉下来的钻石一样。

五个月后，他的银行卡上已经多了5万元人民币了，他也没把这个当回事儿。直到有一天，太太打电话告诉他说，信用卡已经欠费1万新币，如不及时还款，后果会非常严重。他说正好有5万元人民币，换成新币正好1万。从此之后，他就一步步开始还钱了。

向先生在非洲工作非常努力，外加运气，每天24小时施工修路，一年就赚了500万元人民币。春节回新加坡过年，供应商知道他要回国过年，特地给他送去2万美元。他回到家里，把2万美元放在床上，给孩子和太太数钱，非常开心，然后，他又请双方父母和弟弟妹妹到香港游玩，舒缓了一下积攒很久的压力。

短短两年间，他经历了欠下巨额债务、被逼无奈去非洲、冒着生命危险还债等一系列变故，事后重新感悟人生，得到了蜕变和升华。但冥冥之中，他感觉所有的这件事，都是在为一件事做准备。

在非洲的创业经历使他终生难忘，那里善良的人既非常善良也非常需要帮助，带着这个初衷，A计划渐渐在他心中发芽。

一次偶然的机会，他发现新加坡没有非常健康的日常饮料，因此就第一个把水果加茶引入了新加坡。他的太太在湖南长大，采过茶叶，从小就喝茶，对茶叶一直情有独钟。现代人的生活水平越来越高，尤其是女生对饮品的要求也越来越高，所以他想把水果茶生意做到星巴克的水准。

向先生夫妇到深圳去做路演，最后10多家公司中有3家拿到投资，其中就有他们夫妇。到今天，他们已经开了6家店，每一家都是众筹融资开的，品牌已经初具效应，新加坡机场及大商场都邀请他们的店面入驻。他们都是具有国际化格局的80后，先生在非洲创业，又移民新加坡，又看到全球市场。他们告诉我，他们要开10000家店。我想，这种激情才是最宝贵的吧。

于是太太辞掉了优渥的教师工作，两个人开始筹划水果茶的生意。在还完贷款并投资住房和一些商铺后，资金所剩无几，两个人就这样开始筹钱和开店。

现在的问题是，如何开第一家店？他们与Asia Mall管理层在其办公室喝水果茶，得到了对方的赞扬，最后在白沙（White sand）商场二楼给了他们一个很好的地方，已经开始谈租金了。

这时候，另外一个中介又给他们介绍了新达城的管理层，于是夫妇俩又大包小包、全副武装去见了新达城管理层。在咖啡厅拿出自己产品展示的时候，对方发现他们带了这么多产品，把所有口味的水果茶都带来了，于是就要他们一起到新达城的管理层办公室，让每个同事试喝。

试喝的结果是皆大欢喜，每个人都说特别好喝，于是大家对产品的信心就有了。按理说也就是被安排在商场中间一个小的推车档口，没想到管理层说，我们还有一个好的位置。两个人去看位置，发现这个位置非常好，非常气派，于是就签约了。新达城是新加坡的地标，入驻这里，意义非凡。

地方有了，但没有钱开店。那么，如何筹到资金开店呢？他们与商场深入沟通后发现，开一家店需要新币20万（大约人民币100万）。要一个人拿出这么多钱，投入一个还不明朗的商业模式，是有难度的。于是他们就想到找10个人，每个人筹集2万新币。

接下来，几十个路演就开始了。无论是在家里还是在别人的演说场所，还是在商场的办公室，还是在客户的家里，只要有机会，他们就全副武装，拖着一个皮箱，现场做现场喝。当看到客户喝第一口露出的笑容时，他们知道自己的事情做对了。尤其在工作完以后有点疲惫、精神不好的时候，当看到客户喝一口水果茶，茶香与水果的甜美完美结合形成的清香仿佛在瞬间把能量充满全身、触动着每一个神经时，他们更坚信自己走对了路。

40 多次的路演，请无数的人来试喝，来体验，整个过程是非常艰辛的。一开始要做事情，不是每个人都相信你。最难的事是大家都说好喝，都答应你投资，可是到最后又不投了。

当然，他们最后还是融资成功。投资者中既有相信他们的朋友和同学，也有陌生人。

先生在网站上发布了征求创业合伙人的广告，有些人看了就打电话过来，拜访后当场就签约了。当你努力到极致，上天就会给你开一扇门，这都是功夫不负有心人。

还有一位老先生，曾是清华大学的教授，现在法国教化学科目。他在新加坡 Nex 商场楼下喝到芒果茶时，说果肉的纤维丝比较多，要改进一下。夫妇俩当场重新改善产品。老教授还没有离开，他们就做出了一杯新品。这一杯芒果茶确实也达到了这位教授的口感要求。老教授夫妇非常感动，看到他们工作这样认真，非常放心，对他们信心倍增，于是投资了两份。

还有一位女士，听了他们的路演以后很受感动，要从国内乡村的父亲那里借 10 万元人民币来投资。她说，在她的家乡，10 万也是一笔不小的数目。这位女士还问："当年有没有可能分一些利息？" 夫妇俩就劝她暂时先不要投资，因为投资是有风险的，虽然看起来是不错的生意，但也不能让老人家担心，还是等商业模式成熟以后再加入进来吧，于是就没有要这个投资人的钱。其实这个人如果出资 2 万新币的话，就是最后的 2 万了。如果她投资了，就可以马上开店了。夫妇俩这种善心善举，打动了很多人。

他们还拖着大皮箱去马来西亚做路演。一位投资者见了十几个项目以后，当场就决定投资他们，而且只投他们，只有之一，没有之二。这都是对他们夫妇的极大肯定。

就这样，第一家店在众人的帮助和不知黑天白夜的努力工作中开起来了。

开业不到半年，开公司该遇到的事情也都没少发生，比如被别人误解，网络的抹黑，员工的集体离职，业务的精进，财务的突破，等等。在品牌方面，他们有着独特的从功能延展到文化的背景，把非洲的创业故事和心愿融合在一起。非洲有一大部分人吃不饱，他很想帮助那些非洲难民，但是个人力量有限，所以创办公司，借助这个平台呼吁大众一起来完成这个使命。

回忆起这两年来的经历，向先生只是说："相对于在非洲每天都要遇到生死考验以及每天都要喝脏水而言，在新加坡有这么安全的环境，有这么好的食品和水，出点力就有成绩，那是幸福的事儿。人都是被逼出来的，在顺境中想突破确实是不容易的事；人只有遇到逆境，肾上腺才能加速分泌，才能头脑简单向前冲。顾虑太多，往往耽误事情。"

这么些年，我见过的所有的做得不错的精英，都有着精彩的心中故事。九败一胜，九死一生，人都是逼出来的。人的寿命有限，企业寿命却可以 10 年、100 年地延续下去。

到 2019 年，向先生的公司已有两年的历史了，再往下的融资和发展，对方看的就不是创业理念，而是看过去两年公司业绩的表现、股东之间的关系、市场的名誉、同行的竞争等。要登上一个台阶，人人都不容易。

第十二节 奉献社会的工程

余校长和吴校长在新加坡读私立的国际大学，毕业后就留在新加坡创业。因为懂得留学生的需求，他们就选择留学为创业点。

余校长能够帮助来自世界各地的6—18岁的孩子，在全世界1000多所各类学校申请留学。他创立的意腾国际（Eistudy）教育机构已经拥有了十多年国际教育实践经验。但意腾不是留学公司，而是留学服务公司。二者有什么区别呢？大部分留学机构都是帮助学生找到一个学校就算完美，学生出境了就算完成任务了；留学服务公司则是在学生留学的时候，服务才刚刚开始，开展留学培训、补习和更多的留学生辅助。目前意腾正在加紧对这方面投资。比如学生公寓（Livehouse）可以帮助家长更好地照顾学生，现在学生的年龄甚至可以从零岁开始，因为越小的学生，比如说在新加坡就可以学到双语。这是非常有优势的。

意腾在经营理念方面致力于做质量和口碑，把学生实实在在培养成人才，让人才到社会有成就。

意腾坚持认为，留学是一个塑人的过程。家长把孩子送到国外教育，目的是望子成龙，虽然不一定希望他飞黄腾达，至少在社会上不被淘汰，对社会有贡献，而且是智慧型的贡献。所以无论是去英国、美国、新加坡的哪个学校，还是学校的名次、哪个学科更适合、学生本身的想法等，这些家长容易忽略的事情，都由意腾来做工作。

塑人的过程是怎样的呢？简单说就是，老师和学生天天在一起，在教学过程中观察这个人，A 学校不行就放在 B 的学校。

一个 6 岁的小孩子，哄着就能学习；可是 12 岁的孩子如果不愿意学，你再怎么哄也没用。一个十多岁的小孩子往老师身上扔椅子，这通常会被定位成是一个坏孩子。但如果以塑人的理念去教育孩子，处理的方式就不一样了。通过了解和观察，带孩子到心理医生那里去，发现孩子不能因融入而被鼓励，甚至老师也认为这个孩子是另类。融入一个群体需要过程，心理容易扭曲，比如语言的沟通就是一个很大的问题，不能融入的孩子就会渐渐变得内向、沉默，久而久之就会爆发，表现出强烈的逆反行为。但当真正有人去关心他这个方面时，你要求他做什么，他都愿意做，这就是一个塑人的过程。

按照这样的教育孩子的理念，学生跟不上意腾的课程，就量身定制帮他补习，很多在三类学校的孩子会晋级到二类学校，二类学校的会晋级到一类学校。

现在大部分家长多关注应试教育，意腾采用“应试教育 + 主题实践 + 团队”的方式。举个简单的例子来说，很多中国的家长在学生放学后都会问学生，今天在学校好不好？有没有饿着？外国的家长都会问学生，在学校今天解决了什么问题？这对孩子未来在社会上解决问题的能力是非常好的启蒙。“问题 + 解决方案”这种意识要从小就开始培养。

再比如东方的教育偏重理论和考试，实践能力、社会融入能力相对差一些；而西方的教育偏向动手动脑，但基础不扎实。二者的结合，就是目前新加坡教育追求的方向。当然意腾也处在这个轨道上。

从 2019 年开始，新加坡教育部也采取了一些非常具有革命性的改革措施。之前 A 直通车就是每一个成绩 A 的学生直接进入 A 的班级，但如果学生有 2 门课是 A，一门课是 C，就进不了 A 这个这个班级；现在的改革则是哪门课成绩是 A，那么这门课上课的时候，这群A同学就在一起上课，考C的同学就会跟C的同学在一起上相关的课。这是一个术业有专攻的方式，当然就会给学校的运作带来一定的难度，但至少不会让C拖后腿的学生没有机会发挥特长。可是学生的社交也会更加广阔，还能更好地发挥特长。

余校长还跟我说：现在留学趋势是低龄化，尤其是对中国和越南的孩子而言。因此，新加坡就成为一个留学的重要国家，原因是新加坡采用双语，离中国近，家长和孩子容易适应生活，国家不无聊。

吴校长是意腾You Class创始人。You Class为已经入学的国际学生服务，提供多元、全面和定制化的培训，是一个更高层的塑人过程。目前You Class国际学校预科课程（ISPC）在新加坡是独一无二的。

吴校长创办You Class的最主要原因是，很多国际学生进入新加坡本地政府教育体系的学校以后，由于语言能力弱、专业课程学习能力弱等原因而不能适应太深的课程。You Class就是补充这块需求，在考试前、入学前、入学后、课前、课后进行培训，以帮助这些学生尽快融入本地学校。

You Class对教师有着严格的要求，必须是有着五年以上的国际和政府教学经验，并通过严格的试课以及学生对老师的喜爱打分决定录取。老师都是全职人员，这和其他兼职老师有很大的区别。虽然成本高，但品质和教学质量明显提升。

在学生方面，也不是什么学生都收。从前期的入学到筛选，到老师根据学生的状况进行不断调整，到学生家长的反馈，到学生的学业的规划，以及未来的规划，都有严格的标准。有些学生进来，虽然被评定为中2程度，也会被降到中1的程度，再由老师逐步提升。

You Class未来会针对国际学生设定更多的校区，以新加坡为核心，把学生不断输送到各地。

吴校长说，教育是一个良心行业，不能以追求赚钱为核心。校长的经营理念，老师、学生、教材的质量，这才是核心。

第十三节

有经历才能真正自由

很多创业者和白领都在追求自由，尤其是财富自由，可是到最后为什么大部分人都没有自由？因为自由是需要付出代价的，是需要努力的，有经历才能真正自由。我想讲述一个比较长的例子，因为这一块涉及大家的核心的关注点。如果我们拥有了沈小姐这样的经历，自由很快会随之而来。

沈小姐读中学时，家里经济状况非常不好。她的艺术课每次都是最高分 A，所以试图用这个说服家人支持她学艺术，可还是被拒绝了。家里的钱只给弟弟读大学。为了进入高等院校接受更好的教育，她不得不全力发挥自己的特长。

她在中学四年级时，以优异的成绩拿到了政府的艺术奖学金 8000 元新币。这笔奖学金只够她上学的学费，还有生活费和零用钱没有着落。她就利用课余时间做兼职销售员、促销员、模特，新加坡 GAP 开幕的时候还去扮演阿拉伯妹，有时一天能赚 200 块新币，就这样勉强维持自己的生活。

沈小姐大专毕业时刚刚 20 岁。她不仅喜欢流行时尚，还可以制作蜡染精品，这种用蜡和色料多层制作的民间艺术非常有难度。她发了很多简历，但因没有什么社会经验，甚至连面试都不知如何应答，所以接连三个月都没找到工作。最后朋友告诉她，在简介上加一张照片。功夫不负有心人，有一家设计公司提出了面试要求，第一轮面试让她画 3D 图，第二轮面试结束以后就同意聘用她，月薪

1800元新币。

她的工作主要是帮助国际性化妆品大品牌进行免税店及商场柜台设计。这是一份非常有挑战性的工作，但她一入行就发现了自己的优势。在所有的设计师中，她是最年轻最没有经验的，但在短短的一年半内，她一个人做了八个国际性大品牌的柜台设计。对于一个新手来讲，这是不可思议的事情，而且八个品牌的柜台设计都完成得非常好。

要设计一家世界级品牌的店面，不止要对品牌的设计手册了如指掌，还要与当地文化结合。客户每次都会拿来一箱子的各种化妆品，要按照实际产品原尺寸、原比例和颜色，逐一设计出逼真的3D图，而且时间都特别紧，这是一份要命的工作。"一个产品展示架就能有120张图纸，工作量极大。大部分的设计三天后就要交图。"她告诉我说，后来每当逛商场时她都避免来到化妆品柜台楼层，因为她已经对那些产品产生了恐惧感。

这段时间，她还学习到了不同品牌的要求。她说，伊丽莎白·雅顿（Elizabeth Arden）主要针对40—50岁的人群；芭比·波朗（Bobbi Brown）追求素色，必须用真的树皮作为装饰表色；魅可（M.A.C.）追求夸张的舞台单色效果，863mm规格的柜子，做成862mm就是不行；科蒂（COTY）每次都与名人合作推出香水，不断推出新品；SK-II有质感，有温度。海蓝之谜（LA MER）的弧形鱼缸设计难度非常大，追求浓妆和高贵，设计完成后一经批准就在旧金山、新加坡、雅加达、吉隆坡、首尔同时装修。沈小姐还做了雅诗兰黛（Estee Lauder）展柜的美肤臻品、缤纷彩妆、迷人香氛的全球标准。沈小姐有时也会进行整个店面的完整设计，比如橘滋（Juicy Couture）在新加坡义安城的第一家店就是由她完全设计的。每一个细节的弧形都做到了追求极致，难度很大。

一个二十多岁的人，如何能完成这样的工作？基本上没有太多的培训，手头有的就是一把尺子以及品牌的设计标准，草图出来以后客户的反馈，仅此而已。其他的，就是靠自己的悟性和努力了。

沈小姐所在的设计公司，企业文化特别优异，每周老板和设计总监都会尽量抽出时间与团队吃午餐，或打包一些食品回来让大家聚在一起吃。团队的合作精神在这一次午餐中打造得非常好。很多公司都不注意这个小细节。沈小姐跟我说，对于家境不好或手头拮据的新人来说，能聚在一起吃老板的一次午餐，或者是每周两次工作加班到八点后享受公司打出租车回去的待遇，是非常享受的。三个同事，凑在一起就是六天，可以天天打车回家，至于工作累点，也不算什么了。

虽然她工作表现非常优秀，业绩也非常好，但一年半下来只存了5000元新币。最后还是由于家庭的原因，不得不离开这家公司。当她提出离职后，香奈儿等大品牌争相邀请她加盟，都被她一一拒绝了。她去了澳大利亚和新西兰，用这5000元新币独自反省了半年。

当她再次回到新加坡的时候，整个人焕然一新。她以全新的思想来看待工作和生活。一位老板知道她回新加坡了，立即邀请她到自己的公司来工作。这家公司是本地一家小型公司，她并没有答应。第二天她正在练瑜伽时，这个老板非常紧急地打电话，让她晚上8点到办公室来。当她到办公室时，发现一个客户正坐在对面。这时这位老板直接向客户介绍，这就是我们的主设计师。当然，一个本子和笔已经准备好了。会议结束以后，老板问她什么时候把图交出来。就这样，她稀里糊涂地重新开工了。

这份工作没有了底薪，只有佣金，进入了绝对能力的生存阶段。她凭借着努力，虽然在房屋装修方面没有经验，却在第一个月就拿到了一个4万元的公寓装修项目。客户直接开出一张3000元新币的支票，作为定金给沈小姐。当时她的手颤抖着接过支票，赶紧打电话问老板："客户要给支票怎么办？"老板说："给你，你就拿了。”就这样，人生的第一个订单开始了。

沈小姐去了趟澳大利亚，把仅有的5000元存款花完了，回来后工作了四个月就赚了4000元，接下来每个月都有不错的订单进来，客户都说喜欢她的设计。现在她回想起来，应该是她早已习惯了大品牌的概念设计，一旦转为应用于个人住宅设计，呈现出的风格是非常高贵而有气质的。另外，同行设计师画图需要两个星期，而她早就习惯了高强度高速度的设计，只需要两个小时，这已经是行业中不可思议的速度了。

她还观察到，她身边大部分设计师都工作了十几年，还在画一张图，而且工作没什么太大的起色，薪水最多3800元新币，进入了工作的舒适区。她自己不想这样。这和她在澳大利亚反省时订立的目标是不一致的。于是她向老板提出要求，她不仅要画图，还要做销售，做自己客户的现场施工项目经理。就这样，三合一的工作开始了，她变成了行业中真正的设计师。

她在工地里，用油漆桶当小桌子，与工人一起吃饭；要求电工拉出一条电线给她，通上电脑，现场画图，同时做监工；中午，把自己关在半成品的衣橱里睡个午觉。看到她这种工作精神，客户、分包商和老板都非常开心，非常满意。她告诉我说：“现在的设计师没有经历过艰苦的生活，有一种娇气，就很难在这个行业中发挥得很好。”

到了这个时候，沈小姐的薪水可以达到七八千元新币了。她从早上10点工作到凌晨2点是很正常的，大部分时候都是凌晨4点才回家。因为是单身，离家又比较远，有时根本就不用回家，直接在办公室趴着睡一觉，天就亮了。不仅她这样加班，每个同事也都是这样做的，尤其是老板也是最后一个走、最先来上班的。这已经是一种企业文化了。

在这个时期，沈小姐就没有办法像同学那样去看电影、去参加同学聚会了。有一次她连去环球影城的票都买了，还是被老板拉回来加班。每一天，都在高强度的工作中度过。

总是有一些意想不到的事情发生。半年后，有一天她上班时，得知两个设计师辞职了。在同一周，另外一个设计师和一个项目经理也辞职了。大家也不跟她讲原因。最后，她得到消息，说是因为公司没办法发薪水了，很多人的薪水和佣金都欠了好多个月。对沈小姐来说，这绝对是一个噩耗。

为什么这样一个努力加班的公司却发不出薪水？她在人生中头一次用心思索，这家公司出现了什么问题。她第一次认真分析了公司的财务结构，这才发现，刨除租金、广告、老板和员工的薪水后，公司赚的利润并不是很多。而且有几场比较大的工程，收取的工程费用比较低，因为管理不好还惹上了官司，老板为了打这三场官司又输掉了一笔钱。

老板与沈小姐谈条件，说把她的佣金从 40% 降到 15%。可是到最后，15% 也没有拿到，欠她的 2 万元新币就这样没有了。虽然很努力，每个月能够赚到七八千元，可是这个钱根本没有发到手里，用她自己的话说：“眼泪是往后流，而且流到喉咙里去了。”

手里的现金只剩 1000 元了，沈小姐一个人六神无主地走在街上。接下来，她吃了两个月的方便面，也不知道这点钱还能坚持多久。她在这场噩梦中学到了，现金流对于一个的公司经营是多么重要。后来自己创业以后，她并不痛恨那个老板，反而非常理解他。

她在这家公司非常努力工作期间，结识了一个非常要好的朋友。他因为空闲时间比较多，经常找她聊天，就顺便帮她在工地等供应商接货。这位朋友有一位烟友杨先生，经常聚在一起抽烟，但沈小姐跟这位杨先生并没有什么交往。沈小姐的这份工作出了问题后，她的朋友在抽烟时与杨先生提起了这件事情。杨先生非常正直，自己的工作也不如意，一直想找个桩生意做，就提出了合伙开一家装修公司的想法。

当他们两人问起沈小姐对开装修公司的看法时，沈小姐此时满脑子所想的居然是，她的方便面还能吃多久。杨先生缺少资金，她的朋友也没有资金。她也没有资金，而且根本就不想当老板，于是就拒绝了两人的提议。但是另外两位非常坚持，要合作开一家公司，而且注册家公司的费用也不高，于是杨先生出了注册公司的 300 元新币。沈小姐也没多想，反正注册也没用，自己也不想当老板，你们想注册就注册吧。结果三个人在停车场里待了六个小时，沈小姐画出了一个公司的 logo 并起了公司的名字，这件事儿就不了了之了。

因为沈小姐在原来公司工作的时候，非常勤奋努力，客户都很欣赏。有一天，一个客户打电话来，要介绍一个生意给她。沈小姐说："我已经不在这个公司做了，你就打给我原来的老板吧。"对方说："我不要跟他们的公司合作，我只要你来做。"

这个时候沈小姐又开始了忙着应聘的历程。她去了一家装修公司，同样应聘为设计师，而且直接就带着 5 万新币的工程开始工作了。工程没有让客户失望，圆满结束，拿到了近 1 万新币的佣金，不用再担心没方便面吃了。

沈小姐的业务能力太强了，不到五个月就帮助公司接了 50 万新币的项目。在她来之前，这家小公司一年的营业额还不到 100 万。因为成绩特别好，公司在打广告时，她就登上了知名杂志的封面，这也让她个人小有名气。

可是等待她的不是一个什么好的结果，她的另外一个噩梦又开始了。这家公司的几个设计师，水平最高的一年才能接 30 万的项目。大家嫉妒她，想尽一切办法，要把这个销售冠军给挤走。比如，每个人迟到都不罚款，就她迟到了罚款；偷偷丢掉她的客户的东西；甚至很多人打小报告说："沈小姐每天都不进公司，不知道在外面有没有吃蛇。"与她同租房的一个同事，可以把她从凌晨一点教训到五点，莫名其妙。公司还为了针对她，出台了很多很奇怪的政策。比如说，早晨必须九点来打卡，老板娘还亲自让沈小姐报告她在外面每个小时的工作，这对一个手头50万新币工程的人来说简直是一种侮辱，都快忙晕了，还要每个小时报告。以至于她不得不回公司的时候，尽量不在办公室受气，而是去对面的星巴克办公。老板虽是个明白人，在这事上却是袖手旁观，放任不管。有一次老板找到沈小姐说："不然，我们合开一家公司？"沈小姐直接告诉他："你连一个优秀的人都不能保护，对公司不断搞办公室政治的人视而不见，我没办法与你合作。"

本来，这话只能说是一个80%程度上的气话。沈小姐帮老板拿到一个100万新币工程的项目，老板说要给她一个红包，最后也因此不了了之。她也由此看到，老板是不守信用的。她把手头的工作完美结束后，离开了这家公司。

这时候的沈小姐已不是当年那个不谙世事、只顾埋头傻傻工作的小女孩了。她对生意的认识已经非常深厚，对人性的认识也有了相当的经验。她离职后，突然想到自己和杨先生他们还合伙开了家公司，就把另外两人召集起来，正式运作公司，自己的薪水从8000元又到了2000元新币。她给自己定了一个三年目标，三年后必须达到每月收入8000元新币。

这三个合伙人就开始奋斗了。不到两个月，就接手了20万新币以上的工程。但问题又来了。一个合伙人当时还是大学生，没有多少社会经验，也没有任何装修经验，有一次客户对装修不满意，让他把窗帘的轨道拆掉重新刷漆，他就是不干，而且跟客户吵了起来。于是，沈小姐跟杨先生就买了蛋糕去跟客户赔不是，大半夜的亲自把轨道拆下来，上了油漆后又装上。这位大学生觉得，做生意不应该这样低声下气，觉得自己不适合做这个行业，第二天就非常果断地要求退出了。沈小姐与杨先生商议后，最终还是答应了他的要求。这下可好，她跟杨先生之间根本都不熟悉，却要成为合伙人，这下子从何谈起？

沈小姐把自己过去的经历和经验全部用上，一心扑在了在了自己公司的管理和运营上。比如，企业文化的打造，保护优秀的员工，坚决杜绝办公室政治，公司发展要有非常好的现金流，等等，都纳入了公司管理的血液。经过两年的发展，到了2016年，沈小姐已经存到了能够买公寓首期的钱，搬进了新家。这在30岁的年轻人中，属于非常少见的了。

在创业过程中，因为头一次当老板，还是麻烦很多。比如一个员工私开支票，模仿老板签名，从公司提走了5万新币后逃之夭夭，害得公司差点关门；员工大量入职和离职；很多员工素质根本不适合公司工作，给后续运作造成了很大的麻烦；千奇百怪的企业经营问题，不断浮现出水面。

2017年初，沈小姐找到了我。因为这是一个7年的合作项目，我非常慎重。当我了解到公司创始人的背景后，我毫不犹豫地把她的公司纳入培训、咨询及后续的百万学位支持项目。因为她有着丰富的阅历，有过去两年中的管理知识和行动经验，很多内容都非常容易就明白了，并能快速执行。尤其是企业文化的建立和超值服务流程体系的开发方面，她和我的思想完全处在同一个频道上。

我还记得，2018年初项目刚刚开始的时候，我发现两个创始人之间基本上无法进行有效的沟通。通常都是一个人做了事后才通知另外一个人，而不是事前商议，都是先斩后奏；当对方提出异议时，不耐烦地回答一声“我会处理掉”；彼此之间谈都不想谈，想谈也不知从哪里谈起，很无奈；一切都无所谓；股东之间一顿饭都没有吃过，没有沟通，连友谊都没有；彼此之间也出现了大部分公司都有的股东疲劳和僵局状态。

当我了解到公司股东之间的状态时，我就强行规定，星期一晚上必须有一个三小时的股东会议。谈什么都可以，就是在一起三小时。于是双方在不得不面对对方的时候，从过去一点一滴、每一个想法、每一个误解开始解释，又讲到现在和未来的规划。每次开会，都从晚上9点开到凌晨3点。本来无话可谈的，两个股东突然之间有了莫大的合作默契，有了谈不完的主题。

可想而知，公司之后的工作开展得非常顺利，从商业模式规划到员工的选择、员工的培养、日常的培训，从流程的开发、系统的完善到品牌的改善，从营销模式的创新、外部人脉网络的建立到营销网络的建立，每一项在每一周都有进步，我们的沟通群几乎每两天都有新信息发布。同时，两个股东之间的家庭聚会也变得异常紧密，互相都变成了非常好的朋友。目前我正在帮他们做合伙人协议，把可能发生问题的情况及解决方案都写进去，作为未来发展的决策标准。

沈小姐后来也非常有感触地说："中小企业如果没有非常好的老师做指导，碰到僵局后，走不下去的可能性非常大。"这也是我多年来看到中小企业平均寿命只有三年的原因。但无论找到多好的老师，自己拥有谦卑的心态、工作的激情和丰富的经历也是非常重要的。

沈小姐还说："有了一个非常难忘的经历后，创业真的可以改变一个人。"之前的她，我行我素，贪玩任性，当了老板后这些性格全部都 180 度地改掉了。现在再看到一些员工的缺点，初创的企业家们都会大惊小怪，沈小姐已能用同理心来理解他们。当时她也是这样的。很多人的时间还没有到，还没有遇到能发挥的机会。她绝对不允许任何人在公司搞政治，欺负人，这是一个成熟企业家的思想。用她自己的说法就是："70 年代的人要求 100 分完美；80 年代的人要求自己及格就好。要理解他们。"

2018 年经过大家的共同努力，公司的业绩翻了一番，目前基本上不用担心财务问题，管理也没有什么大碍。接下来就是稳步而创新地成长，实现财富自由、管理自由、时间自由了。

在这一节里，我再插一个小小的故事。我的一个好友陈先生，他的生意已经做到了相当的规模。现在他经常是早晨在家里打扫卫生，晚上去打打乒乓球。有一次他儿子回家后问他："老爸，今天你又没上班？"陈先生对儿子说："谁说在家就不是上班？我能把你养大，供你上学，就已经非常不错了。我还能达到今天的状态，将来你能够做到这点，你就成功了。”

有经历才能真正自由。其实上班的场所未必是在公司，也未必是在客户那里，有的时候是在自己内心深处。

每个人都追求自由，但是要有经历才能真正自由。

第四章

都想变，但从哪开始，如何成于细节

第一节
法律与文化，合法性

在海外投资，法律和人事方面的问题永远是非常大的问题。

在其他国家开公司，通常都会对当地的法律和文化存在认知盲点。比如说在印度尼西亚，如果一个员工有问题，你必须在两年内让他离开，一旦超过两年，变成公司的永久员工时，再让他走，那将是非常大的麻烦，赔款额度非常高。可是大部分人都觉得公司此时正在用人之际，不妨先用着吧，结果你的好心就变成别人的目标。当地一些人会利用你是外地人并不懂当地行情的心态，一步步把事态拖到不可解救的地步。

我的客户李先生在印尼巴淡岛开公司。巴淡岛距离新加坡较近，渡轮40分钟就可到达，但即使离得这么近，很多事情你也不会完全了解。

李先生对印尼本地很多法律还不了解，觉得一个叫嚣着要煽动罢工的员工，无非就是一个人，翻不起什么大浪花，更搅不浑这里的海水。当员工出现罢工时，本以为自己没有什么太大的错误，打官司能赢，就坚持不向工会妥协。可过了几天后却发现事情没有想象得那样简单，单单开庭就需要等40天。如何保证员工40天不做工，公司还能够正常运营？这是不可能的事。因此一个非常重要的解决方式，就是即便是你赢，你也要让。很多事情的解决方案远远超过法律范畴，需要文化、法律与智慧并用。

不要小看了这个问题。李先生在印尼巴淡岛的工厂曾经有一个老员工，因为工作的责任心问题和其他的一些气量问题，并没有及时处理一批到期员工的合同问题。当有一天这件事情已到了不可收拾的地步时，老板亲自找他讲话。毕竟巴淡岛也不是很大的一个地方，一个人的声誉还是重要的，加上这位老员工也在公司成立初期立下很多功劳，因此李先生告诉他："这件事情因你而起。如果你出去找工作，估计是没有什么机会了。如果你在这儿做，我还可以留你下来，同时我还是提前赔你钱。既然已经赔你钱了，就相当于你已经是被解雇了，你可以随时不做，我也可以随时让你走，但做就要有做的条件。"

在谈到赔钱的时候，对方说赔了钱以后他就不做了，因为在印尼当地这个是不错的数字，他要去做生意。而李先生告诉他，赔他的这笔钱，不能让他去买一处房子，也不能让他做一个稍微有规模的生意。我可以给你这份工作，但你必须好好做，按我的条件来做。

长期居住在 A 山头的老虎，由于山头起火的原因，不得不逃到遥远而陌生的 B 山头，这时它还是老虎吗？会不会变成猴子呢？因此对方还是选择了在公司工作。这件事处理得非常大气，对方非常感激李先生，说这是他见到的最真诚、最有胸怀的老板。这位企业高管现在也仍在非常努力认真地工作着。

想法是好的，难题是现实的。第一个大难题摆在那里：当地人的天下，他们有着自己的系统，岂容你外人随便插队落户，指手画脚？企业家对印度尼西亚很多法律还不了解，即便已开了十几年的公司，很多事情也不完全了解，这就是一个国家的文化。

各国家的法律也在提示我们，本地化需要特殊人才、专业人才，不是单单用钱就能解决问题的。我的一个客户是一家意大利公司驻中国总经理，公司在上海赚钱后，意大利老板直接要求他第二天就汇钱到意大利。此前他已经跟意大利老板讲过，这样做在中国是行不通的，可意大利老板就是不听，坚持要做。他没有办法，出于对老板的尊重，第二天照做了。可想而知，警察马上来到了公司，这种事在中国是非常严重的，于是他把意大利老板的儿子也叫到了中国，现场了解状况。在被罚款以后，意大利方面也渐渐了解到了不同国家法律的框架以及应遵循法律的标准。

每每当我讲到这里，听讲座的人中常常有人突然提出问题：这个老板是不是在玩火？我往往就会告诉他，你不要激动得太快了好不好？看看人家这位总经理，是怎么让老板慢慢明白什么叫尊重当地文化的。

老板的儿子到来后，因为公司业绩不错，就在公司举办了一次露天晚会。在中国上海，要办这样的露天活动，需要事先通知当地警方。但老板的儿子觉得没问题，就指挥说不用去通知警察。可想而知，因为涉及安全问题，警察来了，也惹来不少的麻烦。我的这个客户在不出大问题的前提下，让老板的儿子尽量去经历一些当地法规的实际问题，通过他的嘴巴告诉管理层，不要随便指挥。因此，国际化的运营在很大程度上在于对对方文化的尊重，无论多么有经验，都要学习。这家公司已在全世界多个国家设有分公司，在中国的经历还是让他们头一次感觉到不一样。

对当地的法律和文化有不同认知，有时会导致非常大的麻烦。

黄老板是我的老客户，是一个非常不错的合伙人。他的一个国外朋友要成立一家营销公司，承接美国精密制造零件的生意。因为黄老板的公司有几十年历史，也有很多项目做背书，以黄老板公司的名字和地址成立子公司是非常有优势的策略。他不方便把名字列入公司股东名单，就放入了黄老板的名字，并私下签署协议，议定黄老板不参与经营，朋友随时可以取回公司的掌控权，而黄老板没有任何利润分成，就算是帮忙了。

有一天，黄老板作为股东，注意到公司账目上列有收取客户的消费税。当时公司的营业额还没有超过 100 万新币，不需要收取客户的消费税。在新加坡，如果收了消费税，就必须把这个税退回给政府，但公司并没有办理退税手续。黄老板完全不清楚此事，就找到他的助理，了解到原来是关联公司的业务产生了这笔税费。黄老板马上就这件事与税务局进行沟通。税务局的官员说，你们只要快点补齐就可以了，不然超过六个月的话就会有罚款，甚至需要承担很严重的责任。

黄老板又找到他的国外朋友、公司的实际控股人，告诉他这件事的重要性。可是他的朋友并不以为然。对黄老板来说，这样的心态实在是一个非常危险的信号。如果不及时采取措施，在新加坡将会引来非常大的法律麻烦。虽然这件事最终得以解决，但还不知道后面是否有其他法律方面的隐患。于是黄老板果断宣布退股，当机立断地与这位朋友断绝了生意来往。果然几年以后，这家公司已经经营不下去了。

第二节

追求真相，对错误的理解

我有一个朋友是新加坡富豪级别的人物，见多识广，人生阅历很丰富。他说：赚钱不择手段的话，钱来得快，去得也快。

这件事情绝对值得深思，尤其是还没有经历过赚钱的人，不一定会理解到其中的意义。我们不要只关注别人赚了多少钱，他真实的赚钱方法我们不一定看得到，他后续的结果我们也未必看得到。有些人为了钱不惜践踏法律，以为自己是王，但要知恶人自有恶人磨，黄金荣最终还是被有军队拿枪的卢小嘉暴打，此后运势一蹶不振。

一个人最高的本领，就是追求真相。我问过很多高僧大德，最高的智慧是什么，我得到的最好的答案是：知道真相。

知道真相，也就是适应客观世界的能力。滔滔大水流过，不要快，也不要慢，与它保持同样的速度；追随自然的效率，当你一个人在无比寂静的山村居住时，你会发现自己耳朵的听觉如此之好，叹未曾有。

当你知道真相，就没有机会做出错误决定了。比如：这桩生意该不该做？这个人能不能合伙？这个公司是否应该并购？是否应与这个人交朋友？……为什么我们有这么多的疑虑和疑惑，是因为我们不知道真相。真实也是一种力量。

有人问毕加索：“你的画怎么看不懂啊？”毕加索就问他：“听过鸟叫

吗？”“听过。”“好听吗？”“好听。”“你听得懂吗？”

我的一个印尼客户李先生，某天上午无意间听到两个员工讨论在家休班、休长假的事情，就在想：为什么他们有这么多的假期可以拿？

不要小看了公司高层的智慧。除非你不让我知道，一旦知道了，就要查个水落石出。最后李先生发现，公司员工分三班轮换工作：早上7点到下午3点；下午3点到半夜11点；半夜11点到早上7点。但是很多人下班后还在加班，有加班一小时的，有加班两小时的，还有加班三小时的。公司管理层经过调查，发现各个班组长也说不清楚，这些员工在加班做什么，只是有加班的批准条，却不见工作进展。

一个人的脑子转不过来，就多找几个人来猜谜。公司最后发现，原来这些人根本就没有加班，而是有其他人帮他们打了卡；不只是下班打卡，就连上班都有人打卡，甚至有人打了卡却没有来。这下问题就严重了。于是公司管理层与各个层级的人开始了解问题的根本原因和解决方案。公司决定不采用打卡制度了，而是用指纹管理。指纹管理在10年前还是非常不成熟的，在巴淡岛，超过50个人以上的指纹管理的案例，一个都没有成功。这个信息是指纹管理机器公司提供的，确实也是事实。可不可能也变成了管理层的借口，这个系统行不通，无法突破，不能做。

这明显是一个“系统 + 纪律”的问题，绝对不简单是系统的问题。为什么是纪律问题呢？不要小看了员工的智慧啊！首先大批员工加班1个小时的意义在哪里，没有人说得清楚，因此即便采取本人指纹亲自报到的形式，他们依然可以在车间里多待两个小时，然后按加班计算。

员工每天加班一个小时，很快就能凑足一天，换休变成休假日。就此质问经理，他们也不愿意真正回答每一个员工到底干了什么。问题是，公司为什么需要一个小时的加班？怎么界定这一个小时的加班是无效的？比如公司没电了，电工在修理电路，这种加班就有效。而下班还在整理一些文件，做一些生产线上可有可无的工作，这就会变成一个很大的问题，尤其是对于上千员工这样的公司，造成的各方面的浪费将是不可思议的。

这个问题，在当时很多公司是没有解决方案的，必须以系统化的方式进行解决。最后，我们采取的措施是：规定少于4小时的加班通通不算加班，除非有公司管理层特别批准。结果1—3个小时的加班突然间没有了，这些混加班时间的人容易出现这样的情况：一是因系统做了补救必须待在现场4小时才能得到，二是在公司无事可做地待4个小时也是太无聊了，一定能够被高层检查人员发现。所以，这件事就这样解决了，公司的效率也并没有降低。可见，要解决管理漏洞及人性的弱点而造成的不合理的支出，需要对错误和真相的完全理解和把握。

直到现在，指纹系统对大部分公司来讲还是一个问题。完美解决这个问题的方式是，加班必须经过加班批准表，一式几联，送入各个部门追踪及批准，并且有专人检查，虽然又多了几个检查人员，但与损失相比，指纹系统、印刷表格及人员的薪水都是免费的。

更重要的是，员工一旦产生了可使用公司的时间赚取加班费的想法，便将蔓延开来，在各个角落不断被复制出去。这是对企业文化的一个极大挑战，企业绝对不可以忽略任何一个小事情，避免造成“千里堤坝，溃于蚁穴”的现象。

对一个企业来讲，真实的状况永远是最宝贵的信息，因此管理层要经常走动一下，不断发现真实信息，纠正错误，在错误中多听各方面的意见，而不是说“不可能”。这是常识，必须有坚定的信心去突破。

在这里要提醒读者注意，做生意时一定要知道什么样的客户是你不需要的，什么样的客户是非常重要的。如果发现公司的客户大部分都是不需要的，这其中一定有问题的，一定是：你为什么要吸引这些人来呢？我有一个客户，他在做企业强强联合，但三年间彼此什么事都没做成，这是非常危险的事。企业家的时间是最宝贵的。

你发现错误，要跟自己讲：常识错了，改善的机会来了。

我们华人打小犯错误时会被大人教训，甚至会被打，因此内心深处总是觉得犯错不是一件好事，因此你可以看到有华人的地方总会有人无理狡辩，无理辩三分，做错一件事情要找 10 个理由来推卸自己的责任。这样的人比比皆是。而欧美人的思维模式就不一样了。你做错了一些事情，最多说一声“对不起”，然后他会启发你怎么样去做得更好。

我有一个好朋友，她的先生是荷兰人。15 年前，有一次我们去他们家吃饭，她女儿当时才三岁，正在露着小屁股往茶几下钻。这时妈妈说：“有客人来了，你这样真难看，快出来，赶快出来。”而父亲却说：“如果 20 年以后你还敢这样爬，你就厉害了。”当时我就惊诧于他们俩的思维差异，颇有感触。到现在，当年那个女孩已经上大学了。她的成绩在考大学之前非常差，为此妈妈还去佛堂烧过香，哪里知道考大学那一次的成绩非常优异，直接考入了新加坡国立大学。2019 年我们做项目的时候，这个女孩有时也会参加，像他父亲一样提出不同的观点，我想这和她小时候接受教育的理念有关系。

我们能成功管理企业，并不是因为我们做得多么正确，而是因为犯了太多的错误，从中学到了太多的经验。对于我来讲，现在如果感到错误到来的时候，内心的深处都有一种莫名其妙的兴奋，1000 个指标中的另一个点的突破，要来了，那是进步的开始。比尔·盖茨曾说过，CEO 的使命是听坏消息。

错误是一个企业的宝贵资源。很多企业的员工在离职时也把错误的经验一并带走了，企业也并没有把错误的经验归纳出来，因此会一批批地重复着同样的错误，这是不能够被原谅的管理方法。

我们不需要长篇大论地把错误写到精致的程度，但一定要把它总结下来，哪怕是一两句话，在以后的培训中，会被无数次地在相关的情形之下呈现出来，这样对于企业的成本管理、时间管理、资源管理都有着不可思议的好处。这个是企业进步和进化的根本。

我碰到过很多企业，几年过去了，他们重复的问题还是以前那些问题，归根结底，就是他们根本就没有把错误当成错误，而是视为企业的常态，这就不对了。错误，一旦被识别出来，就必须极度地去寻找错误的真相，找到解决措施，避免再次出现，即便出现也可以更迅速地把它识别出来，把损失降到最低。

2018年我在新加坡有一个从事五金贸易行业的客户，当时我们就做了一个“错误流程”，把公司犯过的错误都写了下来。其中一个人就写道：有陌生人进入店里，经常没有店员前去打招呼。这在以门店贸易为主的五金行业是普通的现象，但是公司决定解决这个问题，把这个错误的解决方案写成标准作业流程(SOP)。奇迹总是会发生的，在当年的下半年，有关客户来谈钢材的规格，因为被接待得比较友善，隔天这个人又回来了。他是迪拜的贸易商，结果陆陆续续订购了近100万美元的钢材。这是一个陌生的客户，这100万美元对一个门店来讲也不是一个小生意，这就是纠错带来的好处，很多企业都无端端地失去了很多机会和订单，并不是订单不存在，而是没有抓到机会，没有做好迎接机会的准备。最重要的是失去了还不知道怎么失去的。优秀的公司会把每一个重要的细节都反映在前线的员工的一举一动中，这是个很难而又很了不起的事情。让一个人意识到这是个错误，又愿意改正，又愿意执行，这是强大企业文化下最优秀公司的表现。

错误技巧容易被隐藏起来，因此公司一定要建立透明、真实、不讲面子的文化，固定时间讨论并正视错误。只有大家都进步了，这才是最大的面子和尊严。

一个客户独创了一种开会方式，每月开一次大会，讲些大的方向等，每周与每个员工单独一小时会议。结果，每个员工的自尊心越来越强，“私下文化”越来越强，甚至当着其他员工的面讲一个人，都是不能接受的。我告诉他们，把每周的一对一的会议取消，把每月一次的大会改成每周一次，有什么事情在会议上公开分享。结果几周后，大家都能在会议上努力分享，取长补短，公司的时间被有效利用起来了，每个人变成金刚葫芦娃。方法对了，就事半功倍。

主动创新，成功率小于10%；模仿创新，成功率大于44%。“尘土十分归举子，乾坤大半属偷儿。”今天谁还再把物联网看成游戏？找找信息，买买货，5 年后将后悔莫及。

有客户问 4s 店，凯迪拉克漆成白色还是黑色好？ 4s 店回馈说，白色的车容易脏，黑色的车卖得好。但另外一公司漆成银色，卖火了。了解客户最重要。大家张开双臂拥抱错误，并以此为根本解决错误，让错误不要再发生。

如果客户中一个讲你不好，在一个圈子就很难混了。

与某些大企业或没有交情的企业做生意，一定要看合同，尊重合同。1 个月完成的项目，如果拖到 10 个月，公司会产生很大的罚款。解决方法也简单，其实来到一个国家，找个专业顾问提前预知问题及安排解决方案是必须走的程序，每个国家都有独特的法律制度，一定的行为如果违反法律就会很麻烦，但大部分人为了省钱都不做，要省钱，结果省了盐坏了酱料。

与某些大企业或没有交情的企业做生意，最大问题是欠钱不给钱，光这一点就可以拖垮一个企业。生意中有这些现象是正常的。但成王败寇，看谁耐得久。避免被骗被黑，在国际贸易中是必须恶补的错误必修课。

一个好友与一个印尼做贸易的朋友有接近 20 年的交情了，按道理应该关系非常好。双方做品牌项目，但对方不但不守信用，直接不通知就偷偷找人做。我们作为顾问，有职业道德，但对方在新加坡以外国眼光来做事，这绝对不受规则限制。我什么都没有做，介绍我的他的合伙人就看不下去了，根本不让那个项目通过。违背道义，在新加坡这样的诚信国家就很难生存，同时股东也拆股了。背信弃义，如何能抓到机会？

第三节

如何开拓当地市场

很多公司在海外开展业务时，都是希望按照自己的方法经营。吃过亏后，才知道忽略了对方的想法是多么遗憾的事情。

张先生是我有着十多年交情的好朋友，也是我一个印尼客户的亚洲区域CEO。为人睿智，饱含激情而充满活力，博学多才，有强大的领导力。他的公司从事钢铁贸易。他认为，做海外市场最难的事情，是要明白该国做事的方式和理念，以及他们的管理理念，认识对的人。必须明白他们现在的东西从哪里买入，他们为什么要跟商家买。必须找到自己的价值，还要认清大趋势，深入了解当地人的想法。

菲律宾以前是由美国派驻军队的，都以为美国可以保护菲律宾。新的总统上台后问了民众一句话：为什么要靠美国？这句话从此改变了菲律宾人的生活。谁对菲律宾的发展有利，他就同谁合作。目前菲律宾的经商环境不错。

在菲律宾的中国商人太多了，遍地都有非常好的中餐馆，这说明有需求。中国在菲律宾的投资非常大。中国在菲律宾建设了第一座地铁站，菲律宾总统体验后感觉不理想，就引入欧洲的产品。他们不是不给中国公司机会，而是想法非常直接——让世界知道我们是有性格的，我们不是以前的菲律宾，我们也需要世界的认同。

对于一个在新加坡和中国生活过的人来说，菲律宾、越南、泰国甚至是印度这些国家的现状简直就是20年前的中国或40年前的新加坡。如果以新加坡和中国的模式，以今天的互联网和信息时代的发展速度，不出10年，世界就是平的了。因此新加坡和中国的公司在经历自己的巨大变化后，应该利用这些优势，在这些发展中国家大展拳脚。

在菲律宾，无论从一个基础的行业到互联网产业到城市的规划，都会有大的发展，而且菲律宾当地的商人和银行都愿意资助这些合作。菲律宾的建筑业也在蓬勃发展，外国人很多都在菲律宾买了房子，本地人也非常渴望步入高品质的生活。菲律宾的中产阶级越来越强大，提升他们的生活素质是一个大的市场。而且他们相信新加坡的制度，你就是专业，这是有背书的。如果你来自非洲或来自南美洲，他们很难相信你能帮助当地人走出困境，很难解除戒心。因此新加坡人应该利用自己的优势，快速地融入区域国家，发挥管理才能，开拓当地的业务，这个是大家非常值得借鉴的模式。

张先生说：在海外拓展业务，光靠关系、给好处费是不行的，这个事儿越来越难。为什么？羊毛出在羊身上，现在的客户要求的都是质量非常好但价钱非常低的产品，公司必须以真正实力扩充。另外在对方的采购方面，不是每个人都想跟你拿钱的，那个靠吃喝关系的模式是很难成功持久的。最重要的是，能给他们带来什么样的利益，如果只是不断地花时间和机票进行拜访、生意沟通，是没有成果的。

在海外最大的风险不是拿生意，是卖得出去，还要收回成本。不是要赚多少，赚不赚钱是其次，要做到稳，才是首要的任务。如果有官司的纠纷，与本地人在当地法庭打官司，你如何斗得过地头蛇？因此选择与好的公司合作是必然的。

说到这儿，我想起一个案例。我的一个朋友在国外投资一个工业园厂房时，跟建筑商发生了一些纠纷。某天有一个送货员送了一批货，让他签字。他也没多想，就签了字。可就这一个签字，却引出了三年的噩梦，签字的那张单上面写的竟然是项目已完美结束。从此官司打到没完没了，到最后的结局还是一个输。

张先生还跟我说，在国外，你经常会碰到某些“有来头的”人，他们说认识某某公司的，某某部门的头儿。你一定要进行确认，否则就是在浪费时间。

另外，找对人才去开发市场，也是一个挑战。比如在菲律宾处理当地的关系，派一个新加坡人去和请一个菲律宾当地的经理，哪个结果更好？这是很多投资者到今天都没有搞明白的问题。

新加坡人能够与菲律宾的经理做最好的沟通，但菲律宾的经理能够与当地人做最优秀的沟通，这就是做生意的秘密。

在菲律宾，如果想把生意长期做下去，一定会遇到瓶颈的，因为他们的进口税会越来越高。此外菲律宾人有个习惯，就是愿意购买本地制造的产品，尤其愿意用本地货币购买本地产品。他们嫌麻烦，不愿以美元等其他货币进行国际贸易。因此在进行国际贸易时，必须考虑到如何让他们减少麻烦，让他们不要每天开新信用证、清关。对此，比较好的解决方法就是设立本地公司。而且印度尼西亚、菲律宾这些进口高税率的国家，对本地的产品信任度更高，有利于长期开展业务。

印度尼西亚的当地成分要求（Local content requirements）就是一个明显的例子。一旦有当地公司生产，政府就会鼓励向当地公司购买。其实，这对有智慧做国际贸易的公司来说是非常有利的，这样竞争对手会越来越少，一旦你在当地开厂，政府就会限制进口的配额，配额少了，进口就少了，当地的产品就会卖得更多。

当然，如果本地的生产不能够满足要求，还是可以进口的，但进口的税率会特别高。这就是各个国家的政策壁垒。

其实，在菲律宾投资，赚大钱的概率会很高，其中的一个诀窍就是要敲锣打鼓、大张旗鼓地让别人知道，你已经在这里投入生产了，让政府相关部门高调支持你。菲律宾目前的钢条市场就是这样。国家的基础建设需要非常多的建筑材料，因此你一旦设厂，就必须让官员和生意人都知道，让他们去影响当地的政策来帮助你。

当然，在当地加工半成品也算是当地的产品，当地人只买当地生产的，你怎么生产那不是很重要。最主要是让当地人知道，这是本地产品。

张先生在这方面还跟我提到一个非常有意思的问题，就是外国的公司能不能把产品卖到中国。他曾咨询过一批法国和意大利人，这些人告诉张先生，当国内产品不能够满足需求时，中国人就会到国外去找好的东西。但市场太大，如何寻找？就需要专业人士，因此我们必须做既了解中国需求同时也熟悉国外情况的买手。全世界哪里都需要好的东西，只要有办法连接到买方和卖方，就能成功。这已经不是国家层面的交易了，完全是市场运营。

我也与张先生聊到，如何在当地请到最优秀的人才。他说：在这个行业里，必须要找到有才华的人，尤其是销售人才。因为行业不大，问问客户，大家都会认识。一旦确定这是个人才，就会如获至宝，不惜投入重金，把他请过来。对于管理人才，那请过来试一下，必须逐步培训，让他们了解公司的理念和做法，当然薪水也不能太少。这是国际企业的做法，但在中小企业，还必须加上家庭式的管理理念。

员工培训好了，上手了，如何保证不流失呢？他说，一开始就要明明白白地告诉他，他的工作范围，企业的规划，他的职业规划，除了赚钱之外还能得到什么。这是很多白领的想法。其实我们今天很多老板都是以自己的想法来强加给其他人，以自己的经验、自己对未来的期待，强加于其他人的想法，这是不现实，也是不对的。

企业的规划要一步步地落实，说到就要做到，这样员工就会相信我们说的话。而且还要手把手地教。以前的做法好比是把员工丢到大海里，给他个游泳圈让他自己去学游泳；现在不行，你必须下去跟他一起游，给救生圈是不行的，他们会跑掉的。

另外，如果公司的事情做起来没什么太大的成就感，那谁让你说得很好但做起来却跟以前公司的做法一样？只是为了留住人而换汤不换药，这也是不行的，这也是一种"忽悠"。虽然忽悠也算是一种生产力，但在这里，忽悠是不行的。

最主要的是，公司还要设立一个系统。张先生说：一个行得通的流程一旦成形后，就要交给人力部门去执行。人力部门并不局限于人力资源部，每一个部门的领导都是人力部，大家都要明白公司的目标，并完全地贯彻到每一个员工的每日执行上去。同时自己也要经常与当事人谈话，问他们觉得怎么样，有问题再改善，PDCA（Plan、Do、Check、Act，即计划、执行、检查、处理四个质量管理阶段）的理念是必须执行的。

在海外工作，只要花更多的时间来了解和知道对方要什么，只有这样才能抓到更多机会。

第四节
做生意最难的事

我做过近1000个咨询项目，与超过500个老板有着非常深入的项目合作及沟通，当我问他们做生意最难的事是什么时，90%的答案都惊人地相似："做生意最难的事就是别人不相信你。尤其是大客户，很难接受与小公司做生意。"

2019年刚过完春节，就有几个客户来问我：老师，过年以后我们应该培训什么？其实对一个企业来讲，一直能坚持培训的还是如何做好销售，因为销售可以拉动产品和服务以及客户等方方面面，这是根本价值观。

没有什么使命感，没有什么太大的理想，这是中大部分中小企业非常接地气的讲法，自己都不知道能够活多久，首先让自己在激烈的市场竞争中存活下来，这才是最大的道理，没什么大话可以讲。他们最感兴趣的是什么？第一是利润，第二还是利润。毕竟生活是真实的现实，不是彩排。

市场上有一些论调说，你用两分钟给我说明白是做什么的？也许两分钟能说明白一个生意，但做成一个生意真的没有这样简单。比如，自己公司规模很小，却要拿大公司的生意。你的规模和实力都不如同行，而且最重要的是没有做过这种大生意，大客户怎么能接受跟你这种小公司做生意？很难。

李先生为人极其接地气，具有远见卓识。他在新加坡生产电子精密零件，自动化装配机器。这个行业依托于精密零件产业链的发展。由于行业发展的大趋势，2006—2016 年间，很多在新加坡生产大批量零件的跨国大企业都移往中国、泰国及马来西亚的槟城等地。

李先生的主要大客户也是世界五百强企业，到现在客户还在新加坡。做生意也是要有运气的，他的一个同行服务于另外一家大公司，因为客户走了，公司也关了。但是客户在也不见得就有生意可做，客户可以在全球内采购机器。事实也确实是这样，客户自己也生产机器。李先生的事业飞速直下三千尺。怎么办？

李先生知道，要想生存下去就必须转型。以前的主营业务是生产机器，而且客户本身出了问题后，也都是从机器方面着手解决的。现在的趋势则是机器生产免费，转型为生产零件。李先生在新加坡积累了十几年的经验，靠生产机器起家，优势是懂机器，能让生产效率更高，缺点是人不够、同行多，规模不比同行大，突破口只有价钱会便宜一点。因此必须以此为基础，尽快突破。经过夜以继日的规划，转型的思路形成了。李先生只能从价格这一点开始，帮助客户降低生产成本。抱着这个想法，李先生主动要求客户给自己机会来做零件生产。

尽管与客户的关系非常不错，客户也知道他们做机器的水准，但这家企业的 CEO 就是无法接受他们公司有能力生产大宗零部件这一现实。因为生产机器以定制化为主，公司只需要十来个人就可以了。至于大规模生产零件就属于另外一个行业，公司的人数是以百人为单位的。生产零件与生产机器完全不是一个概念，这方面的流程经验完全不一样。有生产机器 ISO9001 的质量管理体系，但没有生产零件的 ISO9001 质量管理体系。

一年过去了，这家企业的 CEO 就是不接受李先生为生产的供应商。无论他怎么保证把生产做好，无论怎么努力和有诚意，就是不愿合作。对大部分公司来说，故事到此就结束了。客户不信任你，那说明你还是缺一个机会。但李先生仍在耐心等待和创造这个机会。

第二年，这家企业的那位坚持拒绝李先生的 CEO 被调走了。李先生去找新任 CEO，劝他说："目前的几个供应商只能完成你交付的工作，却没办法让你发展，但我能给你提供发展的机会。我能够让你、我和你的客户三方共同发展。"

新任 CEO 觉得他的建议非常合理，就答应可以合作。机会终于来了。

答应了不见得能做。没有经过大公司的审核，是不能生产的，李先生跟他谈的条件是，给我一年时间，其中半年用于审核流程的批准，我们会做样品生产线，那再接下来的半年，我们会正式投产，并执行我们的计划书中的发展计划。这是非常合理的要求，新任 CEO 也答应了。

如何在半年之内建成样品生产线并经过客户的批准，这是一个非常大的考验。生产的零件流程和成品率是关键。还好我曾帮助好多公司完成跨国公司的审核，积累了很多的经验，即便这样，当时我们也还是在无数个夜晚挑灯夜战，从生产资源配置、控制点、流程、表格、记录等大大小小方面一一完善。

同行的做法是，安排一个人进行抽样检查，而我们安排 2—3 个人进行 100% 双检查，比六西格玛还要严格，就这样兢兢业业地做着每一个流程。经过团队的不懈努力，样板生产线在半年内如愿以偿地得到了客户的批准，成为正式的生产供应商。

成为正式的供应商后，生产线马上就从新加坡移往印度尼西亚的巴淡岛。巴淡岛到新加坡距离近，与新加坡有保税协议。在巴淡岛，从员工薪水、租金等各方面进行成本结构的本质再造，客户一个一个产品释放，公司一台一台机器、一批又一批人增加，客户的信任度也不断提升。经过近 10 年的精进，今天已在巴淡岛拥有十几间厂房，员工发展到 1500 多人。

做跨国公司订单，不止需要经过客户审核，每年还要被客户的客户审核。有一次 IBM 来李先生公司审核，结果发现在同类零件生产中，李先生公司被认定是亚洲最好的公司。这是对李先生和股东们最好的肯定。

虽然做生意最难的事，是大客户很难接受与小公司做生意，但做生意就是要想办法去改变，去升级，做大量的突破，从机器生产厂商到自动化零件制造商，再到服务支持商，再到批准的分包商，这是一个不断蜕变的过程。

当大的公司看到你的蜕变结果、你的效率的增长时，这时你的工作就容易很多。而整个过程就是一个系统完善的过程。在这个过程中找对人工作、构建正确的组织架构非常重要，不好的人必须拿掉。中间还要做大量的强点与弱点、机会与威胁的分析与改善，进行商业模式、品牌、系统优化、培训等大规模的企业管理升级。

中小企业在发展过程中，往往看不到未来，没有清晰的目标；处于供应链的较低端，被大公司视为作坊；无法晋升到供应链上端而变成主承包商；无法拿到大客户的订单，做大项目。当业务增长和经营高峰时，资源不够；而业务放缓和经营低峰时，资源又闲置。业务增长时感觉超负荷，而业务放缓时又工作量不饱和，产业升级面临巨大挑战，这都是需要解决的问题。

只有拿到大客户、大项目，生意才稳定；只有不断提升供应链层次，企业才能更健康地发展。

当别人不信你的时候，你还能坚持下去，这是做生意最难的事。在怀疑自己做得对不对时，必须坚持下去，而且要做到极致，即便后果是不理想的，往往还是会为后面更大的发展创造潜在的机会。

过去的20年中，我公司为李先生公司做过几十个咨询项目，大家夜以继日地不断克服各个难题，小到一个流程，大到整个品牌和商业模式，所做的所有一切，就是为了客户的信任。

第五节
创立公司的目的是什么

1.“把公司卖了。”

前文讲过，我认为创立公司的目的是：“把公司卖了。”

公司出售的前提和基础是什么？世界上哪家被并购的公司没有卖点？哪家公司自己都不要做了还会有人买？因此以“把公司卖掉”为目标，从这个点出发去经营企业，一定是幂次法则中最优秀的公司。

具体来说，现在很多优秀的公司想卖都卖不出去，是因为公司原本就是按照不售卖的想法去做的。公司的企业文化、结构，无不让买家感觉到，这家公司是不能买的。

2017 年底，新加坡有一家制造腹部检测仪器的公司要出售，很多国家的买家都来洽谈。该公司生产的腹部检测仪器可在不产生创伤的情况下，一次性检测腹部病变。公司才几十个人，并购价格能超过几千万美元，就在于是专利产品，最重要的是别人看了都复制不了。我与一个广东的合伙人也联系了广东的房地产开发商和医院，他们想把这家公司及其技术引进中国，建立腹部检测仪器疗愈中心，不仅能盘活房地产，也会为医院带来效益。从这个意义来看，这个价钱是不贵的。当然，最终还是因为以贸易垄断为主，美国和日本的专利拥有者不允许卖给中国而不了了之。

这家公司本来是一家机械厂，因为拿到了这个日本的专利，又奇迹般地做出了产品，最后因为公司内部的原因决定出售。这些都不是企业在创立初期能够想象的事情。

这家公司已经达到了我上面所说的境界——即使没有创始人，产品依然可以生产。因此经营企业的目的一定要以企业能够并购为目标。大部分企业无论年利润有多么丰厚，因为要不断地快充和投入，会一直感觉到钱不够用，也只有把公司出售的那一天才能真正见到钱并用于个人的支配。

我的另外一位很尊重的客户陈先生，在新加坡生产硬盘的外壳，公司经营得非常好。美国老牌投资基金 KKR 在一年内找过陈先生三次，洽谈收购事宜，每次找他时都会把收购价提高 2000 万新币以上。前两次陈先生都拒绝了，因为自己做得还不错，没有必要出售。可是第三次，自己也拒绝不了了。对方出的这个价格，即便自己做也达不到，因此马上就卖了。也是在最终公司出售时，他才真正明白了自己的价值。他公司在卖之前也没有上市。

2019 年 4 月，我的合作伙伴叶先生告诉我，有一家基金公司的执照要出售。在新加坡金融管理局申请基金执照，是非常不容易的，要执行严格的标准，还没有开工，就必须有非常专业的人到位。当我把信息发给几个合作人后，立即就有潜在买家产生了兴趣。执照拥有人当时在国外出差，要一周以后才能安排见面。哪知道五天后叶先生告诉我，这个执照已被人以高于市场的价格收购了。你看看，一个好的东西是难得的，漂亮的姑娘出嫁是非常抢手的。

因此公司出售不一定是在上市后。只要你有价值，收购的人无处不在。

2. 生不带来，走不带去，对吗？使命感与人生进化。

我小时候家住在东北，7 岁时父亲回山东老家，回来就告诉母亲一个消息，说算命的说家中无大学生，父亲 60 岁时会有大难。那个时候我虽然小，但自然而然就由此得出一个推理：如果我考上大学，那父亲不就没有大难了吗？当时以我的资质来说，考上大学是很不容易的，但是我不计辛苦，一想到只要考上大学，大难预测自然而解，就加倍努力了。第一年的高考成绩不理想，只够上自费的看起来不像是大学的大学，于是没有去。第二年，又在家里倾力栽培下，加上使命驱使，上天眷顾，终于如愿以偿地进入了真正的大学，家里自然也平安无事。虽然事隔多年后才想起，我考大学与父亲安危不一定有关系，可是当时藏在心里的单纯念想就是这样。当然，如果没有这个关联，我100%不会去考大学，乃至于大学毕业时因毕业证和学位证而出国，又因此而在海外创业。

也许这就是我的使命感与人生进化。使命是存在的理由，发展的根本。愿意承担责任，不断追求本质所在，是企业使命的根本。智慧的根本就是舍得，舍到最后，就是根本，就是使命，也就是得。

做一件有使命的事情，在当时未必是真实。当事情不是真实的时候，就不要硬说它是真实的，就像当时的马化腾用QQ说服不了张卫敏一样。当不说它是真实的时候，它很容易变成真实，当QQ吃到电信掉下来的一个爆米花的时候，当它变成真实的时候。这个时候，不用你说，每个人都会说这是真实的。

纵观世界上很多优秀公司，都肩负自己重要的使命。比如全球每年有4000万架次飞机起飞，每一个时刻天空都有过万架飞机在飞行，在这样的大数据下，有多少中小企业夜以继日地提供着各方面的供给和护航。其他如在高铁、城市运输、生产、服务等各个行业，每个公司都有自己的使命和初心。

不利令智昏，鼠目寸光；不被欲望引入陷阱，适度控制自己欲望，不忘初衷。时刻以金钱利益驱动的公司，是走不远的。在电视剧《乔家大院》中，孙茂才曾骂乔致庸天令其亡，必令其狂；而乔致庸说孙茂才利令智昏，鼠目寸光。

吃不穷穿不穷，方向错代代穷。动物有记忆，但不会想象未来。人有想象未来的能力，有使命，所以不能虚度此生，一定要让生命有意义。一旦有了使命，生命力就开始勃发了。树根是使命，树干是愿景，枝叶是体系。如果你的目标是为社会承担一个亿的责任，老板的目标和员工的目标是共同的，大家就会玩命一起干，才能有共同的使命。

一艘船如果没有方向，那么对它来说无论哪个方向都不是顺风。有的企业家是站在未来看现在，在当下被嘲讽为疯子，因为一般人看不到。周恩来12岁就立志为中华之崛起而读书；亚马逊创始人在1999年圣诞节时还独自在简陋的西雅图办公室工作。BAT（百度、腾讯、阿里巴巴）的创始人如此，孙正义也是如此。孙正义在23岁因肝病住院两年，其间阅读了四千本书，之后据读书心得写了从事四十种行业的发展计划，最终确立，要成为世界首富，就必须从事最新兴、最具发展潜力的行业，于是他选择做IT行业。他刚创立公司时员工只有两个，公司开业那天，孙正义站在公司装苹果的水果箱上面对员工宣布："我叫孙正义，在25年之后，我将成为世界首富，我的公司营业额将超过一百兆日元！"两个员工都以为老板疯了，立刻辞职不干了。结果孙正义确实成了亚洲首富。没有人能随随便便成功，凡事都有其道理。这些成功的人能看到未来，选择解决问题，承担责任，并且不断把自己推向产业链的最高端。

铁打的营盘流水的兵，不管岁月更迭，人员流失，企业使命不能有偏差。企业领导要向领袖学，有目标，有激励，只要有人跟，就是好样的。无论孙悟空和猪八戒的负能量有多少，唐僧每次脱离妖怪魔爪，都会坚定指明方向——向西。

公司领军人物，行业领军人物，公众道德精神领军人物，都在为社会解决问题。走大路，不会迷路，大路就是大趋势，有道德底线，为社会解决痛点。

有的人印张名片，开家公司，就变成了老板；忙于定制度、管人，但看不到自己；最后伤元气，失勇气，没了志气，没了底气。做老板要管理好自己，对欲望要管理，对价值观要管理，对机会要敏感。一旦做出某项选择，就等于对其他机会的拒绝，正如王石要名不要利的选择。即便不是自己所要的，但情非得已，是你必须做出的选择。如果能这样要求自己一辈子，你就会成为那样的人。

使命不仅意味着社会责任，是对外的使命，更要有对内的使命，要付出200%的努力。公司最大危难是什么？当老板丧失了在员工心目中的高度、地位和尊严，权威丧失，那就真的是大势已去、无力回天了。

广东茂名的张总是一个非常有情怀的人，从最初的开矿到现在经营竹海，依然初心不改。他跟我说："世界上最富有的人，是跌倒最多的人；世界上最勇敢的人，是每次跌倒都能站起来的人；世界上最成功的人，是那些每次跌倒后，不单单能站起来，还能够坚持走下去的人。这世界很公平，你想要最好，就一定会给你最痛。闯过去，就是赢家！"

2019年我拜访张总，我问他有几个孩子，他说有十几个，当时把我吓了一跳。原来他在开矿的时候，只要看到那些可怜的小孩，就把他们视为自己的孩子，供他们读书、吃饭，直到上大学。我问他一个特别普通的问题，就是平时你怎么跟他们沟通？50岁不到的张总竟然热泪盈眶地说，之前每个周就能打电话，但是目前越来越忙了，孩子们就不断发短信跟他说，他们都很想念他。这是一个多么有情怀的人，赚多少钱才能有这样的满足感？张总告诉我们，他在最辛苦的时候还要借钱供他们读书，很不容易。

关爱他人，以客户为核心，这是好人；有激情，有基础，这是牛人；有业绩，能创收，这是能人；能创新，能引领潮流，这是奇人；带领公司一直进取，这是高人。

因为诚恳，你可以交到任何朋友，做成任何生意；因为诚实，即便做错了也会得到尊重和未来，因为有人品。

学会感恩。感谢恩人，扶你上马又送你走一程的贵人。感谢那么多的人制造出车辆给我坐，煮饭给我吃，而不是你天生就应该如此享用。坦诚相待。管理层指出缺点，要感恩；不可搬弄是非；不欺负同事，彼此尊重，快乐工作。

努力赚钱，奋斗。没有钱，就没有社会地位，就不会受尊重。赚钱像孙子，花钱才能像爷爷。赚钱像爷爷，花钱就会像孙子。在海里，你要顽强地把脖子伸出来，要不就淹死了。你得从几十亿人中把脖子伸出来。站在未来安排现在。工作是一种生活。我们的时间不仅属于我们自己，还属于我们的家人，我们也在为他们工作。我们要学习冯仑这样的优秀企业家，他们有作为，有思想，接地气。

使命、价值观融入制度并执行，这就是企业文化。没有企业主导文化，员工就会乱谈，废话一堆。小公司自有其气质文化，大公司自有其气势文化。

公司使命反映在一线团队并能得到100%的执行，那是最难的事情。美国总统60%的提案往往都被否定，他能气得把政府部门都关了，何况我们一个企业。

为什么很多人注册了专利，梦想全球只要有一亿人每人消费一元不就得了，可是到最后专利都过期了，还没有卖给一个人？为什么那么多人都有黑科技却都半道夭折，可是后来别人做成了，就说这个本应该是我的？

日本的“2元店”大创（Daiso Japan）卖的都是小产品，毛利率高，每天能卖几万件。这么好的生意，为什么没有人做到第二个品牌？为什么其他的1元店、10元店都做不下去了？

为什么华莱士快餐完全模仿肯德基模式，以低价位开发二三级市场，却没有人模仿华莱士？

其实很多企业都走在正确的路上，只是他们没有感觉到这一点，没有坚持到底，没有见到光明。归根结底是缺乏使命感。

当生意做到一定规模以后，已经没有什么秘密可言，这时候谁能够把生意做到最后最强，关键看谁坚持得最久，不断克服困难和创新。这个过程是一个积累的过程。

当很多企业做得风生水起的时候，已是经过几年以上的积累了，然后他就开始转跑道。等到三五年后回头一看，不仅原来的生意一落千丈，就连新投资的产业也亏了。当没有准备好的时候，任何机会都是陷阱，正确的路需要不断坚持。

你看，多少成功的企业都在主业的基础上精进，等待大机遇、大趋势，甚至是大萧条，迅速积累实力。虽然业务有所转型，经营的本质实际并没有变。

某次我在吉隆坡演讲，那天发了高烧，可是会场有整百人在等，所以我必须抱病前去。在这种使命感的感召下，说来也奇怪，一上台就不头痛了。当你努力到极致，总会有意想不到的事情发生，生命中的每个步骤都是基础，而你的工作就是不断搭建基础。成功在哪里？等成功那一天到来再说。成功就是天下没有免费的午餐。

世上任何一个有需求的物品，只要不完美，就有改善的空间。而这个改善的空间也属于中小企业。我们不要看 3M 这样的公司现在有多大规模，而是要看他们还是小企业的时候，是如何用心感知市场的。

新加坡品牌面包物语（Bread Talk）做得成功，是全球第一家以经营面包店起家并上市的企业。我问过很多食品厂家，他们都说面包物语环境整洁，塑料袋很干净等。当我告诉他们面包物语最早进入的是早餐市场时，他们才大吃一惊，这时面包物语已经上市十多年了。面包物语的确为新加坡忙碌一族创造了打包早餐市场，并带动了行业的发展，干净塑料袋及开放厨房只是营销传播方法而已。

一家公司赚钱了，要么是因为企业的实力，要么是因为顺应趋势。当模仿者多了，就进入了微利时代，这个时候才是考验企业家的开始。在微利的形势下还能建立独特卖点和绝对竞争优势，一定是跳出了行业的框架：卖包的不是卖包的，是卖高档奢侈品的；卖飞机引擎的不是卖飞机引擎的，是卖里程数字的；卖饮料的不是卖饮料的，是卖可乐的；卖表的不是卖表的，是卖百达翡丽的；卖 KFC 的不是卖 KFC 的，是卖华莱士的；卖衣服的不是卖衣服的，是卖快速时尚的；卖酒的不是卖酒的，是卖华山论剑的；卖咨询的不是卖咨询的，是卖企业命运的……

我们不要去夸大使命，或者是不真实地去看使命这两个字。要知道，即使是一只小蚂蚁，也有他的使命。

发现社会痛点，建立使命，这就是感觉，不要半途而废，要坚持走下去。人人都有使命。

我有一个在电台做主持人的朋友，做过一个与残障人士有关的节目。某天在节目开始之前，工作人员说外面有听众要想见她。那时候电台外面是有士兵戒备的，当时外面还下着雨。我的朋友出来后，就看见外面停着一辆红色小轿车，有个三十多岁的女人走出车来，对她说：我弟弟在车里面等你。她打开车门，请我的朋友坐进了车里。这时这个女士把他弟弟腿上的布拿开，才发现他是位残障人士。原来这位挺帅的男孩当过兵，在跳伞时不幸伤到了脊椎，才导致腿部瘫痪。

姐姐开车带弟弟来见我的朋友，告诫她说以后不要再害人了，因为你没有资格安慰残障人士。我的朋友当时就问了她一句话："安慰人是不需要资格的。你们是不是觉得，我也得腿没有了，才能去安慰人？是不是医生只有生过病，才能有资格给患有同样病症的人做手术？"结果到了后来，这对姐弟成了她的忠实听众，不断给她写信，逐步从低迷的生活中走了出来。

社会上经常会有这样的主流论调：生不带来，走不带去，因此做公司也没必要这么强求，够用就行了，也不用那样拼搏，最终的结果还是什么也带不走。既然是这样，那做公司还有必要这么努力吗？我通过近千家企业的咨询案例，经过对人性的逐步了解和深入探索，认为这句话是不正确的。

正如对于一个退休的世界顶级执行总裁来说，让他重新创业那是易如反掌一样，如果什么都不经历，那将是碌碌无为的一生的复制性的成长，而不是进化。

你无法想象私人的小公司 Space X 能够发射火箭上天，敢做一个国家都不敢做的事，并且火箭还可以重新回收利用，最后还做成了。这是人类多好的计划，这承载了非常大的责任、使命和目标。我不知道 Space X 经过多少年的进化，让他有这样的使命感。

是不是过于拉风了？你可以看到这个世界上成功的人，他们越成功就越努力，越努力就会有越大的奇迹发生，才会有从登月到离开地球移居其他星球这种不可思议的想法的诞生，这是人类文明的进步和进化。而这种进步和进化，从来就没有停止过。电影《流浪星球》大卖，并不仅仅在于电影拍得多么好，而是展现了国人对未知世界的一种憧憬，这是骨子里和基因里存在的潜意识。这不是逻辑和梦想所能达到的境界，这是人类进化几万年或者是几十万年后在今天的结果。

并不是每个人追求的企业目标都那么有意思，但一定很有意义。新加坡有一个我的学生陈先生，他受到的教育程度并不高，20 多岁就到非洲创业，拿着枪，开家超市，生意好得不得了。因为要始终面临着生命的威胁，半夜不知道哪里会跑出几个端着冲锋枪的人来打劫，最终还是放弃了非洲的创业机会，来到新加坡。几经周折，从资本运作到融资，到企业管理，到店面运营，每件事情都非常努力地做着。终于有一天，一个机会来了，而且是在新加坡属于自己的机会。他本是身无分文，却奇迹般地盘下了一家非常优秀的面包店。

在我看来，面包店不过是他人生的一个驿站，通往另外一站的一块基石。没有什么能阻碍他的志向。他非常喜欢资本运作，也许这就是他的使命，一定会孕育出一种希望，一种可能，一种进化。目前，他说自己是个小人物，就如同火车线路上的那些枢纽站一样，虽然不是大站，但从这里开出的火车也是通向大站的。

我的一个客户林先生，年轻时是在新加坡开制衣厂的。他努力认识八方朋友，美国人，英国人，意大利人……由于新加坡经济结构转型，他后来改行做装修了。他已 60 多岁了，我问他为什么还在这么有激情地做事情，他的回答非常接地气：第一，当然是为了吃饭，你能有一份工作，这是最基本的；其次，你一定要有一份真正的工作。

林先生不是常人，是神人——介于人与神之间的人。他说装修工作是很快乐的，一栋房屋在没有做装修之前是破破烂烂的，当我们做完装修了交给房主后，看到他和家人笑嘻嘻的，很开心的样子，自然也就有一种满足感。能够维持这样一种开心，看到顾客开心，我们也开心。然后我们又有钱赚，顾客也会帮我介绍新的顾客。有的顾客到现在已经搬了四次家，住进洋房了，还在找我们去帮他设计，这一种真正的开心；有一对夫妇，以前在孩子很小的时候让我给他装修，等到他的孩子该结婚了还请我们去装修，顾客变成朋友了。这么多年下来，光这些客户介绍的客户就越做越多。

一家清洗厕所的公司，其使命自然没有总统那样高尚。不过，职业有格局大小之分，却没有高尚和低下之分。如果你的职业就是一辈子在巷口卖面，那么一个小孩子从他上小学到上大学，都是吃这个面长大，没有饿着，自己能养家糊口，那绝对是功德一件。使命这个东西并不一定是高尚的，最重要是有意义。

小摊贩也是可以有使命的。举个例子，在台湾高雄，一下火车站就会看到有一个老板娘在卖小菜，她做的卤肉饭、牛肉面还不错。她看到附近一所中学的很多学生都吃不饱，就在报纸、杂志上刊登说，写一篇作文换一碗免费的面，还规定写到多少字就加个卤蛋，也不管你写得好不好，反正你就是要写。很多学生都讨厌写作文的，但为了换碗面吃，拼命写作文。从使命这个角度看，这个老板娘比老师强。一个校长管教学生累个半死，学生也不愿主动写作文，可她的一碗面却能换来多少学生写作文！这位阿姨的使命里有着太多的精神了。学生用作文换面，吃饱了还能接着写作文，既保证了健康又有力气读书。

无论是美国的史蒂夫·乔布斯还是台湾的王永庆，他们的人生都有其传奇性，他们喜欢冒险，喜欢探索人类的未来，他们的企业也一直在冒险、在探索，他们的企业精神就是企业使命。

格力电器董事长兼总裁董明珠选择自己为格力电器做代言人，自己出面宣传。我觉得这其中只有一个东西需要议论，就是格力电器与董玉珠的个人精神特质是否吻合。如果二者很吻合，那你管董明珠是谁呀？但是如果换成用我来代言，那肯定是与格力电器的特质是不吻合的，那就不能做代言人。

我们所做的每一件事情，都是在为我们的生命线不断地构筑进化的基础，每一次努力，每一个成绩，每一分责任，都将为未来打下相应的基础。也许东西我们带不走，但是我们已经知道如何创造这种价值。这就是进化。

今天的这个世界能这么美好，我们一定要感恩爱迪生、爱因斯坦等等许许多多非常优秀的人。正是他们让人们的生活水平得到了大幅度的提升。可为什么还有这么多人不是爱迪生，这么多人不是爱因斯坦，这么多人不是各个主流行业的领导者呢？我认为很多人还没有达到这个能力。我也不认为爱迪生和爱因斯坦完全是通过后天的努力就能够得到这样成就的，这个世界比他们努力的人多了去了，可是一事无成的人更多。

因此我们并不是生不带来，死不带去，我们的每一分努力都在促使我们进化。在这个过程中不断积累对人生的认识，这就是人类不断进化的根本动力源泉。

第六节
如何建立卓越制度

1. 要解决 1 个问题，必须同时解决 5000 个问题。

把任何一家公司、一件产品做到极致，要解决 5000 个问题。

管理和运用资金与下决心赚钱不一样，需要有不同的信念。要管理和运用资金，你必须乐于亲自动手，亲自管理数字，而不能只空谈管理和策略。细节决定成败，如果你忽视这些细节，或是超脱于细节，把这种“杂事”授权给别人去做，就等于忽视了事业经营中至少一半的重要责任。

大家都知道一个故事，就是孙正义决定投资马云只花了几分钟时间。我相信孙正义投资大部分公司都只花了几分钟的时间，原因在于他的团队花了几年时间，用 1000 个理由告诉他，这家公司是好的，为什么我们要投资这个公司。孙正义最后去面谈和签字，不过就是走一个形式而已。

1995 年，史蒂夫·乔布斯曾接受美国公共电视网（PBS）采访，实际上纪录片中只播放了该采访很小的一部分。后来采访母带在运送过程中丢失，直到 16 年后其拷贝版本才被节目导演在车库中发现。从这份 72 分钟的视频中，我们可以发现他为什么能够把苹果公司做成世界顶级的公司。他非常富有前瞻性。他在产品开发中说道，做出一个好的产品，往往要解决 5000 个问题；在一个商业模式下，必须同时解决 5000 个问题才能算把企业做好。

史蒂夫·乔布斯在1995年就说得那么详细，可是一个公司不经过实践磨炼，即便在1995年能接触到这段即是在今天都很前沿的思想，也不一定会有感觉。我从2007年开始，用了十年时间开发适合今天企业的百万学位服务模式体系。当解决到5000个问题的时候，才发现没有什么问题要解决了，企业可以自动运营了。这个经历，竟然是乔布斯在1995年之前就经历过的。可见要产生共鸣就需要共同的经历，不同的经历就好像不同的频率，即便同时存在，也只有达到那个境界，才会产生共鸣。

2019年春节刚过，我的一个在新加坡的百万学位学员就来问我关于员工的问题："新来的员工底薪高，水平又不行。老员工能干，但干了三年也没有新员工底薪高。公司在马来西亚、新加坡、中国、越南的员工，底薪都不一样，他们心理不平衡，该怎么办？"

这个问题看起来是个普遍性问题，但必须马上处理，不然团队就不会和谐。其实这个问题也验证了在新加坡的一个较为普遍的社会现象：一般情况下，同样的工作，新加坡员工的底薪为新币4000元，马来西亚员工为新币3000元，中国员工为新币2600元。看起来不公平，但新加坡劳工部的起薪标准就是这样规定的。很多公司处理不了员工的抱怨，左右为难。我在给公司解决这个问题时，引用新加坡劳工部部长的解释：新加坡员工的薪水要用在新加坡消费，费用比较高，每月新币4000元可能只有1000元盈余；在马来西亚，3000元新币相当于6000林吉特，这在马来西亚是笔大数目，每个月可盈余2000多林吉特；在中国，2600元新币相当于人民币13000元，这在中国绝对是不错的数目，每个月可以盈余8000元都有可能。出国工作，既然认为当时的条件可以，就不要与任何人再去比较，不忘初心，方得始终。虽然底薪有差别，但我们在做佣金制度时一视同仁，多劳多得。在新加坡，月收入很高的外国人多得很。

建立卓越制度，是永无止境的。做事要拼，看事要淡。把简单做到了纯粹。

搬块石头容易，一张纸拿一天难。所谓简单，并不是说单一就叫简单，简单的背后却是指把某个单一的产品和服务做成全球的标杆，做到最好，还能让客户义无反顾地不断消费。而这时则是一个非常系统化的工程了。

把任何一件产品或一项服务做到极致，也要解决5000个问题，所以不是我们要简单，是因为企业根本就没有能力做复杂。一件产品都需要解决5000个问题，10个产品就是50000个问题，资源有限，怎么解决？社会分工又是如此之细，你稍加偏离主线，竞争对手立即就会把你赶超，踩在脚下。因此世界上最优秀的公司都在做着简单的模式。但也是因为这个简单，让他们做到了极致，让很多的同行望而止步。所以说，简单只是表象。

本书中谈到很多案例，那些既赚到钱又事业成功的人，他们不过就是在做着一个简单的业务：运输，四处奔走寻找机会。听起来都是非常简单，可是为什么其他人又不做呢？难道真是这样简单吗？因此，把简单当成简单，绝对属于智商超低的行为；而把简单当成复杂，才是正确的理解。

举个例子，眼睛能帮助我们观察世界，可是人的肉体死亡之以后，眼睛还能看到东西吗？当然不能，可是眼睛确实存在呀。实际上，眼睛是通过与大脑相配合来完成视觉过程的。大脑通过视神经与眼睛相连，对眼睛传来的信息进行比对和分析，我们才能看清外界的事物。大脑失去功能，眼睛自然也就目不能视了。那大脑又是怎样运作的？那可是极其复杂的系统工程，科学家到现在还没有探究明白。因此，造一双眼睛看起来不难，但是想看和分析的东西那就难了，到现在人类社会都无法在自动驾驶车上放一只“眼睛”。

物物相连，这个世界很复杂，生命本身就是最复杂的工程，比如人体单单肠胃就有1亿个神经元细胞，相当于一亿传感器，调控人体内部的各种化学反应，制造成千上万种酶，相互协调。因此不是我们不想复杂，而是根本没有复杂的机会。能把简单做好了，就是把复杂的细胞优化成一个看起来简单的有机共同体，各个细胞有条不紊地沟通、运行。

做企业也是同样的道理。让这么多的因素同时运营，需要管理者有坚毅的品格，去把如此复杂的管理因素整合成一个有机体。在关键的时候，所有的器官和细胞共同感触喜怒哀乐。

作为企业，为什么多元化的管理基本上没有成功的可能？市场上确实存在的还没有突破的成千上万的领域，一块钱都可以买一公斤做生意的点子，可是企业管理达到什么标准才算是一个完美的点，什么情况下扩充才是可能的？

2014 年的某一天，我发现我们合作 7 年的某客户已经基本上没有了稍大的问题，公司的一切运转都在预料之中，员工也开心，大家都开心，企业还处在正能量发展的时期。就此，我把解决过的所有问题归纳了一下，一共 1040 个文件夹，5560 个文件，而且这些文件 100% 得到了执行，即使不认字的员工都可以做得到。这绝对是门大学问。如果企业有任何变动，系统还会不断更新，这个数字也在不断变化。企业的管理是动态的，绝对不是静态，或者照本宣科的。

一桩生意有着 1000 个指标和 5000 个支持点，这就是企业单元成功的密码。从这一点更能看出聚焦的重要性。做好一项主营业务都这么难，那么有些小企业随意转换跑道，就要重新建立 1000 个指标和 5000 个支持点，那就尤其不容易。

最重要很多问题是彼此相连的，解决单一问题在很大程度上是没法做到的。就像一辆车的传动链条，如果车的链条需要 1000 节，你做到 999 节，车也无法动起来，但你确实不知道你公司这辆车需要 1000 节还是 1001 节，所以你要每天不断地去克服困难，直到有一天你认为你这辆车动起来，这时候再你细心地数一数关键性的问题，关键点基本上就在 1000 个左右。

从企业管理的角度，这 1000 个问题，大概可以分为以下几类：方向，团队，系统。

日本优衣库首席艺术总监佐藤可士和写了一本书《佐藤可士和的超整理术》，

提到每做完一个项目和案子，就会把所有的文件整理清楚，输入电脑，把纸张全部烧掉，通过这个过程让大家进行升华。面对人生的逆境也应如此，有的时候需要你整理很多。困难会出现，也会出现很多干扰，但是你还是要坚持整理。

我自己也非常擅长整理，因为信息量太大，优异的信息都是来自实际的案例和操作，所以必须把它整理出来。时间久了你会发现，从量变会进入到质变，这是不可思议的过程。而且供应链一旦进入大项目，每年会有几次甚至几十次的专业审核，每次都会给你几个到几十个的不符合项。这些不符合项一旦被提出来，只要企业认真去做且善加总结，其实也就不难解决。这些就是企业卓越制度的积累，有积累才有机会。

2. 对 50 美元的驾驭能力：现金流。

大部分中小企业是没有什么话语权的，即便说出最好的方向及发展模式，在没实现之前，也是言之无物。在这个阶段，企业生存最大的关键就是现金流。即便对于业绩不错的公司来说，现金流也依然重要。一辆绚丽的跑车，没油后也不过就是个物件，加油后就精彩纷呈。现金流就是企业的油。

我与许多中小企业老总深入沟通过，大部分人都说钱不够用。但没有多少人能说明白他的账上到底需要多少钱，这部分钱从哪里来，是从客户、供应商还是利润、私募、融资，甚至是投资者，股东或者通过上市?

老板们都有一笔“血泪账”。很多老板在日常花销上不如职员潇洒，甚至被人说成“抠门”。其实老板长期生活在成本和利润之间，当了老板，就等于成为自己的长工，不管生意好不好，收入高不高，你都得扛着。

我在新加坡一个做装修的客户，有着多年的积累。在我接手他的项目前，公司已发展到 200 多人，工厂价值 1000 万美元，客户质量也不错，账面上公司赚钱，股东们士气激昂，银行有 800 万的支持力度，但就是每个月都现金流紧张。原因在哪里？经过我的百万学位模型分析发现，其实公司在项目投标时就是亏钱的。这听起来不可思议，但确是事实。大部分中小企业老板都不喜欢看账目，也不懂账目，这个道理看似每个人都懂，但在实际运营中却因为忽略而积累到不可控制的地步。

找到这家公司现金流紧张的根源后，我指点他们化整为零，把大锅饭变成了一个个可以衡量的业务单元。公司业务经过一年的重新配置，大工程保证公司有足够人力配额以维持团队数量，而被忽略的住宅及出口定制业务被定为现金项目。这样到了2019年初，公司单单一个5个人负责的越南柬埔寨装修出口部门就贡献了超过30万美元的利润，打破了同行看起来不可超越的枷锁。公司用两年时间扭转了10年的债务积累局面，老板也由此感慨财务管理的重要性。

当公司现金流紧张，说明现金流管理一定存在重大缺陷。大部分公司给出的理由很简单：订单拿不到，明天不能生产，行情就这样，还是有利润的，其他家也是这样。这种看似简单的现象，对很多中小企业来说都属于常态。

无论公司是大还是小，最终都以1—50人为基本单位运营。而会计中的现金流管理是企业活力的重要根源。

很多企业不把小数目看在眼里。比如，某产品标价1000美元，纯利润10%，但客户坚持折扣5%就买。没办法，产品以950美元卖了，而公司只有多卖一件产品才能实现既定目标。而营业额增加，意味着现金成本也在增加，此时库存周转率如果还不能提高以抵销成本增长的话，那么企业看似红红火火，其实潜在危机在一开始就已埋下，结局早已注定。50美元看起来没有什么大不了的，可是存在银行里却要整整10年才有50美元的利息！ 50美元预示着一个企业的综合管理素质。比去年高5%，如何做得到？我们的很多大客户为了50美元的进步而投入大量资源，当然产出比中，无形资产、绝对竞争优势也以几倍到几十倍的速度增加，如融资能力、员工忠诚度、老板被尊重度、老板自由度、品牌、复制力、综合竞争力等。

在马来西亚，我的一个的客户从事美容行业，公司业绩不错，收取客户预付款，现金流充沛。鉴于大部分美容公司经营不规范，价格差别很大，他们采用标准化价格运营，每次理疗价格定位在100美元。问题是，有些理疗成本便宜，有些成本高昂，一个客户长期使用某产品或服务会产生消费疲劳，因此公司为定位100美元还是更高些而犹豫。为什么不是105美元？增长5%也是不错，可是由于这个价位需要更出色的员工，培训及人才寻找成本是否把5%抵销还未可知。那为什么不是95美元？比同行低5%会更有价格优势，可是由于这个价位谁都可以降价跟风，有可能导致恶性竞争，所以也不好采用。我们在接手这个案子后，公司完整颠覆了之前的想法。因为原料等级不同，美容公司有产品定价权，100美元根本不能代表客户的需求，哪怕是定位成一小部分客户。定价标准应该随着成本及客户需求双向而定，在有定价权的企业中最好的价格是，成交后客户、员工与公司三方都满意。中小企业不必要纠结制定一个标杆，不足够大或某些非常因素不具备时，生存是第一要务，要根据企业自身能力不断优化资源，保证有足够现金流，方为上策。

3. 学会看账目。

我的一个客户公司定了一个政策，只要公司的利润每年超过一个比例，全部员工就能多分到两个月的花红。这是一个很好的激励政策，公司100多号人，连续五年都如期完成任务，可是公司账上的钱却越来越少。老板百思不得其解，最后我建议请了一家专业公司，以企业并购的模式重新检查公司账户，彻头彻尾地查了一遍。

检查的结果是：会计人员为了多拿花红，竟然人为地多做了公司的利润，公司就按照这个账目多给员工花红长达五年，每年50万新币。这就是为什么账面上的钱越来越少的原因所在。看起来不可能发生的事情，其实在很多企业天天都在发生，只是管理层不知道而已。不会看账或不让专业的人帮助看账，管理会逊色 10 倍，甚至会出现很大的问题。

尤其对一些比较小型的公司来说，无力聘请很专业的会计团队，就必须学会自己看账。要学会 10-7=3 的原理，10 是收入，7 是成本，3 是利润。我们不需要太专业，但必须通过这个方程式，至少要了解钱进来多少出去多少，怎么有效地运用资金。看账目不需要像专业人士那样，只要看管理会计就可以了。如公司的损益表、资金的进出、债权债务、现金的储备、外部资金的成本等，那都应该是每个星期必看的数据。

我不是吓唬大家，跟这么多企业沟通过，很多企业只在乎今天账面上有多少钱，甚至不关心这些钱是哪里来的，比如很多钱都是银行的和还没有还供应商的钱。如果你的供应商是一家大公司，有一天政策改变而更换为其他供应商的时候，要求你一次偿还所有的欠款，这将是一个灭顶之灾。很多公司都熬不过这一关，甚至一夜白头。

在很多东南亚国家，政府要求企业账目每年一报税，因此很多公司在年底或者是拖上 15 个月以后才能知道整个账目的结果，但这都是比较小的公司的做法。我们管理的稍微大型的公司，每个星期都要有最基本的报表，管理层在报表中发现管理的漏洞和改善之处，以数据讲话，尤其是施行虚拟股和阿米巴模式的公司。

很多比较小型的公司既然没有办法请一个会计，那么每一个星期让一个外部的县局会计人员来公司整理账目，是一个最实际、最省钱的办法，这笔钱是绝对不能省的。

4. 了解基层，对员工好点。

我们必须持有开放的心态、感恩的心态，才能进行全球化探索，与客户相处融洽，把大家看成一个整体。这是一个团结的时代，企业文化不仅要体现在前沿和关键时刻，与员工在做工以外也要有适当的接触，一起组织一些活动，比如一些互动性较强的旅行、吃饭、打球、唱歌、游戏等，都是很好的团队建设的途径。公司给员工的薪水，至少能让他养活自己和家人，公司也要有足够的平台让员工能赚到他们心目中想赚到的钱。

我经常告诉客户：你为了拿到客户的订单，会请客户吃饭，逢年过节会去拜访客户，甚至买些礼物去看他们，因为他们会给你订单。可是订单也需要员工的努力才能做出来，员工也是某种层面上的客户，也在帮你产生公司的价值。那么，为什么不能带着员工去吃饭，不能用心对员工好些呢？很多老板就不舍得对员工好一些。

在新加坡，你会发现很多很小的店面，提供的产品及各个方面看起来都极为普通，但都是上市公司，有非常高的运营水准，比如荣寿司、亚坤面包、老曾记等。而这种文化也带动着周围很多企业以类似的模式运营。

我的一个做装修的朋友收购了一家50年历史的炸鸡翅店。这家陈记老店连新加坡总理都去排队买过炸鸡。他在武吉知马开第二家店的时候，当地员工来总店学习时做出的味道非常好，可是回武吉知马后用同样的机器、同样的做法，却怎么也做不出陈记炸鸡的味道来。这个问题困扰了大家几个星期，最后拿温度计一查，原来是机器温度计不准，温度一高就容易把鸡翅膀都炸糊了。所以说企业的改善，每一天都在不断进行。

亏本的生意是没有人愿去做的，他在武吉知马的这家店就是前任老板因为不赚钱而盘给他的。我的朋友接手后，也跟员工讲，如果一年后，我做起来也没法盈利，那我只能把这个店面再顶给别人了。那你们也就会随着店面不断顶给不同的老板，顶来顶去，没有前途。因此，我们一定要好好地去做，也给自己做出一个好的未来。对于老板这么诚恳的言论，员工都接受了。

在此基础上，店里设立了一些小小的奖励制度，每天只要做到一个数额大家就有奖励。一开始大家不以为然，第一个礼拜也确实没有人拿到奖金。从第二个礼拜开始，有两天达到标准的，有约三天达到标准的，大家都拿到了奖金。接下来，每个员工就有了期待。以前，每天的业绩跟每个人都没有关系；现在，他们从早上就开始关注已卖了多少了，能不能给客户更好的服务让他们多来消费，等等。多少企业经过多少培训都不能达到的笑容，在他们的脸上自动展现，这就是人心和诚信的沟通。现在分店的业绩已经非常不错了，这时店面才开业不到半年。

也许大家觉得，这听起来好像是太简单了。可是你仔细看一看，多少企业的效率就是没有达到很好，很多公司员工即便是笑也没有结果。这里蕴含着一个很深的文化底蕴问题。

你到任何一个地方，如果别人给你提供了服务，那么，“你离开这个地方的时候，应该要让这个地方比你来之前更好”。只有这样，别人才会欢迎你下次再去。

我的一个好朋友，曾就职于世界五百强公司。她辞职的时候，恳请问公司的副总裁给她提建议。这位也在香港工作、年薪过100万美元的副总裁是这么说的：你一开始千万不要去一家大公司工作，要从小的品牌逐渐做起，一步步积累，脚踏实地。如果你去小公司，就会逐渐了解整个过程。不然，你拿大的订单做不到，不会协调，也会出大事情。这位副总裁还告诉她：“不要把你的秘密全都拿出来。你要收起一些，在时机成熟和关键的时候再拿出来。”

我的这位朋友非常具有创新精神。她做的产品是适用于各种衣服的松紧带，大部分都是用于高品质内衣和内裤的，质量非常好，非常高端。但是因为市场竞争日趋白热化，所以在价格方面经常处于劣势，于是她尝试进入运动服装和其他品类的市场。Fitness and performance 利润比较高，他们付得起，就努力沟通开拓了这些国际化客户。她在公司的业绩也从初来时的 1% 占到了现在的 5%，虽然销售额不是很高，但使得公司的利润大幅度提高，因为她的业务获得的利润高。她虽然时间非常自由，却也非常忙碌，经常往来于德国、美国东岸和西岸、加拿大、意大利等很多国家和地区。

当你用心对员工好时，他们自然感觉得到，工作激情和效率就会截然不同。

5. 搞复杂了：大道至简。

大道至简，简易之模遍天下。

连先生是一家知名船舶供应公司的掌舵人。在他创业早期，有一个拥有50艘船的日本客户非常看好他，就跟他讲：简单的东西不要复杂化，复杂的东西要简单化，自己设计的船里边尽量不加装非常自动化的系统，因为自动化的系统会让人产生惰性，遇到紧急情况时会不知所措。一艘船航行在大海上，如果出了问题，只有人才是解决问题的主角。这位日本客户是非常有主见的企业家，他奉行的理论叫“农民系统”(Farmer System)。言外之意，就是谁都会做。

这个“简单”理论对连先生的启发很大。在处理海运订单时，产品有时会达到上万种。如果按照产品固有的号码和编号来编排，那将是一个非常复杂的过程。因此，他对每一张订单的每种产品单独编号，这样从采购到拿货到与各客户沟通都按照订单的形式编号，让整个运营系统非常简单实用。

连先生的这个简单的编号系统，常把大公司打得落花流水。如果按照全球海事采购的教科书的规定，产品固有的号码、市场的价格以及货物的统筹将非常复杂，而且在现实中又常常会遇到书本上没有提到的产品，采购量又少，还要进行复杂而透明的编号，所以一般大公司都做不好。连先生把采购体系简化了，这就成了公司的优势所在。

目前的发展趋势是采购不再局限于新加坡，国外的产品未必贵，所以目前的市场已经打破了原有的代理制度。代理商加上本地的存储及人工费用，加上中盘价和分销价，在价格方面已经没有太多优势可言了。要想保持竞争力和利润，区域货品统筹才能突破，这更需要简单而适用的模式。

国内某知名企业家某次花百万美元与原通用电气公司CEO杰克·韦尔奇

(Jack Welch）吃早餐时，向他请教管理好公司的秘诀。杰克·韦尔奇告诉他是4P，即产品、价格、通路、促销。他说这个我们早就知道了。但知道未必能够做到，通用电气的产品定位是全球数一数二的，源于这个简单的产品定位，大量并购和出售企业就成了通用电气的首要工作。韦尔奇初掌通用电气公司时，公司销售额为250亿美元，盈利15亿美元，市场价值在全美上市公司中仅排名第十。而到了1999年，通用电气实现了1110亿美元的销售收入（世界第五）和107亿美元的盈利（全球第一），市值已居世界第二。韦尔奇初掌通用时，通用旗下仅有照明、发动机和电力三个事业部在市场上保持领先地位，如今已有12个事业部在其各自的市场上数一数二，这就是卓越制度。

管理公司都是把简单的东西做成经典，最复杂的产品也不过是火箭上天，这其中也有很多中小企业负责供应重要元器件及零件，比如一个螺丝钉，一根线。一旦细化到单一部件，在全球范围内就谈不上秘密了，那就必须是一个简单而又不可复制的模式。因为简单，才能聚焦，才能做深；因为简单，才能不断地做到精致，做到极致；因为简单，才能够不断地复制，才能做到规模，简易之模遍天下。

大道至简。吉祥馄饨、正新炸鸡、标准化饮品饮料……小到一个产品，大到一个店面，再大到一个连锁店，都是因为简单。

可是这并不是表面意义的简单，是去除一切不利于竞争、不利于发展的多余因素，为一个简单的事情做了充足的准备。就像雷军在一次对话中所提到的“去除设计”。去除设计指的是去除多余的设计，而不是不设计，其实这是一个非常复杂的工程学问题。

简单的事情并不好做。百度搜索的早期界面只有一行搜索条，它简单吗？可乐的配方都已经公布于世了，谁都可以制造可乐，可是有几个像可口可乐这样卖到全球的？飞机的每一个零件看起来也不是难做的事情，可是让这个庞然大物飞起来，简单吗？简单的背后是复杂的保证体系，如果连简单都做不了，那就更无法做到多元化和复杂了。

我自己在经营实体的时候，发现公司的很多问题都因为公司太小，基本上是没办法解决的。怎么办？解决不了的就先放下。八年后，随着某一个问题的解决，前面很多无法解决的问题竟然在瞬间迎刃而解。

因为很多问题都是表象，其本质却是其他问题。比如员工的积极性不高，原因在于培训不到位，或分钱没做好。“先分钱，再赚钱”的本质其实是用分利的方式分权、分责，通过做成事最终成就一批人。但分钱有一个麻烦——很难做到绝对公平，怎么办？就得连老大自己也留得不多。“如果老板学不了任正非舍得分钱，企业学华为就是白学。”

6. 别弄复杂了：阿米巴激励机制。

当公司只有 3—10 人时，效率最高，但能力不大。这个时候员工之间建立的人际关系较有意义，相互了解，相互关爱。随着公司的发展壮大，员工人数达到 50 人以上，就像一个小集体了。规模再大一些，小集体的概念也开始淡化，因为员工之间不再以同样的方式了解对方，这个时候如果把员工每 5—20 人按工作使命和任务分成若干组或部门，就成为建立有意义的人际关系和效率的最佳方式。较大的公司往往人情味淡一些，这是我们必须应对的另一个挑战。

“阿米巴经营模式”是日本的稻盛和夫提出来的一种管理体系和方法，目前在华人世界比较流行。当然，阿米巴的理念非常适用于日本公司，中国和新加坡的公司要想完全照搬，那是行不通的。

“阿米巴经营模式”的根本在于包时间、包工、包料、包管理，让每个员工都有主人翁的感觉。但是否会因承包而导致员工薪水大幅度提升，答案是并不完全是这样。

任何一个行业都有其行情，行业内的薪水不会差别特别大。阿米巴的核心在于公司必须有正确的价值观，让员工得到充分的尊重，让他们开开心心地为自己工作，同时总部能提供足够的支持，包括优异的培训和指导，同时还要以地方文化为保障。比如公司负责养老，那肯定行得通；但是如果一个国家采用的是公积金或社会劳保的制度，老来靠社会保障，那阿米巴就不一定会成功了。

早在十几年前，我就在新加坡的公司中实行过“阿米巴经营模式”，但那是在与本地文化充分结合的前提下做的。这个方法特别适合于中国背景的公司，大家能够顺利执行包工包料、精细化核算。比如我们做的一家中资建筑公司有接近2000人，每天早晨上班都要用50辆巴士接送员工。巴士如果在7—8点之间接送，不仅价格特别贵，还容易堵车；如果是早上5—6点接送，价格就便宜，一年累积下来也是一笔可观的费用，而且从《黄帝内经》的角度来看，早晨5点后起床对身体是非常好的。

但员工是否愿意改变作息时间呢？公司就此与员工进行了充分沟通，最后大家都同意了公司的理念。因为公司如果不能以低成本、高效率的价格运营，就很难拿到订单，这是大家赖以生存的核心价值观。要实现低成本运营，就要从公司的每一步开始，哪怕大家辛苦一点点。因此你可以看到，6点前就有不少员工先到了工地，有些去运动，有些稍加休息后去吃早餐，甚至很多人提前开工，到了上班时无一人迟到。公司采用的是计件工作制，早做早完，或者是早做就能赚得更多。这是典型员工上下班的“阿米巴经营模式”，节省下来的费用并没有分成，但让整个企业勤劳吃苦的精神贯穿于运营中，是对公司文化建设的极大贡献。

这是能够应用于不同文化背景下的“阿米巴经营模式”，不是简单计算一个小时，投入产出比有多少，上下游的供应关系，这个环节太贵，在管理层薄弱的公司，我会跟外边购买，这个理解就太低层次了，根本想不通。

服务业采用的是以佣金为基础的管理模式，企业在执行“阿米巴经营模式”后，以前把员工当手和脚，现在的核心就是调动大脑一同指挥手和脚去完成企业很多看不到的地方，达到最大潜力的发挥。而虚拟股就是很好的“阿米巴经营模式”。

任何制度的最高境界，都是调动人心。人的内心潜力被调动出来，就会产生不可思议的结果。一家公司就像一部机器，主要由企业文化和人这两组部件构成，人一般不会随岁月有太大变化，要认识到企业文化的改变会产生不同结果。就像碳酸钙，成分一样，但链接结构不一样，可以是粉笔，也可以是珍珠，这个链接结构就是企业文化。

第七节
如何把事业做到极致

人人都可以打一份工，人人都可以做生意。讲起如何把工作做到极致，把公司做到极致，这是个很高级的问题，值得深思。

经过多年的研究，我把如何把公司做到极致分为三个重点：聚焦与定力，不随便受外界的干扰而随便改变方向；全力推动，每天3—10小时，积累超过10000—30000小时；安静，智慧，知道真相。

1. 聚焦与定力。

我经常问企业家们："如果今年你只做一件事，那是什么？""未来20年只做一件事，那又是什么？"

再好的企业，也必须通过一个介体与目标客户接触。这个介体可以是品牌、产品，也可以是服务。

客户在选择品牌、产品和服务的时候，第一种选择方法是：为什么不选择别人而只选择你？另外一种选择方法是，只选择你而不考虑选择别人，这种选择的趋向就叫卖点和聚焦。

一个百万学位的学生曾跟我讲了一个案例：一个从中国来的投资者在新加坡走了一圈，做完市场调查后开心得不得了，以为发现了新大陆——这么优秀的国家，竟然没有一家精装修的高档茶馆。所以半年后，她开了家新加坡最高档的茶馆，投入几十万新币，里面装修得非常精美，把中国茶馆的优秀元素都搬进来了，可是半年后就以极低的价钱转让给英国某俱乐部了。

她告诉我的学生，没有人来喝茶，无法盈利。其实在新加坡的文化背景下，大家工作节奏特别快，到咖啡店喝一杯咖啡或奶茶，或者直接买走路上喝，很少有时间坐在那里品一下午的茶，这在很多企业眼里是太奢侈了，或太浪费时间，极端一点讲就是不务正业。因此来到一个国家，不是看到没有人穿鞋子就认为每个人都应该买双鞋，这需要时机，需要彻底的背景调查。不是这个地方没有就是空白市场。

比尔·盖茨的母亲曾邀请一群大佬分享一个最成功的秘诀，巴菲特和比尔·盖茨毫不犹豫地说出同样的答案：Focus（聚焦）。

聚焦，就是找到一个有发展未来、可掌控的细分市场后，专心经营这个市场。定力就是不要因外界一些不同观念的影响而随随便便地改变初衷。成功的前提是你有定力，看得到大方向，做有把握的事。定力就是思想稳定下来，有主见，善于观察，敏感度也很强，对四面八方和周围环境要有很强的认知。

当你设定目标后，再配上全力以赴的专注，全世界都为你开路！羡慕别人，不如超越自己。

目前全世界很多企业家都在参加各种不同的圈子、群组，可说是每天对外面的世界都是我心飞翔，但这恰恰影响了自己的心智。我对身边这些非常成功的企业家做了一个调查，发现大凡非常成功的企业家都没时间也不愿意去参加社交活动，宁愿静下来去想一想自己的事情。其实外面的机会越多，在一定程度上，对自己的主业干扰就越大。举一个更极端的例子，巴菲特为什么不把他的公司设在纽约最繁华的金融中心？因为他是想聚焦自己最核心的部分，不想被别人干扰。

日本东京的吉祥寺商业街有一家仅 3 平方米的小笹（tì）点心店，已有 40 年历史了，每个月都能够创造出 15 万美元的纯收入。这家店 40 年来只卖两种点心：

羊羹和最中饼。这家店运用的最好的食材和40年积累的工艺，在口味和产品质量方面做到极致，令当地人吃了后都难以忘怀。

我每次离开哈尔滨，一定会去秋林商场买哈尔滨红肠，那味道就是一种极致。哈尔滨的商委红肠更是一种极致的标杆。

众筹预售平台Kickstarter上的手表就非常极致。Kickstarter的卖家有着这样的主见——名表太贵而普通的表戴着又没有感觉，因此就做了一款质量非常好、设计非常前卫但全球只发行200块的收藏品表，基本不用担心在城市中遇到同款表。机械表的市场本来已经比较冷淡，这一下子因清晰的收藏品和唯我独有的聚焦又再度走红。

我辅导过一家美容院，咨询时间超过10年。这家美容院只有一家店，经营大众脸部皮肤护理，周围的店在一家一家地更换店主，而这家店依然屹立不倒，生意做得风生水起。原因是这家美容院的超级流程就有200多项，从客户进来到客户的终生维护都有非常明确的标准。比如其中一个标准就是，在这里消费的大众客户每年花的钱不可超过他总收入的3%—10%。如果一个人年收入4万新币，在这里平均消费3000元新币就能解决一年内所有皮肤方面的问题。不从事这个行业的人，不清楚这10%的意义。很多美容院都希望客户花钱一个接一个地做理疗，最好把钱都花在自己的店里，那客户还有钱享受其他的服务吗？企业又如何用3%—10%的收入去平衡各方面的花销呢？市场顶级设备和技术的购买，员工和团队的收入，与投资者获得的净利……各方面的比例关系就是很大的学问。这家美容院的“利他思想”在这个行业是前卫的，不打广告。老板的经营理念非常清晰，我们靠的都是老客户和转介绍，他们非常知道我们是怎么样服务他们的，开了这么多年的美容院，只要努力，做对方向，做一些好公司是不难的。正如好的餐馆根本不用打广告一样，这个公司聚焦30年了，出结果了。

因为聚焦点不一样，竞争格局和结果完全不同。

美国底特律的汽车城做得很好，可后来日本人打入了美国市场，到了最后，底特律关门了。

做手机和汽车需要不断创新，而养牛需要创新只需要安全健康，没有牛 1 代，牛 2 代，牛 4s，牛 5s。

卖男士裤子、袜子、内裤赚钱，不会过时，生意风险低，而卖女士衣服就不一样了。

数码相机是柯达公司发明的，可是数码相机在柯达公司中的地位就是一只丑小鸭，最后整个行业都被别人捷足先登。

新加坡万特（Venture）集团公司在 1996 年时有几千员工，每天早晨大批马来西亚员工骑摩托车上班在当年是道路上的风景线。由于聚焦战略转型，今天这个风景没了。

在硬盘行业，全球最大硬盘厂商西部数据（Western Digital）收购日立（Hitachi）硬盘业务后，硬盘行业只剩西部数据（WD）和希捷（Seagate）两家独大。

手表、手包的价格，与产品重量之间相比，应该是几倍？如何把黄铜卖出黄金的价格？瑞士钟表天天在干。

成立于 1968 年的英特尔公司，其早年的主营业务是生产存储器。到了 80 年代初，日本存储器技术已经超过美国，英特尔大量产品挤压，资金周转不灵。到了 1985 年，两位掌门人商议，毅然断臂求生，放弃存储器，转为生产微处理器，并逐渐成了整个计算机产业的领导者。

过去媒体平台少，做电视广告是许多厂家最好的宣传法宝。娃哈哈公司就出现过一打电视广告进货商就会在门口排队的盛况。到了现在则大不一样，做电视广告不见得有效果，大量自媒体平台崛起，如微信、脸书、推特等。

在国内一线城市，医院排队 6 小时，看医生 6 分钟解决问题，许多人都在投诉医生没有医德。可是在英国，有的医生因为看病的人太多，累坏了，开枪自杀。谁又去体谅他们？为什么不开一家排队只需10分钟的医院？

外卖来了，方便面没生意了，可是非油炸刀削方便面又火了。

Iwatch来了，可是百达翡丽还是那么贵。

朝阳行业中有夕阳公司，夕阳行业中有朝阳公司。互联网来了，可是出租车司机照样听收音机。手机来了，电影票房超过50亿的大片红得很，电影院线不仅没有被淘汰，反而因为有好的视听体验、处在市中心最贵的楼里、世外桃源般的隔离，与在家看电视、玩手机分属不同的生活方式，而令广大观众趋之若鹜。

人均GDP超过一万美元的城市，各种健康、养生、休闲项目，比如室内高尔夫球等随之衍生而来，水果茶、休闲饮品也纷沓而至，印证着人们从生存到生活、从功能到文化的提升。

在电影发展早期，许多摄影师担任导演，因为摄影难度最大，要比技术；发展到今天，摄影相对容易，学生都会剪辑电影了，所以大家比拼的是思想和文化内涵，因此导演更重要。

工业文明，大湾区经济，物联网文明，平台文明，资本经济……都在我们这个时代交替呈现聚焦的机会。

我个人直到43岁时才知道自己吃虾过敏，同样43岁时才明白铅笔在我生活中的重要性——躺在床上随意任何方向都能书写，不像圆珠笔，倒立着就不工作了。

世界知名公司和脸书争相收购太阳能无人机，以实现全球网络发射点，让上网没有盲点。大公司之所以伟大，是因为他们能聚焦承担全球责任。

在摩托罗拉手机风行的时代，一部手机用上5年还是奢侈品，因为手机太贵，很多人买不起。可是到了今天，中国网民首次突破8亿，作为世界上人口最多的互联网大国，正在以自己独有的方式逐步影响全球互联网，在全球互联网领域的话语权正在逐步提升。这其中，中小企业占有很重要的优势。

搜索行业的未来发展之路可以分为四条：深度内容搜索、多媒体搜索、个性化与本地化搜索、人工智能。每天 Youtube 上被观看的视频数量为 20 亿，每分钟上传到 Youtube 的视频播放时长总和为 35 小时。脸书目前的每月活跃用户数为 7 亿，而这其中多为中小企业的贡献。

德国巴斯夫（BASF）公司的产品聚焦于大厦涂层，产品能降低 25% 热能传递。中国深圳嘉达公司的核心技术“油水合一”突破了“油水不融”的世界性难题，金属构件防腐涂料防腐超过 50 年。

阿尔迪（ALDI）这家德国连锁超市聚焦于最便宜的食品；易捷零售连锁便利店、美宜佳便利店、7-11 便利店聚焦于方便快捷，但商品价格并不便宜；新加坡第二大连锁超市冷链超市（Cold Storage）以新鲜冷藏为卖点；全食食品超市（Whole Food Market ）是全美最大的天然食品和有机食品零售超市，也是全美首家获认证的有机食品零售商；家乐福零售连锁集团（Carrefour）、新加坡 Giant 超市聚焦于商品多样化；沃尔玛百货有限公司（WalMart Inc.）是世界上最大的连锁零售企业，聚焦于多品种、大物流。聚焦点不一样，结果就不一样。

每一个成功的企业本上有一个优秀的聚焦点，每个人都有很大的投入。一个点的突破，会带你进入顶层供应链。

这 20 年中，我一直跟许多优秀的企业保持沟通，通常每一到两年都会给大部分人电话联系，很多人也在跟我讲。他们很专注于自己的生意，但就是没什么起色。其实这不叫专注，这叫守旧。今天的做法与以前做的一模一样。

聚焦专注为的是什么？为了不断精进和进化，创始人必须带领全部的团队每天不遗余力地完成每一个细节，优化每一个流程，肩负起对客户的每一份责任，还要留意风险带来的灭顶之灾，把每一项分解开，解决成千上万的问题，因此公司的专注度绝对可以写成一部长篇小说，而且会持续写下去，没有结尾。

专注的过程是有方法可循的。比如我们百万学位中的快乐，里面要求大家至少有几个高人不断地指点，因为他们经历过，他们知道趋势，向他们请教比你用5年、10年摸索要快得多。

所以你要不断学习，不断深思，从各个维度去体会这个社会的痛点。痛点是大趋势，只要你能找到痛点，你对这个痛点有激情，那么恭喜你，你就全力以赴去专注聚焦吧，3—10年后，你也会成为一个独角兽。

2. 全力推动，全力以赴。

人的成就和差异取决于如何用业余时间不断开发自己独特的产品，并如何把产品交到客户的手中。公司的80%甚至是百分之百的资源压在聚焦的细分市场，经过10000个小时的聚焦积累，每天工作以外的3小时专业学习，10年内就能成为专家，再多就可以成为全球顶级的专家。

公开演讲并不是我的特长。但在2005年，我开始研究公开课的运营模式，从演讲者到教材，从招生到学员到后续跟踪，一直到2007年才开了第一个班。一开始招了一批员工，让他们到公司拜访客户，结果收效甚微。3个月后我采取免费预览的形式，一发而不可收，就开了三十几个班，多的时候一个班有150人。2005—2007年这三年内，除了日常的工作以外，每天拿出超过10个小时的工作强度来准备公开课。我粗粗算了一下，当2007年开第一个班的时候，也正好用了10000个小时。这定律谁都逃不了。没有原始的积累，绝对谈不上质变。

在过去的十年，我持续帮助一家服务公司开发人力资源管理体系，可以说我在服务行业投入了大量的精力。经过10多年的行业积累，到最后把团队的200种心态、培训的500个指标、客户服务的200个接口都一一开发出来了，因此我可以很肯定地下一个结论，目前市场上的大部分公司的人事部经理都是非常辛苦的，他们没有这样的资源和权力去做这样大的工程，从公司老板到最底层的每一级同事的完美配合，每个人都有不同的背景、不同的期望、不同的现状，如何让同样的工作产生相同的效果，这是一个超级难的课题，没有花 5—10 年的时间是很难理解这些问题的精髓。这就是付出努力，全力推动。

比如说作为一个公司创始人，你的时间是如何分配的？俄罗斯作家格拉宁的纪实小说《奇特的一生》，讲述的是苏联昆虫学家柳比歇夫用时间统计法对自己进行了研究和试验。柳比歇夫通过记录从早到晚的每一件事情，最后发现他 80% 的时间都在浪费。我们是否也是在这个怪圈中不断地循环呢？因此如何去掉那些琐碎的事情，就变得非常重要。

如何把结果目标和过程目标结合在一起，达到完美的目标设计？对中小企业实在一点，那就是你要有生存目标、靠山目标、管理目标、资本目标。管理目标包括人、钱、物、体系等。

洪先生是新加坡人，毕业于美国亚利桑那州立大学计算机系，2002 年在埃森哲新加坡公司工作期间是红杉亚洲联合创始人，担任其咨询总监兼市场营销主管，主要负责零售信息系统解决方案的业务咨询和应用程序开发，从 POS 前端应用到总部后端。这些 POS 解决方案应用于美容院 / 水疗中心和美发沙龙、药房等。还有 CRM 和忠诚度解决方案；批发销售交易系统和洗涤管理等；还从事 SAP R/3 零售咨询服务、条形码解决方案和软件定制。

2002 年，洪先生凭借着丰富的职场实务经验，同时结合专业的电脑工程技能，与友人合资创立了自己的商业堡垒，并在新加坡和马来西亚注册公司，命名为 Sequoia-asia。洪先生以其精准敏锐的市场触觉与自主创新的能力，成功地把销点管理系统引进美容美发市场，抢占商机。美软 Beaute Soft 专业管理软件就此诞生，进而成为该领域成长的关键角色。

洪先生与团队也积极走进美容和美发市场，努力接触人群，参加大型的美容展览，以彻底了解顾客的需求，从而开发合适的解决系统。不懈的努力造就了辉煌的成果，自 Sequoia-asia 创立以来，由洪先生与团队所研发的美软从第 1 版进化至第6版，让美容与美发院管理系统全面升级。此外，第6版美软 Beaute Soft 更获得新加坡资讯通信发展管理局的相关认证。洪先生在马来西亚和印度设有分公司，在菲律宾设有销售代表处公司，专注于品牌美软 Beaute Soft 的开发。

在创业初期，洪先生有七八年没有拿过薪水。当时是以工程师的想法开发软件，一心把软件做好，不知道市场要什么，因此业绩一直做得不理想，所有的收益又投入了产品的再研发，无钱可赚。还好，洪先生是一个敏感度非常高、决策非常快的企业家。那一年我在吉隆坡演讲时结识了洪先生，我们都来自新加坡，因此一见如故。当时他有非常多的产品线，我则希望洪先生能开发出帮我开课、价值3000元的软件。面对我的要求，他说非常简单，一周就做好了，但我要求的这些功能在他开发的软件中并不存在。有些人做一公里长一寸深，有些公司做一寸长一公里深，你选哪一个？后来这个软件开发出来了，对我的帮助很大，洪先生同时也从中深刻领略到市场导向而非技术导向的重要性。最后他果断放弃了所有的其他行业软件，选择了美容行业。

凡事就怕专心，不到两年 Beaute Soft 就得到新加坡政府认可，并列入新加坡政府资助项目。有了国家级别的认可，又以市场为导向，软件的销量瞬间爆发，新加坡有60家店的连锁集团跟他买软件，在马来西亚拥有70家店的连锁集团也用他的软件。从客户的预约，到客户的项目管理，到员工的管理，到后台数据分析，到趋势的预测，亮点闪烁。2009年，新加坡政府对软件公司进行另一轮的淘汰和甄选，400家公司优胜劣汰，变成了100家。洪先生的公司以良好的信誉成功晋级。

美软在不同的国家销售，就要克服在不同国家的问题。比如马来西亚有13个州，靠人力每天出差是行不通的，在品质稳定的前提下做到远程操控，服务于中心，做到科技、产品与服务为一体。如果找到既懂美容行业操作又懂得技术的人是非常难的，因此新媒体工具如脸书等就会派上用场。公司在印度的分公司也找到了优质合伙人，他们用最新的技术和科技系统开发 App 和云技术，成本只有在马来西亚的 30%。这些产品开发成功以后，就可以在东南亚广泛推广，市场前景一片美好。而当软件卖到印尼时，对方表示合同可以签，但是不付款，又不开始实施项目，你也没有办法，语言沟通也是个很大的问题，即便是老板亲力亲为，没有找到很好的合伙人，风险也非常大。

菲律宾目前是一个蓬勃发展的国家，洪先生在这里已经精耕几年了，终于在 2018 年与当地的优质合伙人签订软件经销协议，结果不到几个月就取得了非常好的业绩。在菲律宾，有些地区因为要与印度争夺服务中心的市场，所以服务中心大楼林立，结果大部分服务中心都搬到了印度，大楼空空荡荡。但现在有很多的中国企业来到菲律宾，弥补了这里的服务中心空白。很多中国员工来到这里服务于汉语的网上支持，而当地的员工服务于英语的网上支持，菲律宾大部分受教育的员工都能讲流利的英语。1.2 亿的人口，中产逐渐富足起来，国家大兴土木建设，发展势头一片看好。新加坡、中国和马来西亚曾经经历的阶段，在这里完全可以复制。

洪先生有非常好的领导力，取决于他优异的工作背景，一批非常优秀的员工一直跟着他，解决问题，让客户有优异的体验，以口碑不断地扩充市场。同时从商业模式上，把销售市场定位向菲律宾、越南、缅甸、文莱、中国和更多国家扩充，公司考虑将与资本进行合作。

美软软件的开发度深，行业的竞争并不明显。2019 年 5 月，我与洪先生又重新制定了企业发展的精确战略，发展和整合异地资源，做精致的规模，专业的定制化，专业的相关联多元化产品。不仅要了解客户，满足客户的需求，最重要的是要创造需要，引领客户，引领市场，更好地整合云技术、链接终端设备和优异的 APP，导入大健康的理念。最终概括为：引领客户进步，客户希望你的店面也在进步；客户不能每天都来消费，开发后续断点服务；大健康理念导入；养生，数据，大健康综合应用，杜绝忽悠。

现在市场中很多大型的连锁店，表面上招牌是一样的，但系统仍然各有差别，因此品牌运营商没有完整的数据，并不能对自己的连锁店有最好的掌控。数据时代一定要统一管理。

回顾创业这20年，洪先生感慨说：聚焦于全力推动，做到极致。美软就是在创造这个价值。

3. 安静，智慧，知道真相。

当你聚焦一个主业，把90%的资源都投在这个主业里，达到10000—30000个小时专家级的积累，这个时候的结果即便不理想，也很快就能突破，因为你已经是专家级别，因此你很快就会接触到真相，真相很快就会乍现在你的眼前，你的内心是知道的。我们在本书的最后一节会谈到安静，在几个章节谈到真相。

我在东南亚开公开课时，最初用的就是一对一的客户招揽方法，效果非常不好。一对一的客户招揽需要员工有极高的成交水平，对公司的课程内容有相当的体会，对客户有很深的了解。想让一个老板来掏钱上课，你的水平必须要超过他，这对一个刚刚来工作几个月的员工是非常难的事情。可是到目前，很多公司还在采用这种方式。

因此我就在想，既然我没有办法在短时间内培养出这么多优秀的员工，每个员工又让我来帮助他们，可我又怎么有那么多的时间？怎么办？作为公司的领导，在这个时候需要的是极大的智慧。面对越发混乱的局面，当时我的选择是采用一个医学博士教我的方法，度假两周，什么事都不管。大概在假期的第10天左右，一个突如其来的想法出现在我脑海中。放弃员工一对一的招揽方法，采取免费试听的方法，降低员工招揽的难度，争取让员工把所有潜在的客户集中在一起，我一次对多人演讲。员工只是把他们请来听一堂免费的课，是很容易做到的，尤其是在一次展览会就可以召集近200人的情况下。

这样做的结果，马上改变了公司的盈利营业模式。酒店集中免费预览课成交率竟然高达30%，每个月都安排一两次这样的酒店预览班，每个班最少都有30个人，而之前所有员工加起来一个月最多能有两三个客户来上课或做咨询。

后来又开始投放报纸广告，每一个整版的报纸都会招到一个班。与报纸广告的直接投放成本相比，毛利率回报率高达90%。

这种模式其实非常普遍，被称为会议营销。可是在当时，因为有太多的营销方法可以采用，每个人在做自己的公司的时候，或多或少都会有一些盲点，不见得就能用上这种模式。虽然我只是用两周的时间创造了自己独特的会议营销，但现在很多公司在销售方面都无法很好地应用这样的模式。

在以后的工作中，我又把这套方法不断应用于其他公司，比如前面提到的意大利人米歇尔在上海工作的公司。为什么能做到公司销售业绩在一年迅速提升十倍，达到3000万欧元？之前也有顾问建议他们做会议营销，但每次都要耗费巨大的人力物力把机器拖去展示，而我建议把工厂作为会议营销的地点，一次装饰，永久应用，同样是会议营销，在花费和效果方面却有天壤之别。

我自己的会议营销必须在酒店，而大型精密机器的会议营销就放在自己公司，最重要的是客户还要认同，两者都产生非常好的销售效果，这就是真相。只要聚焦，全力推动和足够的积累，智慧的真相就会出现在你的眼前。

第八节
第一次就把事情做对做好

什么是精英化管理？归根结底就是：第一次就把事情做对做好。

精益求精！认真做好每一件事很重要，不要有太多的负能量和忧虑。格林斯潘说："泡沫是很难确定的，除非它破了。"就像过马路确实有撞车的危险，走路时唯一要做的并不是闭眼念经求佛菩萨保佑平安，而是瞪起眼来留意路况。这句话看似老生常谈，其实蕴含着非常深刻的道理。让我们围绕着这句话，展开主题，这里有应该学习的经验。

为什么美国和以色列的很多小公司很容易发展成国际性的公司？这是企业老板眼光决定的。有了事业和眼光，就会有很大的行动力。你就越快逼近结果。

CEO（首席执行官）负责请新的COO（首席运营官）、CFO（首席财务官）。而每一个O，又分别去请自己的属下。美国的大部分公司也都是从CEO和COO二人开始的。但是他们的模式一旦成型，就会迅速扩充，不断复制。在这个过程中，他们对职业经理人的信任程度和管理方法是非常科学和值得借鉴的，因为他们的信任程度建立在流程和制度上，建立在责权利非常清晰的基础之上。

在我们华人的社会，则从来不缺乏精英，但是他们一旦到了很重要的管理职位，就无法发挥他的特长，原因不是他们不厉害，而是他们没有经过商业管理培训，同时公司的管理者的授权信任程度是最重要的因素。苹果公司的CEO蒂姆·库克曾担任过负责苹果公司供应链的首席运营官，受过专业CEO的培训，所以很快就能接任公司的重要职位。专业CEO也是有标准的。

CEO就必须有眼光，能够看到国际趋势。在西方国家，尤其是在美国，CEO每天必须看报纸，看专业的商业信息，看财务报告，看金融市场，看汇率。员工则要坐在一起讨论世界大事。看《财经时报》(Business Time）是一个基本的规定，如果你的上司跟你讨论今天报纸里某件事情而你不知道，那你的麻烦就来了。CEO必须具备很好的眼光，对核心管理及企业文化有深刻见解，这些都是可以通过培训来达到的。

IBM公司的各个团队每天会在一起半小时，想一想自己的部门应该如何发展，比如，产品研发部门有什么技术可以产生新的突破，市场部门如何开发市场，管理部门如何定战略……这就是企业文化。天弘集团（Celesrica）对每一个员工进行精益求精的培训，也在不断筛选人才晋升。

在以色列，通常超过三四百人的工厂都交由职业经理人打理，老板都不在公司，只负责看账。这是这个国家的主流文化。职业经理人负责组建团队及公司的正常运营，运营的方式非常西方化，非常正规。这是跨国运营的秘诀：善于授权。老板不在公司甚至不参与管理是企业文化。他们对职业经理人的信任并不停留在表象，而是有着非常严格的管理体制。同时，职业经理人也都经过专业的训练。

华人的很多企业都信奉肥水不流外人田，高层都是自己的人，最明显的是大部分中小企业都把采购权和财务放在自己人的手中，选择自己信任的人去运营企业。高层的能力和知识及经验受到相当大的限制，公司的发展就会受到限制。好的公司的定义，是有企业文化，有使命，有愿景，有价值观，这不是空谈。一个好的职业经理人，连这个公司将来发展方向都不知道，他又该如何加入并运营公司?

举个形象的例子。一个小孩子每天评头论足，自己连两公斤的物件都拿不起来，却去PK一个拎着大铁锤的20岁的武林高手；或者一个人身体强壮，但智商从来没有提升过，只有2岁的水平，却要去PK一个高考状元。哪个更有胜算？

如果你了解市场，就会觉得上面的PK并不是笑话，而是事实。你不难发现，那些喜欢投诉的公司都是些原始作坊，用着退役或二手机器的公司，口中却谈着如何做世界最精密的零件的事。他们只管投诉，却从不解决问题。很多企业还停留在20世纪70到90年代的工作做法，靠简单设备和简单管理升级，去PK采用最棒的管理模式的新兴企业。

我的MBA同学兼项目拍档迈克，在采购方面是全球采购供应链科班出身，具有丰富跨国物流专业经验。他任职于世界五百强公司，管理的供应商很多都是中小企业，经常飞往不同国家地区帮助当地供应链企业提升。迈克在以色列工作的时候，见到当地女人都拿着枪，以色列几乎全年处于备战状态。某次听到不远处传来一声巨响，原来是有颗炸弹爆炸。他问公司管理人员，炸弹有没有可能炸到这家工厂？对方说：可能。就是在这样极具挑战性的环境中，以色列出现了很多非常优秀的公司。

在全球采购方面，物流供应链的管理是非常大的学问。

举一个具体采购管理的例子：采购方面存在着供应商不合作、品质差、天灾或着火不能供应等问题。怎么解决？

①采购靠个人，能扛得住腐蚀吗？给2万回扣，出于职业道德，拒绝了；给50万回扣，答应了。拒绝2万只是出于对大哥的忠诚，但50万的支票在眼前晃一晃，就马上出卖公司利益，毫不犹豫。公司如果采用统一标准，集中采购，就不会出现靠人甄选的情况。5个人打分，还有行业专家定期审核，这样就避开了个人不可靠的弊端。这本是公司应该有的流程和需要的花费，却做得省了盐、坏了酱，员工开开心心讨生活却被起诉，这算是谁的错呢？

②至少有三四家供应商，这样可以做到货比三家，定期对供应体系进行审核。如果公司大，就用正规的审核方式；如果公司规模还小，就通过市场各种信息了解供应商的状况。这样，任何一个供应商有问题，你还有其他供应商作为后备。

③给供应商的订单不超过他们50%—80%的能力。如果公司体量足够大，还可以要求他们有30%左右的发展空间。好处是：第一，没有给供应商订单的时候供应商还能生存；第二，公司想扩充或临时增加订单的时候，他们还有30%的发展空间，不会断货。

④很多中小企业并不知道如何与大客户打交道，不知道他们的规则、要求，这就输在起跑线上了。很多大的生产型企业都要求单一供应商不能占项目的30%，给供应商的项目也不能超过其营业额的30%，以确保谁没有谁都能生存。试想想很多企业如果就一个客户的话，一旦没了订单，那将是灭顶之灾。

采购方面还存在采购员贪污问题。怎么解决？

①负责寻找供应商和负责采购的人员必须分离，必须是两组人。

②同时企业以企业资源计划（ERP）的管理方式，杜绝了很多不必要的沟通和麻烦，比如价格透明，采购者必须是按照供应商筛选的标准和价钱进行采购。而价格的设定也是按照市场标准做的。

举一个财务管理的例子：很多公司都有财务人员侵吞公款的现象，怎么解决？

①精英管理，需要专业、经验、眼光、远见。尤其是跨国的大公司，制度特别完善，一个会计部门就分5个职位，开支票、收款、管理现金、批准、检查的人要分开，这样基本上不容易出问题、搞帮派，因为每个人的责权利都非常清晰，公司的效率也非常高，看起来人做的事情不多，但公司却越来越大。而很多中小型的企业，每一个人做的事情都特别多，都快累死了，公司却越来越小，这

非常值得深思。

②小型公司可以委派外部专业人士进行票据方面的审核，因为是一周来一次，成本比较低，但非常有效。

再举人事管理的例子：

①人事部门有人事经理和人事律师，都需要到位。

②人事经理负责招聘、提升、职业规划等。人事部门招聘采购经理，很多人都说自己很厉害，你如何判断？如果你很有经验，你就会提出不仅仅以自己的采购和客户身份来压供应商，还要帮助他们从生产、质量、模具、机器、规划、进出口证、供应链管理、现金流管理等各个方面进行改善。因此任何一个职位都是综合性素质的人才。当然，有经验的人也非常难找，找猎头公司会是一个很好的方法。这肯定不是普通人事部经理能做的事。

③人事律师负责劳工法、工会等方面的处理。必须有专业的人处理这方面的事务。

1. 人事经理 + 人事律师才是人事管理的标配。

大部分人都会通过朋友的介绍以及他个人的美言来请人事部经理，这个是非常致命的方法。这个职位非常重要，日本人在每个国家每个重要部门的经理都是由日本人担任，唯独人事部经理要请当地人来做。

很多人事部经理都做得非常疲惫，力不从心。人哪有那么容易管理？他们也没有那么多精力管理那么多人。另外还会有些人人心叵测，一旦出现不好的心态，那将是非常危险的。

最好的方法就是请教在大公司工作过几年的人事部经理。他们之所以能在大公司工作，而且有相当的经历，说明他们见多识广，会给你带来优异的体系和制度。比如人事部由人事部经理加人事律师组成，兼职也可以，但大部分的公司根本就没有人事部的律师。

2. 好的财务总监等于一半的公司。

在亚洲很多国家，你千万别低估了发展中国家或者是不发达国家的税务部门的实力。他们可以让你坐在非常美丽的办公室，告诉你，你的客户供应商的财务状况，你实际的财务收益状况。

还有公司每年的账目审核。很多外部的审核公司都说自己很厉害，可你会发现年底时税务局还会亲自来查账，有时会经过几年再来查账，他们还会跟你说你的审核公司没有执照和文凭，是不合法的。这个时候应该怎么办？

我的客户请了一个超大公司的经理来公司，结果对方有大公司病，只说不做，玩政治，很多事情盖起来不让你知道，很快就无法在中型公司工作了。有一次我去收支票，明明老板都跟我说好了，财务就是没有给我，因此我直接进去找财务问这张支票，财务把这个经理叫来说是他不让给。这时候我就看了一眼这个经理，他的脸都青了。我心里非常清楚发生了什么事，自此我再也不跟这个人打交道了。这种人在小公司无法工作，因为小公司老板亲力亲为，会瞬间识别出来他的工作方式是不适合的。

最后举一个生产管理的例子：很多公司在产品产出后就出现了问题，到了生产部门以后，经过多方的努力，还是没办法解决。比如说，注塑出来的产品多了一块毛刺，去掉毛刺这个工作就落到了后续部门的手中，因此公司就多了一个去毛刺功能部门。

这个例子不是危言耸听，大部分公司都有这样的事情，原因是他们根本不从源头去解决毛刺问题。诸如此类的问题多得不胜数，机械零件钻孔后，里边产生的铁屑，需要人工去除，生产部门心知肚明，却不从钻头和生产流程来改善，宁愿后面多一批人去解决尾巴问题。

对很多小型公司来说，多请人的成本很高，一个人最好什么都会做，把多一个人视为备胎，而不是对工作方面的进行结果的平衡。其实他们是把人当作成本来看，这是大错特错的。人是生产力，可以创造无限。

优秀的人到位后，他是创造效率的。只要是优秀的人，都是免费的。为什么呢？他们会减少不必要的损失，比如采购到贵的产品，公司的现金被某个不良分子侵吞，公司的人事纠纷等；每一项，对公司来讲都可能是致命的结果。因此，还是要请薪水更高的专业人士，这是有道理的。

专业人士包括各个部门的关键人才、公司所需要的人才，责任就是做好自己的本职工作。这个工作都做不好，就没办法做超值服务的工作，千万不要做害人、拖累人的工作。

团队和资金永远是企业的重头戏。因此，人事部总监与财务总监职位至关重要。

3. 完善检查机制。

2003—2012 年，有一家高科技公司成为我的客户。这家公司有三十多个投资者，因为投资的技术过于先进，市场应用还没有那么快，就请了职业经理人来打理。但是因为是以信任为主的投资公司，投资人又是大股东，就没有建立检查机制。

第一个职业经理人是法国人，在两年之内拼命搞科技发明，但有 400 多项发明技术没有进行专利注册，被个人全部偷走。

第二个职业经理人是美国人，把公司所有的专利都注册在他自己的名下，当公司报警的时候，才发现警察要把专利交给的专利持有人就是他自己，因此公司损失非常惨重。

第三个职业经理人是意大利人，想尽一切办法缩减公司业务，股东们最后才发现，他想把公司价值压低，在价格最低时向管理层提出以 50 万新币收购公司。这个人也立即被开除了。

公司的会计又是老板父亲聘请的一位菲律宾女士，工作兢兢业业，有一件事情让老板感觉到非常不舒服，因为老板经常出差，要时时刻刻看到公司的账户，于是就买了 Quickbook，可是公司的账户和这个简单的软件迟迟不能链接。终于在 2014 年请了一个专业可靠的会计师进来，这个菲律宾会计还哭哭啼啼地说老板不相信她。也是那么巧，这时这个会计正和先生闹离婚，这时公司才发现，她利用公司的名义给他的先生（菲律宾人）申请了在新加坡的就业证，而且在离开时还以公司的名义把一张 3 万块钱的支票开给了他的先生，因为老板经常出差很久，往往会留下一些签名的空白支票。这些事情看起来已经不能容忍了，还有更大的问题，这个财务人员离开时，公司收到了 13 个来自政府各个部门的法律传票，从劳工部到税务局，还要一次补交九年的消费税。因此，老板得到了极大的教训：一个企业是不可能没有检查部门的。

第九节

如何进入顶层供应链

老老实实地做一份工作，一分耕耘一分收获，不要急，这个收获早晚会来。只要你好好的努力，有一天一定会进入顶层供应链。

2004 年 10 月，美国电子业龙头 IBM、惠普、戴尔等全球电子业跨国集团为了在电子行业的全球供应链中建立标准化的社会责任感行为规范，共同发布了 EICC（Electronic Industry Citizenship Coalition，电子行业行为准则）。EICC 由一系列基本规范组成，涉及劳工和招聘、健康安全、环境责任、管理系统和道德规范等方面，列出了各种标准，以确保电子行业供应链的工作环境安全，确保工人受到尊重并有尊严，确保生产流程对环境负责。受到 EICC 管制的公司，他们的供应商如果加班不给加班费，这种行为是违反 EICC 的，可能会导致公司失去订单。

李先生公司制作生产精密零部件，每年都要上很多个台阶。很多台阶是被迫推上去的，否则公司就无法继续生产。

德国技术监督协会（TUV）的国际审核员来李先生公司进行审核，三天面试了 100 个员工，给出了从人事到环保到安全方面的 28 个大问题。我们来看其中一个 EICC 薪资问题，该怎么就此上一个台阶。

国际审核员首先问员工，会不会计算自己的薪水？怎么算薪水？结果相当一部分人都知道自己的薪水是怎么构成的，但说不明白该怎么计算。

于是就引出第二个问题，公司有没有计算薪水的流程？当然有，在管理层那儿。可是 EICC 规定，员工必须知晓这一流程。公司别无选择，把加班费的流程打印出来，发给了 1000 多个员工。按道理说，审核应该是可以过关了。

第三个问题又来了，这个流程有没有培训员工？如何确保员工每人都明白？公司没有办法，又对 1000 多人进行了集中培训。这对于大部分企业来说都是没听过的事情，绝对可以过关了，因为已经举办培训了，培训记录也有了。

可是审核还没有完。第四个问题又来了。虽然举办培训了，但如何确保员工真正会算自己的薪水？这些流程做出后，有没有考试？考试有没有及格？记录在哪里？晕，公司又组织设计考试的试题，经过一轮轮考试，员工也及格了，试卷也有了，大家期待着第五个问题的到来。这个时候审核员说，你们已经过关了。看，上一个台阶的难度有多大？让 1000 个人同时做一件事情，分成细节并不难，但你有 1000 件事情同时要做，那就是考验管理水平了。

还有一条是职业道德。在我的客户中，几乎每个月都有大客户被审核，这种事对我们这样的专业咨询公司是小事。我们做了公司的商业原则（Business Principle），最后一条就是职业道德，中间还有操守和团队规则，打印成大名片（叫海报的话，多没水准），得了很高的分数。同期审核的几个我的客户的其他同行都没有及格，还要多一次审核。

国际审核员给出的 28 个问题，公司用了接近三个月才得以逐步完善，企业的进步又增加了 28 个台阶。李先生的公司已经做了 15 年了，因此企业若没有 5—8 年时间一步步改善，根本不可能达到一个水准。每年都经过 5—10 次不同客户这样的审核，每次审核面对的困难和挑战都是崭新的，所以其企业的进步标杆也是遥遥领先于同行的。

到了 2019 年，李先生在印尼的工厂已经达到 1300 人，管理层超过 50 人。其他公司都在投诉生意难做、人难找时，这家企业却在不断克服困难，越挫越勇。可谁能够想到，这家做自动化元件机器生产的公司，在几年前因全球生产转移和经济气候影响，由30多人只剩下10多人，中午吃饭时都要把办公室的灯关掉以节省电费。然而历经正确的战略调整后，成功转型为优秀公司，还被IBM评为全球最优异公司之一，进入顶层供应链。

李先生在马来西亚槟城的一个竞争对手，规模比较小，管理各方面都达不到一定的标准，采取的唯一办法就是不断降低工价。因此他们的订单一旦拿得多了，就会对李先生公司产生影响。他们的产品量少，可以减价，而当时李先生公司也正在成长，还无法达到大规模低成本效应。如果客户以竞争对手的价格为标杆，那么以这个方式在新加坡和印尼做减价生意，是无法做的。因此李先生到了槟城，跟他们谈条件，全额收购了这家公司。自此，这家公司成了客户重要的臂膀。你的产品已经通过客户国际化，国际化客户的橄榄枝也会伸向你，进入顶层供应链。

陈先生的公司从事塑胶注塑行业，因为传统注塑行业利润偏低，二手机器老旧，已经无法持续有效地展开经营。他甚至到印尼寻求做贸易生意，还曾问我能否在中国销售煤炭。后来，他悄然飞到美国，去看看有什么机会可寻，无意间到了一个电子展，最终拿到了世界知名公司正在展示的AI眼镜精密零件的研发生产权，引发了客户提供全部资金和试验设备，从此进行了一场持续三年的技术突破项目。最终，以塑料代替玻璃的全球顶尖技术在新加坡完成并进入量产。公司的产能从小公司以下立刻进入独角兽企业行列，进入全球知名公司高端供应链。

不要因为自己没什么付出、没有原始积累，就掐断了一些想法的萌芽。竞争是一种学问，更是一种艺术。只有向别的竞争对手去学习，才能进步得快，才能不断突破。任何成功都不能忽略其过程，没有这个过程就很容易被复制。这个过程是公司的最大价值。谁都知道，现在的百米短跑比赛世界纪录是9秒多，可为此而练出一身肌肉需要几年，这是一个过程，必须经过的过程，不然就你就需要趴在高人身上让他背着你跑。

进入顶层供应链的渠道有很多，在没有办法找到自己独立卖点前，应该迈开腿走出去，引入适合自己的核心竞争能力。无论是在中国、新加坡、德国还是美国，每一天都有各种各样的展览会，一般大型展览会都会汇聚各个行业的精英公司。

再好的企业，也必须通过一个介体与目标客户接触。这个介体可以是品牌、产品，也可以是服务。展览会就是一个非常棒的顶层供应链道场。

第十节
真花假花：上一个台阶的难度

真花和假花在远处看起来都一样艳丽，但区别在于，只要浇水施肥，真花就会按部就班地完成复杂的生命工程，不断成长，不断孕育生命，而假花则会原地不动。生活和工作中有很多人都是真花，给点水肥就能灿烂；还有很多是假花，无论你施多少肥，浇多少水，都不会成长，因为上一个台阶的难度太大了，选择当假花会更舒服一些。

在电视上看奥运会实况转播和到奥运会现场当观众，完全不是一码事。这就像看别人吃饭，和自己吃能一样吗?

使命感、价值观、理想、企业文化决定公司的实力和未来。只有真正把这些落到实处的公司，才算成功。所有的难度，都来自行动一举一动的结果（All difficulty come from action）。一个运动员跑 100 米的速度从 11 秒提升到 10 秒，与从 10 秒提升到 9 秒，会遇到同样的难度，甚至更难。

尽管一家公司会越做越好，但如果他想要更上一个台阶的话，难度绝对不会降低。比如足球场上，当球星梅西面对德国队时，要想超越对方一球命中，也是极其困难的。尽管目标已经设定，怎么展开实战却要由实力及现场多个因素决定。

什么是奋斗？奋斗就是每一天都很艰难，可一年年下来却越来越容易。不奋斗就是每天都很容易，可一年年下来越来越难。上一个台阶的难度是非常大的，别沮丧，工作就像心电图，一帆风顺就意味着你挂了。

当企业在取得利润以后，能否继续顺利成长，主要体现在内在经营如何提升方面。如果一个想法在一开始不是大众看起来荒谬的，是极其容易的，那就完了。比如一家小公司做出1000个指标，这是很荒谬的事情，但这绝对是最优质公司的幂次法则。

小公司不必全神贯注于研究别的小公司，而是研究要成为大公司。研究的自然规律是：在资源、能力都缺乏的情况下，怎么才能建立起“非我莫属”。

怎么才能建立“非我莫属”？答案是必须有绝对优势。

绝对优势，就是当客户跟你打交道后，不会再选择任何其他同行，在你这里的条件、体验、预期都远远超过其他竞争对手所能提供的标准。

我有一个新加坡客户，是做垃圾再循环的公司。因为新加坡劳工比较缺乏，所以很多公司都不加班或做安排夜班工作，但在他的公司，即使有客户半夜打电话，公司都会派人去，做别人不愿意做、不想做的工作。结果很多同行越做越小，而他的公司越来越大，到今天还在坚持这个原则和优势。这就是绝对优势。

我有一个客户要装修店面，装修时柜台设计想找某款玻璃材料，问遍能问的，看了能看的，见了能见的承包商，听到的都是同一句话：“这个不难做，但我们没有。”真让人气爆了。既然不难做，却没有现货，那么有钱赚的产品不去做，做的却都是同质化的整天打价格战的产品？还四处诉苦说生意难做、人难招。如何才能与众不同，又凭什么赚钱？

苹果手机上的Logo纸贴，全球没有几家公司能够做出来。其实在新加坡宏茂桥一家小工厂里，一对夫妇就领着几个员工做出了这样高质量的产品，不断供应苹果公司。这靠的就是一步步地积累。

电影《速度与激情》中绚丽的跑车，其外膜是新加坡一家小公司做的。这家小公司因为这样的项目，目前已经得到了美国 OTC 资本的关注。

正当餐饮业竞争一片红海之际，新加坡一家公司研发出了素食汉堡，在本地业务还不错。公司没有急于求成，大举开店，而是在美国洛杉矶开了海外分店，录制广告牌，并宣称自己要在几年内开 300 家，目前也已受到了美国 OTC 资本的关注。

大部分中小企业的绝对优势就是创始人的优势，创始人的胆识、担当、关键时刻的决断力。有些老板总喜欢回家考虑考虑，考虑完了，机会也没了。

为什么叫中小企业？说直白了不就是因为缺钱、缺人、缺资源吗？因此中小企业要建立绝对优势，是一件不能急于求成的事。你要极其努力，要等待一个机会的到来，还要能抓到机会。

我们现在所看到的全球知名的公司，在他们成名之前都是小企业，他们都有过成千上万个建立绝对优势的经历。我们身边有很多有很好想法的公司，正处在中小企业阶段，未来也可能成为大公司。

目标的设定只能反映人们要完成一件事的决心，向团队、向社会、向自己表明自己要达到这个目标的毅力，这是一种毅商。

我们不排除在日常工作中目标的设定，但大部分人过于追求结果型的目标，而忽略了对过程这个目标的管理，这样的目标就会有缺陷。

我看过大部分的中小企业雄心勃勃设定的目标，但做起来时根本推不动，甚至自己都要放弃。归根结底，他们最核心的问题就是产品不行。比如说做一个面包，就是一个普通的面包，你能不能做到最好最便宜又有卖相，总得给客户有一个回来的理由吧？做一道菜，如何让客户吃 21 次？因为 21 次后客户就喜欢这个口味，就离不开了。

你做一家美容院，有基本的护理流程、开卡流程，怎样使你的利润增加一倍，客户还会介绍客户？

整个行业服务都一般，如何保证你的员工的服务素质，随便雇佣一个员工就可以打造成非常棒的服务大使？开一家店，你自己有没有兴奋点，客户是否认同你？

每上一个台阶，都会有不同的路径，有些是独创的，有些是参考的。坐飞机比开条山路快，所以选择方法和途径很重要。新加坡是亚洲重要的金融、服务和航运中心之一。在这里，好莱坞电影与美国同步上映，美国科技巨头谷歌宣布建造它在新加坡的第三座数据中心，2021 年落成，占地面积相当于第一和第二座数据中心地段面积的总和，使谷歌在新加坡数据中心的长期投资增加 3.5 亿美元(4.77 亿新币)，达到 8.5 亿美元。上百个国家的精英汇聚，很容易以新加坡品牌进入国际市场，这都是这个时代赋予企业的良机。如果以新加坡为国际跳板，从语言、实力、国际化人才、机遇方面来说，都很容易超越在其他国家发展。

一棵树要十年才能长大，如果要求它五年就长这么高，那只能揠苗助长；一个企业要 5—10 年才可能有绝对的优势，你要求他 2—3 年就有这样的结果，那除非出现奇迹，不然可能徒劳无功。除非你有特别的基础，而这也是需要多年的积累才能达到的，仅仅这个积累就不止 2—3 年。

第十一节
内圣外王

大众都不习惯于内求。有多少人能说出脾和胰脏的位置、功能及原理？不知道脾和胰脏的功能、原理，更谈不上去保养了。何况人在健康的时候，是不会去使用健康配方的，因为他意识不到，但当有一天内部的力气追不上外部的发展时，危机就出现了。

做企业是同样的道理。只有重内部修炼，外部才能称王。正所谓内圣外王。酸甜苦辣来自外界，坚强则来自内心，来自一个人的自我坚定和努力。用百度搜索引擎搜索一下便能看到："李嘉诚骗子"超过万条；"马云骗子"超过万条；"李彦宏骗子"超过万条；"中国移动骗子"超过万条；"中国银行骗子"超过万条；"万达骗子"超过万条……然而，不管负面信息如何传递，都无法阻碍这些人和企业的成功。全世界每个人都会让30%—70%的人不认同，但这不耽误走自己的路，让别人去百度！

对优秀的定义，本书有另外一个讲法。大家都很优秀，你就不必要再优秀一次了，而是要做蜕变。无论是蜕变还是重生，都需要内圣外王。让方便面销量下降的不是其他竞争品牌，而是外卖。让报纸不能热销的不是多了一份报纸，而是智能手机App的即时新闻。外卖跟方便面比起来，不是又优秀了一次，而是一种沉睡模式的重生。

某哈佛大学教授问新入学的学生：“你们的自信来自哪里？”有的学生说：“我们有金字塔。”有的学生说：“我们有万里长城。”可是教授又问道：“如果你生在非常贫困又穷苦的地方，那你的自信又来自哪里？”大家哑口无言。教授说：“真正的自信，来自自己。”

历史上出现过许多叱咤风云的王侯将相、王朝势力，无论是诸葛亮、司马懿、拿破仑、亚历山大大帝，还是古罗马、古埃及的文明，蒙古的铁骑，到现在都不过是历史长河中一段陈迹，犹如沧海一粟。又比如孔子在生前并不得志，但他的中庸思想却传承数千年，到现在还能指引我们，帮我们做人生增量。他们又是如何做到这些的？

我们在商场上，经常会听到很多人说，我要认识某某人就好了，谁谁投资我就好了，如果我也有这样的条件就好了。可是对于一个思维匮乏、语言无味的人，当这些条件摆在面前时，他有办法拿到吗？如果有办法拿到，他还会缺这个条件吗？好马配好鞍，只有自己真正强大，才能内圣外王。

小狮子会被母狮子从悬崖上推下去，只要在短时间内没有上来，母狮子就不会再等他，因为他不配做万兽之王。

古希腊的斯巴达孩子刚出生时，就要泡在酒里，活不过去就丢掉；学习的时候，浑身叮满蚊子是不可以动的；练武术时候是不允许哭泣的，最后才能以一当百。这是内功，内圣才能外王。

张校长温文尔雅，博学多才，是新加坡95.8FM城市频道的主持人，创办优异汉语补习中心，曾因为收购丽的呼声电台而名声大噪。

在张校长的一家学校开幕前夕，她写信请李光耀总理参加开幕剪彩。很多同事都说，这怎么可能？但在她的坚持下，这封信还是写了，直接寄给了总理公署。

没想到一周后，总理公署回信了：“总理特别忙。但是总理说，希望你能把学校做得更好。”

张校长把这封信裱了起来。

很多人在没有做事之前，就断然说了很多“不”。别人都没有跟总理说过话，我至少与总理说过话，虽然总理不能来，但这个“不”不是你们的“不”，总理只是说不能来，他鼓励我把公司做得更好，我得到的“不”与其他人的“不”是不一样的。

谈了一年以后说“不”和刚刚开始谈说“不”，以及还没有谈就说“不”，是不一样的。最好能问问更高级的问题：买不起房子怎么办？办不好公司怎么办？

享受“不”中得到的收获，是得到 Yes 的前提。

张校长是我非常尊重的客户，也是我的好朋友。她还是教育实践家，多位知名歌手的老师。她来自中国台湾地区，属于排湾族。她的父亲是族长，肤色较暗，在 20 世纪 70 到 90 年代的台湾地区，这是容易受到歧视的。

她经常说：“你的弱点就是你的与众不同。当然在这里讲的弱点，并不是真的弱点，而是你认为的独一无二的弱点。当别人越瞧不起你的缺点，甚至你越不自信的时候，更要把自己摆在众人的面前。你认为的缺点，不一定是缺点。身高矮也是一种标记，就像拿破仑一样，但不一定是缺点。”

在几十年前，台湾少数民族常常在各方面受到歧视。有时老师在说别人不好的时候，都要拿她出来当垫背，比如说：“人家养狗养鸭的人都能把学习学得这么好，你怎么不可以？”虽然她属于少数民族，却是在城市长大，也没有养狗养鸭的经历。但是由于她的自信心太强了，老娘不管，谁不想生出来就做林青霞？长相改不了了，也不是每个人都能做林青霞的，最终大家是看结果的。她终于在台中女中名校毕业。

她小时候就参加过很多比赛，运动，朗读，作文，书法……老师总觉得她各方面都好，非常适合比赛。在表演的时候，下面都是非常惊讶的眼神以及窃窃私语。每次只要站在舞台上就好，她根本不在乎拿不拿奖，而是在乎人们的眼光和指点。当她开始朗读时，台下更是一片窃窃私语：一个排湾人，为什么汉语讲得这么好？

她大学毕业时，那时候找工作都是要托关系的，而她自己并没有什么帮得上忙的社会关系。在毕业晚宴的前几天晚上，她走在校园的路上，看到了扔在地上的一份报纸，四角都破了，好像是被丢掉的那种包油条的报纸。她捡起报纸，看到了“招广播员”几个大字，于是她报名参加广播员面试，在六千人中杀入前四强，到最后没被录取，还是因为关系不到。

于是她又到了幼师广播电台去应聘。报名的人有两千人。她从早晨6点等到8点，首先是朗读、面试。面试后会收到一个信封，如果这个信封是白色的，上面写着“遗珠之憾”，就代表你被淘汰了。如果收到另外一个信封，就代表你可以去下一关进行笔试。

作为每次朗读比赛都能拿第一名的人，她在这一关后竟然拿到了“遗珠之憾”信封。她心想：“这怎么可能？”于是她就坐在那个地方一动不动，从早晨8点又继续等到了晚上8点，很多人都看到过她，因为她坐在那里很显眼。她只是在等待面试结束后，问评判员自己到底还有哪里需要改善。

最后一个人出来后，一个面试官走了出来，叫了她的名字，说你的信封给错了。就这样，她进入了笔试，同时也进入了这家幼师广播电台。

事后她问那些同事，为什么当时她的信封是错的。其实当时大家在里面争论得非常激烈，有些人要录取她，有些人则不想，当然最终的结论是没有录取。可是看到她这样的执着地在外面一直等到最后，大家都被感动了，就给她换了信封。

她是在中国台湾地区主持界获得金钟奖最年轻的人，一毕业就拿了奖。工作一段时间后，想出来看看世界，就来到新加坡招聘广播员。结果也是大费周折，才得偿所愿，踏上了在新加坡的生活之旅。她在新加坡的95.8FM城市频道及丽的呼声电台做主持人，知名度非常高。

她对我说："在我的生命中，每一次重大的变化都有转折，都不是一帆风顺的。"

在新加坡，社会比较和谐，没有种族歧视的概念。她在这里的发展非常顺畅，大家都特别喜欢像她这样的中国台湾地区少数民族，都想了解中国台湾地区少数民族是怎样生活的，都喜欢与她这样有着稀有文化背景的人交朋友。

七年后，她觉得自己应该尝试着做一些突破了，于是又提出了辞职。可是在家休息的第二天，门铃响了。一个猎头公司的人来访，希望她加入一家做儿童英语培训的公司。公司创始人非常热情、坦诚，带她参观了位于新加坡碧山（Bishan）的教室。教室明朗整洁，地毯是绿色的，墙是绿色的。她没有太多犹豫，就加入了公司。但她有条件，就是必须把英语课程改成中文课程。创始人也同意了。

几个月后，学校渐渐有了起色。但创始人是做五金生意的，因为对学校失去了兴趣，就找她谈，希望她能买下自己的公司。就这样，半年以后，公司属于她了。

她把公司改了名字，在接下来的10年中做到了8家学校、76个员工、每年营业额平均500万新币的规模。学生报名的时候，家长都会排满整条街，警察都会过来问发生了什么事，并帮助维护秩序。公司开业的时候，还请了教育部长前来剪彩。公司的一切都经营得井井有条，一切都控制得非常好。行事条例，职员手册，一个命令，一个动作，一切都执行得非常完美。这是张校长曾经创造的一个奇迹般的事业。

现在，张校长又开始把丽的呼声这个优质品牌以街道播音站的模式和互联网的模式相结合运营。街道播音站就在知名的新加坡牛车水，全世界的游客都能看得到。

用心去生活，不以他人的眼光为尺度来折磨自己，内圣外王。就如同张校长所说：“老娘不管，谁不想生出来就做林青霞？”没想到，张校长虽然不是林青霞，却把事业做得像林青霞那样光彩照人。

第十二节
传统企业和小企业会消失吗？新兴大众中端市场的未来

传统企业和小企业会消失吗？要知道，阿里巴巴、百度、腾讯、微商、谷歌、脸书……都是依附于小企业和传统行业而生存的企业，传统企业和小企业如果消失，这些大佬们会第一个说不行。

要想玩高科技就要玩高精尖的，要想普及大众就要物美价廉。既要高科技又要普及，就别把自己当成高人。

核心价值，保证效果。一家好餐馆要买好原料的话，根本不要自己种有机菜，养日本和牛，制作蓝山咖啡，种老班章茶叶……样样都自己做的话，成本根本不允许。这是社会分工的最大优势，公司在产业链中做精一段，大公司则不断完善产业链垄断。这就是生意的本质。

在特色面包店买个优质欧式面包；在哈尔滨秋林商场排队半小时买三斤红肠；吃一碗带有妈妈手工味道的喜家德水饺；到隔壁邻居20年的小吃店排队吃碗面；在新加坡爱雍·乌节（ION Orchard）购物中心喝一杯传统亚坤咖啡；到日本东京吉祥寺小笹点心店排队买两块限量的羊羹；到新加坡金沙购物中心（MBS）排队50号买一杯R&B巡茶珍珠撞奶或喜茶，配上西班牙LiaoLiao冰激凌；看戏前吃Subway三明治；在马来西亚巴生吃肉骨茶；出了门又进了星巴克，自己的第二个聊天的家；累了一天进了邻里专业生活美容院调养和放松一下，大多数人还是崇尚自然美的……传统生意会消失吗？大佬、资本都在保护传统，就怕没有把传统传到极致。人们怀念儿时的味道和记忆，代代相传。谁能取消华人新年和圣诞节？

亚坤咖啡是新加坡传统咖啡，几样简单的产品是你无法想象的：咖啡，鸡蛋和方形片状烘烤面包。亚坤咖啡在新加坡开了60家店，上市了。

2019年2月22日，我参观了济南家博会，有几百家参展企业参展。虽然每家都尽量在推销自己的产品项目，可是一个月后能让我记忆犹新的只有一家。这家做木材质产品的企业在非常醒目的位置写着“小米生态圈企业”。我与老板聊了一会，他直截了当地说出了卖点：“我们的企业是小米投资的，质量最好，价格最优。”“质量最好，价格最优”谁信？可是加上“小米投资，小米生态圈企业”就不一样了。“小米”是“质量最好，价格最优”精英圈子的代表，这个公司已经脱胎换骨，在大众眼中这个品牌已经处在精英圈子里了。

实体经济不行了？飞机不用起飞了吗？房屋不用建了吗？商场要关门吗？人们都躲在屋子里，大街小巷没有人吗？那样的话还是人类社会吗？衣食住行是最基本的大众市场。大众产品自有大众渠道。

我的好友洪先生在泰国经营农能作业，我经常与他以泰国充足经济学理论解决新兴大众中端市场的未来问题。

我们都应该承认，发展的最终目标不是经济本身的增长，而是改善人类的福祉。因为世界上大多数人口仍然处于温饱状态甚至贫困状态，处在缺乏疾病预防和其他基本必需品的困境中。改善人类福祉，不仅涉及货币或资产价值，人们做出自己选择的能力现在也被广泛认为是至关重要的。减轻贫困度、增强建设能力、减少脆弱性，是提高人民生活质量的关键因素。

贫困是发展的主要障碍，是生活质量低下的主要原因。在许多发展中国家，人们极度贫困，社会往往不自力更生。在泰国，一个典型的家庭通常种植经济作物或单一作物，这在当时是有利可图的。然而，这些作物的利润取决于市场价格，这种依赖使得家庭在外部价格的冲击面前极具脆弱性。产品供过于求，也极大地降低了价格，迫使家庭采用借贷方式进行再投资。更糟糕的是，他们不得不借钱买食物，因为自己种的经济作物是不能吃的。

为了实现自力更生，一个家庭应该从单一作物或经济作物种植转变为综合农业。建议在农场种植多种作物，尤其是粮食作物、蔬菜和水果。在产品或者增值转化产品上市销售前，应当有足够数量的产品留作家庭自用。此外，牲畜等农场动物在综合农场中发挥着重要作用，因为它们满足了家庭的消费需求。像这样的措施有助于家庭自力更生，消除贫困。

在欠发达国家还存在着资本积累方面的问题，人们往往因为太穷而没有储蓄。外国援助、储蓄和投资的正确结合，将解决这一问题。

从以往对理论和其他发展问题的讨论来看，发展中仍存在一些需要解决的挑战：机构、人力资本、环境和政府角色的问题。

资源有限的大众企业，不是谁都能做到顶尖的。因此选择大众创业的充足经济发展方式，不断成长优化，是有建设性的建议。

2019 年 3 月，我们刚刚接手一家做水果茶的公司的战略咨询。他们是新加坡首家做水果茶的公司，第一家一开业就取得了非常好的成绩，并且在接下来的一年内迅速开到了五家门店。

我们首先对整个行业的本质进行了梳理。在这一年内，有几十个同类品牌蜂拥而至，包括原来做珍珠奶茶的也都添加了类似的产品。市场进入整个产业蓬勃发展时期，在中国融资 4 亿元的喜茶也在新加坡爱雍・乌节（ION Orchard）购物中心开业。但市场上总是有几家一直在排队，在这种状况下，明白这个行业的本质就变成是非常重要的决定成败的因素。

为什么这样的功能性饮料会变成一种流行趋势，为什么这么多人去排队？

说起流行趋势，本质要看相对的消费群体。

喜茶是目前融资规模最高的水果茶流行饮料，深受年轻人喜爱，而且喜茶店往往开在最繁华的地段。年轻人逛街，很耐心地排队买杯名牌健康茶喝，能够让女生体验到男生对自己的关心，这是一种爱的体验。另外在这里排队，比去其他处花费要小一些，毕竟很多年轻人财力还是有限的。因此，喜茶的地位是为恋爱提供了一个表现的空间。当然喜茶也会根据当地人的喜好，开发当地人喜欢的产品，比如在新加坡开发了榴梿口味的冰激凌。

开设在新加坡金沙购物中心（MBS）的巡茶，其产品中的珍珠是“撒手锏”，名字也起得受年轻喜爱。青蛙撞奶用的是原糖，味道非常好，连中年人也会去排队。

KOI 奶茶店前也是有大量年轻人在排队。时髦的点单、多年的品牌和实力的积累，都促成大趋势来时不可逆转的流行之风。

茶派使用最基本的水果和优质茶作为功能休闲饮料，主打健康牌。因此很多大公司在举办活动时下的订单，都有几千杯的量。

纵观以上饮品品牌，各显神通，无论是侧重于年轻人排队，还是质量优质，还是健康，这些毕竟是属于休闲性的饮料，并不是主食。这个行业的蓬勃发展，必须依赖于所在地的经济状况，比如在人均 GDP 在 10000 美元以上的区域，才谈得上大众及中端消费，人们才有足够的闲钱去享受基本生活以外的流行趋势。在这个趋势下，才能谈得起开 100 家店还是 1000 加店，因为趋势时机的本质已经到了。

我也碰到好多人都讲，如果我有这么多钱，我也能做得起。那么，前提是为什么你会有这么多钱了？这才是生意的本质。只有能够抓住本质的人才能够赢得投资者的青睐，这个社会资金永远是流向最有能力的人的口袋。企业家要在新的文明下思考国家，不是我们要成为什么公司，而是世界需要什么，这是对本质的追求。

大企业看经济走势及预算，CEO 和 CFO 的眼光很重要；小企业即便是看到未来，有成功的把握，能做的就是不断精进和整合资源，逐步接近目标，看谁能坚持到底。

在任何国家，中小企业都是最有活力的个体经济，同时也是大企业的配套下游企业。大部分国民大众都在中小企业中工作和生活，现在网络经济的大部分商家也都是中小企业，大众邻里市场中的商家也基本上都是中小企业。他们无所不在，每天都在为我们生产着生活中方方面面的产品。

中国有 4000 万家中小企业，美国有 2000 万家，德国有 340 万家，泰国有 500 万家，越南有 68 万家，马来西亚有 64 万家，新加坡有 10 万家，基本上占所在国家企业总量的 95%—99%。就业人数占 50%—70% 左右，经济贡献占 40%—70%。在英国，60% 的公司只有一个人，20% 的公司少于 5 人，而这两者却缔造了英国 GDP 的大部分。

80% 的有效劳动力都集中在中小企业，这里人才济济，每天都有人晋级，成为精英。他们是社会经济的基础，也是未来大公司的候选者。

我认为，仅仅盯着中小企业平均寿命为 2.9 年并不具有太大意义。中小企业包括许多闲置的注册公司，还有各种小微公司体，从过去我的经验及对客户 10—21 年的跟踪来看，大部分中小型“企业”（按照企业思维去经营的）的寿命都超过 10 年。德国“隐形冠军”有 1300 多家，平均员工数量为 2000 人，单单 CEO 任职时间平均为 21 年，企业平均寿命超过 60 岁，其中有 500 家企业拥有 100 多年的历史。

超过 10 岁的这些企业都有一个共同特点，就是大部分都请外部专业人士做过至少一个管理进化项目。

我深知其中的道理。我本身也在2008年经营过店面服务实体，以其为基础不断进步进化，因此在实体公司深耕超过10年，深知中小企业的难处、机会与解决方案。我把中小企业要解决的问题归纳为1000个控制点、5000个支持点。

我通过对500家新加坡公司的总结，分析出“最小人数企业单元”，以衡量企业的重量。这个重量为比较优秀的企业绩效，供大家参考：

- 单位服务贸易行业：10人，年税前利润是50万美元
- 单位制造行业：30人，年税前利润是50万美元
- 制造外包行业：3人，年税前利润是20万—30万美元

当然企业越大，随着综合成本的增加，这个重量通常会降低，但巨无霸公司的利润又高于这个重量，比如华为公司2018年净利润593亿人民币，18万员工，每3个人创造的平均净利润为100万人民币。

例如单位服务行业有1家店面、3人，年纯利润应该在10万美元；当扩展到5家店面、15人时，就需要成立管理总部和中央厨房等，管理成本增加，同时可能因经验不足、为错误买单而关掉一些店面，因而年纯利润又减少到30万美元左右；当店面数量又继续大幅度增加时，如达到60家以上，利润因规模效应而提升，公摊成本又显得微不足道，年纯利润达到500万美元左右很正常，如果在新加坡，此时接近就上市水平了。当然，这只是大体而言，具体情况会出于行业特性和管理能力高低而产生很大的差别。

大部分中小企业年利润达到100万美元是非常重要的指标。而这种指标又有两种含义：账面数字和账面现金。

大部分企业都能实现年税前利润100万美元，但公司账面上就是没钱，而部分企业账面确实现金丰沛。

在新加坡，年营业额在20万—1000万美元的中小企业是非常有活力的经济体；在中国，年营业额在1000万—5亿人民币的中小企业是非常有活力的中小型经济体，有一定的实力又有进步的渴望，因为部分已有分公司或附属公司，如销售公司、会议酒店、品牌博物馆等，平均下来，利润也是非常可观的。如果按照以上标准来看，10人以下年纯利润20万—30万美元，也是很适合的标准，很多企业还有很大的发展和管理空间。

因此，衡量企业最基本利润达到百万美元，绝对是从普通中小型到精英企业进阶的重要衡量指标，是分水岭。

我再以几个常见的企业为例，继续说一下中小企业的发展。

红杉资本中国基金合伙人王岑表示，消费领域被严重低估，过去十几年他主要投资消费领域，通俗来说就是吃喝玩乐，其他方向基本都不看。这些年做投资下来他有一个观点，在资本市场，消费领域是被严重低估的。中国A股上市公司中，没有是一家美容服务连锁企业，更不用说医疗美容企业。

日常消费的中端市场将造就一大批富翁。在中国一线城市，每年大众日常消费有18000人民币，到80岁，每个人累计日常消费144万人民币；在新加坡，每年日常消费18000新币，到80岁，每个人累计144万新币，巨大的财富隐含在大众日常消费中，隐含在衣食住行中。

肯德基可以开几万家。在中国市场，华莱士（Wallace）模仿肯德基模式，照样可以开3000家快餐连锁店，员工超过5万名。创始人华氏兄弟发现肯德基模式在三、四线城市还未得到普及，觉得这里暗藏着巨大的商机，于是开始模仿起了一些知名洋快餐的产品和经营模式，填补市场空白，华莱士也由此诞生。他们把优惠做到3块钱就能买一个汉堡，实惠的价格带来了许多人气，营业额逐渐狂飙，收入从原来的几千元到上万。如此快的发展速度，让兄弟两人看到了不少希望。有了好的模式之后，他们采用合作联营的方式来开拓新店，门店以平均每年翻一番的速度增长。

吉祥馄饨选择了一个简单的产品。这个产品让我们有机会增强自己的组织能力，完善自己的品牌管理能力，在运营当中像自己开店一样。手工包馄饨肯定有误差，但吉祥馄饨严格控制误差率，一碗馄饨 310 克，上下误差不超过 5 克。就这样，标准化保证了质量和规模。在吉祥馄饨的体系中，加盟和直营是协同的关系。现在在全国有 2500 家门店，每天卖出 20 万碗馄饨，年销售额超过 15 亿元。虽然机构越来越庞大，但一直保持着加盟店占 85%、直营店占 15% 这样的比例关系。

德佑馒头有 10000 家门店……

粮全其美手抓饼有 10000 家门店，在新加坡莱佛士城（Raffles City）也开分店了……

卖水饺的，卖面包的，他们都开了几百上千家店，他们没有能力做房地产吗？他们没有能力做火箭发射吗？优秀公司集中人力财力各个方面在一个点发力，就会得到非凡的结果。谁能想到一个通信设备就会造就华为，有几万个专利？由公开竞争而引发两国贸易战，这需要多大的能力和专业度。

何止是一家企业，一座城市、一个国家都必须有自己的核心定位。在过去的几十年中，美国专注于资本，中国专注于基础制造，新加坡专注于优势城市发展，迪拜专注于旅游，阿根廷专注于农业，印度专注于大选政党的纷争……

华莱士汉堡，吉祥馄饨，喜家德水饺，德佑馒头，真功夫……佼佼者纷纷浮出水面，而且每个细分品类只是可以有两三家巨头并行。机会无限，还有更多大众行业未来将进入优异品牌企业运营。处处都有大的商机。

我们现在处在和平盛世，这么多的机会，还有什么资格说生意难做？在乱世，早晨出门晚上不知道能否到家，而现在多加努力，还有老师教导，几百、几千个细分市场、细分产品，都没有 A 股上市公司，如果说高精尖产品做不了，那么馄饨水饺、香肠小面也做不了吗？利基市场大有可为，海底捞能在繁华地段开大型火锅店，这就是空白市场，其服务也是一个利基市场，一个公司占了两个利基市场，成功概率就很高。

随着物质的丰富，消费者越来越聪明，他们不再随意攀比，许多消费者和企业买家愿意购买性价比最高的产品。以色列人根本就不追名牌，更注重性价比，这是趋势。今天要踏入大众市场时，企业更要以全球视野整合资源，储备人才，建立优势，发展规模。

高性价比增长的最大动力来自收入的提高和对美好生活本质的追求。据波士顿咨询公司（BCG）预计，在土耳其，有600万个家庭将在未来五年内迈入中产及富裕阶层。在印度尼西亚，我们预计，到2021年将有6800万人（大约相当于当今整个英国的人口规模）实现类似的飞跃。到2021年，在巴西6000万个家庭中，37%的家庭将跻身中产及富裕阶层，而现在这一比例为29%，这就意味着1.2万亿美元的市场。在中国和印度，这样的家庭代表着10万亿美元的购买力。企业要细心留意消费量上升的相关领域以及购买力即将爆发的信号等。

正是因为世界不完美，因为用心，才诞生了小米（当大家都觉得Iphone完美时），微信（当大家都觉得QQ完美时），Duck Tour（当大家都觉得在城市中不可能有水陆两用的交通工具时），Saka sushi传送带日本寿司（当大家都觉得服务员端菜完美时），Bread Talk（当大家都觉得早晨应该按前辈方法吃饭时），Charle & Keive（当大家都觉得新加坡企业怎么可能卖给LV这样的品牌时），Goddiva（当大家都觉得商场生意难做时，而新加坡Goddiva仅仅圣诞节一个月，一个小专柜可以销售40万美元）……因为世界不完美，才有机会。

我的一个新加坡学生，公司只有她一个人，代理了一款医疗级别的家庭水处理机器，专门通过印度的医生在印度销售。她每个月往来于印度、新加坡和泰国，工作和快乐指数很高。产品体验好，价格合理，又能改变人们的生活素质，所以公司很赚钱。

巴西连锁超市 Super Muffato 是市场领导者，德国的 Aldi、日本 Uniqlo、西班牙 Zara、小米生态链、MiniSo、美国 Brandless 网销等公司，都是高性价比的中端市场的代表。Nasty Gal、ModCloth、Warby Parker 和 Bonobos 都在线上积累完口碑及原始积累后，在线下铺开实体体验店发展大战略。

所以说实体经济不是被电商打败的，而是败给了自己。传统品牌在线上销售越好，线下关店越狠。只要做不到线上线下同价，实体商家就会被自己打败。

实体店租金贵，每个人都想房租便宜，但又希望自己的房地产升值，如果人不能解决自身的矛盾，就无法把握外部的大趋势。

更多国际品牌进入中国的各大商场，为实体商业竞争力加码，近几年进入的高竞争力的快时尚品牌，如 SPAO、Forever 21、TOPSHOP、A&F、Old Navy 等正在发力。全球粉丝众多的 & Other Stories、Urban Outfitters、Victoria's Secrect Pink、Miss Selfridge 等也正打算攻入大陆市场。

而中国的很多企业经过原始积累，也开始在海外扩张。比如深圳歌力思（ELLASSAY）服饰于 2015 年在上海证券交易所成功上市，2019 年 10 月宣布将通过全资子公司东明国际以自有资金及自筹资金 8950 万欧元的价格收购 ELYONE SARL 所持 ADON WORLD SAS 43% 的股权，而 ADON WORLD SAS 持有 IRO SAS 100% 的股权，IRO SAS 系法国轻奢设计师品牌 IRO Paris 的运营主体。如此次收购完成，歌力思将实现法国轻奢设计师品牌 IRO Paris 100% 的控制。通过并购或合资的形式，在中国大中华地区运营美国轻奢潮流品牌 ED HARDY、比利时设计师品牌 JEAN PAUL KNOTT，以及在中国大陆地区运营德国高级女装品牌 LAURÈL、美国设计师品牌 VIVIENNE TAM。歌力思（ELLASSAY）现已形成涉及时尚、潮牌、轻奢、高定等多领域的品牌矩阵，覆盖不同细分市场需求。其在海外的扩充也是中国发展的必然趋势。

名创优品你学不会，它不仅仅是低价。其移动互联网营销、设计陈列商品选择、加盟模式、格局魄力才是核心竞争力。从 2013 年创立到 2015 两年，已开出 1300 家门店，营收破 50 亿。2018 年营收为 170 亿。公司计划在 2020 年进驻 100 个国家，营收千亿，门店万家。

第五章

如何跨国跨文化布局

第一节
世界市场，世界工厂，世界接口

钟先生是地道的新加坡人，学识渊博，意气风发，能说一口流利的英语以及普通话、福建话、广东话、潮州话。这一两年，每次打电话，他不是刚刚降落米兰，去巴塞罗那，就是在东莞，去上海，是一个在十几个国家和地区之间穿梭的空中飞人。

无论多么忙，钟先生每次到了新加坡，我们都会迫不及待地抽出两个小时时间去总结近期进展，同时对公司发展的规划从新的高度予以理顺。

钟先生最特别的是自己的自由身份，他的商业模式是个人品牌。他不断以自己公司老板的身份，或者是某跨国公司海外总经理的身份工作，而且在各个角色中转换自如。钟先生经营浴卫产品和瓷砖。代工工厂主要在中国，也有部分在越南，客户主要分布在意大利、奥地利、西班牙、英国、澳大利亚、马来西亚、泰国等。欧洲的某个超市一年的订单就超过 700 个集装箱，东南亚的一个季度的订单也超过 600 个集装箱。就连中国的厂家都找钟先生贴牌制造。

钟先生的公司为什么运营得这么好，可以在很短的时间内接到世界的订单？钟先生主要通过细微的生活观察，搭建世界市场与世界工厂的桥梁。

细微的生活观察听起来没什么大不了，可不要小瞧这个战略。目前做实业的工厂和公司做不好的一个最大问题，就是虽然知道自己在做产品，却是从自己的角度看市场，而不是从市场的角度来看市场，没有搭建市场与工厂的桥梁。

钟先生最主要的工作就是把产品与市场、与工厂中最细腻的问题呈现出来。钟先生能做出这么大量的货品却很少被投诉，就是因为他把客户的付出与厂家的品质信息对等。同样的道理，世界市场来世界工厂买货，只知道自己要什么产品，但不知道自己要什么。

钟先生也帮助世界工厂提升创意，通过市场需求什么，教他们怎么突破产品的特性。举一个例子，钟先生在西班牙与一些客户聊天的时候，他们提出能否做一种很特别的浴室柜，与同类的产品产生差异化，比如可以在沐浴时听音乐。于是，钟先生就指导工厂做出可以连手机蓝牙的浴室柜，边冲凉，边听音响；有LED灯的浴室柜并不是很稀奇，但人走近浴室柜的时候会自动亮起灯来，晚上不用开灯，这就是差异性，结果这种浴室柜在西班牙大受欢迎。

在智能手机无线充电的初期，钟先生让厂家设计了能贴在木头下的充电膜，手机放在桌子上就能自动充电，结果这在英国卖得非常好，桌子一下子就有了独特的卖点。这个创意来自钟先生在欧洲时发现有人经常找充电宝，就与这些消费者闲聊沟通，并把点点滴滴融汇于东方的工厂制造中。

还有一个经典案例。钟先生在沐浴房的玻璃门上装了一个触动开关，同时在玻璃上加了一层通电膜。这样沐浴房门关上后，玻璃就会由透明变为磨砂不透明状态。这样的产品填补了市场空白，酒店内装市场对此有很大的需求。在今天这个信息飞速的时代，创新能创造需求。需求本来就在，就看你细心不细心。

钟先生为了不断提升自己的世界格局，也常受猎头公司的邀请，不断加入世界顶级公司的国际运作产业链，比如目前他是意大利顶尖打印公司的中国区总经理，公司的UV打印技术基本上可以做到在任何一种材料上打印。他选择加入这家公司的原因是，他发现世界工厂遭遇到了越南和印度等国家的挑战，如果不把产业链放在高科技上面，未来的发展将进入瓶颈。

因本书篇幅有限，很难对每个国家的一些具体客户进行分析，但今天我们来听钟先生讲一讲他来这家意大利公司的突破性经历。

意大利是一个富有创新和创意的国家，但意大利人担心创意被别人抄袭，很难相信亚洲人，因此与他们信任度的建立需要时间和人脉。不过，他们相信朋友和家人，朋友和家人推荐了就有信任的基础。与意大利人做生意，把他们的产品发扬光大，就有了基础的信任。类似于小米、华为这样的技术新公司对意大利人非常有吸引力，因此整合中国和意大利的创新是未来的一个大趋势。同时，把意大利公司在亚洲发扬光大更重要，促进双方的合作，让技术在亚洲落地，这是根本。

在与意大利老板的相处过程中，最难的是改变他们对亚洲的看法。他们非常尊重技术，但尊重技术必须与适用型创新相结合。UV 打印机不受材料限制，不仅可以打广告，还可以在 PP 塑料、布料等材质上进行打印。

钟先生不断教意大利厂家如何在产品方面进行创新。比如一个商场里面的化妆品专柜是亮点，需要经常更换装修。钟先生就利用不同的材料进行组合打印，大大节省了搭建的时间，降低了成本。比如地板砖需要至少 1.5 天的时间才能做好，而打印出来的实木地板不仅完全具备瓷砖的效果和质量，而且用几个小时就可以做好了。不仅省时，省成本，还能快速设计出各种图案，符合环保大趋势。其实这个过程是非常难的，因为意大利的厂家未必接受这种概念，需要不断沟通。当意大利厂家开发出能够在木料上打印出很有画质感的技术时，一个伟大的市场就出现了。

钟先生并不在意自己是老板还是总经理，对自己的真正定义是通过对世界的了解，以顾问的角度帮助企业从根本上进行提升。

很多人都会问，钟先生能否帮更多的企业的时候，答案一定是不行，这是非常难的。原因在于每个企业有自己的特性，同一个行业产品有微小的差别，也有一个非常了不起的细分市场，单单以公开课的形式教大家怎么样转换自己的DNA，不手把手教，根本行不通。因此，现在市场大部分企业最缺乏的就是世界接口，包括跨界整合。

也不是每个企业都能变化的，只有有领导力且务实的人才可能变化，因为他面临着自我更新，团队面临着部分人被淘汰，这是变化的最基本的标准，在这个过程中老板的个人特质是非常重要的。

因为很多老板在公司都是皇帝般的存在，前呼后拥，备受尊重。这些老板愿意分出自己的权力，愿意让属下光亮吗？他们想要有前瞻性吗？这不是学历的问题。前瞻性就是包容性，就是放弃自我，以崭新的眼光看外面的世界，看到别人的好，再把自己的好与别人的好放在一起，这是真正的1+1大于2。

职业经理人、团队、顾问都可以到外面聘请，唯独老板不能请。因此只有前瞻性的老板和企业人才才能不断在国际版图升级，才能有更大的竞争优势。欧洲最会做生意的是荷兰人，他们这方面就做得不错。

同时还要加大对产品质量、系统、品牌和企业文化融合建设的投资，这是做大做强的重要方向。而且把区域或国际市场当作单一市场，这是企业经营的秘诀之一。中小企业以追求短期利润及回报率为主，在这方面做得远远不足。

这个原理也同样适用于海外并购。中国的制造业在不断地向后花园延伸，但经常会出现水土不服的情况。比如用中国的方式来管理越南工厂，并没有完全了解当地的优势，利用当地的文化，让当地人拼命去做。中国企业走出国门是大趋势，但怎么调整世界观，融入当地，接地气，既让当地人赚到钱又让自己的企业安全，这是企业发展的重点方向。

这个现象其实不仅出现在中国公司，在任何国家的公司都会有这样的问题。以越南为例，该国目前的劳动人口主要以20—30岁之间为主，人口红利非常明显，而且他们有不错的国际观，所以外资企业的一些做法只要是合情合理，就相安无事。但他们也有非常强烈的民族意识。在中国不认为是剥削的一些问题，到了越南就不一定了，因此走出国门，要非常小心。曾经一家西方公司在越南投资，在年底摆庆功宴时，每个部门都要演出节目。有个部门邀请老板扮演埃及法老，当地员工抬着轿子把法老抬入场。事后，有当地员工把这位老板告到越南劳工部，老板被取消了工作准证，还被遣送回国了，投资也完了。因此对本地文化要非常的小心和尊重，这本是一个节目，但对于一个自尊心很强的民族来讲，就是危险的信号。

奥地利是世界上生活舒适度最高的国家之一。许多人家的后院就是美丽的雪山，滑雪享受人生属于每个人的日常生活。奥地利人很会享受生活，每周工作4.5天，每天有上午茶和下午茶。他们和家人朋友交流的信息是非常多的。奥地利是内陆国家，因此奥地利人也跟德意志民族相似，具有小心翼翼、保守排外的特性，做生意属于慢热型。跟他们做生意，你必须慢慢地磨。先尊重，尊重他们的固执，慢慢说服他们接受改变。如果想把我们的思想强加于他们身上，那肯定是行不通的。

德国政府历来重视技能，技校教育极其发达，技校生的薪水甚至比管理层高，因此脚踏实地工作的操作层人才供应量充足，最重要的是这层人员的职业满足感很高。

有很多中国公司都在欧洲做生意。一家中国的陶瓷大厂收购了一家意大利的工厂后，一个非常大的挑战摆在面前：该怎么走下去？怎么整合？收购的公司的确属于你，产品确实是意大利生产，如何1+1>2，这是目前大部分中国公司在海外并购遇到的瓶颈。

在未来的20年内，亚洲市场将会是世界最大的市场，因此企业战略格局、市场高度、世界版图的融合和落地都必须考虑亚洲地区。亚洲公司正掌握着最大的竞争优势，所以必须学会搭建世界市场与世界工厂的世界桥梁。

对于未来的大方向，我和钟先生都认为中国的进口需求会持续增长，中国成为进口大国已经是必然。当下中国进口方面存在的一个问题就是进口便宜的东西，再高价追求暴利。国外产品到了国内后，被忽悠成优质产品，但很可能是国外一个比较差的厂家生产的。因为缺乏对国外市场的了解，国内消费者最终感觉到消费落差。这与早期国外以最低的价钱购买中国产品，最终得出中国制造是便宜货的结论的现象，可谓异曲同工。但其实应该是真正的一分钱一分货。

从长远来看，如何把技术、工业化、消费性产品、消费理念、消费价值做到务实，这是大方向。忽悠的年代已经过去了，质量与价值都不对称，瞒不了多久。但中国的人口基数太大，毕竟大部分人还没有出过国，即便出过国的也未必对国外了解得这样深，这都需要时间和过程。

低成本的制造，现在已经明显地转入了越南和印度等国家，因为他们的人口红利正在发挥着效力，主要工作人员多为二三十岁的年轻人，正处在15年前的中国的发展阶段，但政治稳定与中国是无法相比的。

中国因为区域经济发展不均衡，地区间差异很大。很多城市已达到第一世界水准，很多城市处在第二世界水准，很多偏远地区处于第三世界水准。目前中国正在朝科技和智慧方向发展，许多传统产业的升级也是势在必行。中国的发展，首先要网罗国际化的人才，中国有非常优异的本土管理人才，同时还需要能在外国落地的当地合伙人才。

我提出“机会差”的理念，想以此推动世界接口，新加坡是世界一级接口，澳门特区也是不错的湾区接口，中国很多规模化的集成规划也是世界接口，如广交会、义乌小商品会、中山小榄灯具会、云浮石材会等。国际大型展览会更是举不胜举，在不同国家和地区，只要发挥世界接口的作用，就能与众不同，这是这个时代给予的机会。

再过10年到20年以后，目前在全球留学的中国的留学生都已进入重要的工作岗位，那时候国际接口的定义将被重写，中国的留学生的价值观、世界观、人脉网络都将影响全球的发展。创新，需要创造需求，需求本来就在，就看你细心不细心，如何搭建世界市场与世界工厂的桥梁了。

1. 更好地利用新加坡国际化接口。

新加坡是全球竞争环境及信用外资投资最好的国家。新加坡经济属外贸驱动型经济，以电子、石油化工、金融、航运、服务业为主，高度依赖中、美、日、欧和周边市场。2017 年 2 月，新加坡“未来经济委员会”发布未来十年经济发展战略，提出经济年均增长 2%—3%、实现包容发展、建设充满机遇的国家等目标，并制定深入拓展国际联系、推动并落实产业转型蓝图、打造互联互通城市等七大发展战略。

对外贸易为国民经济重要支柱。主要贸易伙伴为中国、马来西亚、欧盟、印尼、美国等。对外投资推行“区域化经济发展战略”，大力向海外投资。主要直接投资来源国为美国、日本、英国、荷兰、中国。

服务业包括金融服务、零售与批发贸易、饭店旅游、交通与电讯、商业服务等，系经济增长的龙头。工业主要包括制造业和建筑业。制造业产品主要包括电子、化学与化工、生物医药、精密机械、交通设备、石油产品、炼油等产品。新加坡是世界第三大炼油中心。旅游业是新加坡外汇主要来源之一，游客主要来自中国、东盟国家、澳大利亚、印度和日本。新加坡是世界最大燃油供应港口，是世界最繁忙的港口和亚洲主要转口枢纽之一，有 200 多条航线连接世界 600 多个港口。空运主要有新加坡航空公司及其子公司胜安航空公司。新加坡樟宜机场连续多年被评为世界最佳机场。

新加坡 2018 年人均国内生产总值 6.4 万美元。每万人拥有 24 名医生。

新加坡与全球各大经济体都有贸易协议。60% 的跨国集团、7000 多家公司总部设在新加坡。新加坡是全球各个经济体的链接点，世界任何一个企业都不应该忽略新加坡这个自由贸易区经济体。如果从国际化布局的角度看，新加坡可以说是创业天堂，有着与澳门类似的企业管理制度，优质的创业环境，优异的国际化运营人才。新加坡取消了遗产税，是全球移民的最佳选择之一。

新加坡的特点是以发达国家之力打造城市，这是全球很多其他国际化城市很难具备的独有特点。比如美国纽约如何想发展也得受制于其他美国落后城市的限制，而新加坡就不存在这个问题，一个政策出来了，几个小时内基本上就可在全国执行。

新加坡的目前人口是564万（2018年），人口总量未来会达到至少700万。新加坡人的幸福指数相对较高，工作节奏不会太快，是一个适合工作且宜居的国家。

新加坡是一个包容非常强的国家，各大种族、各个宗教都能在一个小区域内和谐包容共存。目前在新加坡主流社会的人多半能够讲流利的汉语、英语，成为中国企业走出去、引进来的非常好的国际接口。新加坡与中国苏州工业园已经积累了丰厚的磨合经验，新加坡人能充分理解中国企业的不同文化背景，从而顺利建立企业间的接口关系。新加坡商人的国际化跨国意识更强，职业规则及世界观很好。钟先生就是世界接口的典型运营者。

新加坡政府带领全国打造新加坡诚信美誉品牌，在亚洲地区树立了国家富有、新加坡人诚实聪明的声誉。新加坡公司，新加坡人，还有新加坡都是诚信的代表。这个一点都不言过其实，因此新加坡为什么有接近7000家跨国公司的总部，这个数字不是游戏，而是真实有分量的。这些公司以新加坡为接口，融入当地人的文化，迅速扩展国际市场。

新加坡的公司也有缺点，比如中规中矩，想法相对死板等。如果能跟优异的合作伙伴，比如中国的公司一起合作，那将是完美的匹配。因此，中国公司把国际总部设在新加坡，以新加坡为国际化的出发点，在未来十年内会是一个非常好的策略。中国和新加坡的企业的联合体必须跨出自己的枷锁，大胆地联合迈入周边国家，发挥自己最大的优势，敞开胸怀与别人合作。

与新加坡人做生意，因为这个规规矩矩的优点，很容易建立起诚信互利的关系。在新加坡，无论做什么，你只要提交上来的文件，对方首先都选择先认同这个事情是对的。可一旦有了不诚信行为，政府将会启动非常严厉的机制，不诚信的违规成本太大。因此，大家宁愿选择诚信，久而久之也就形成了诚信文化，因此诚信是新加坡的立国之本，也是新加坡人民的价值选择。

新加坡政府的管理系统比较高效，采取精英选拔制度，最顶尖的管理层都是非常优异的奖学金得主，对整个国家的战略决策起着最重要的引领作用。

老一代的新加坡人都上过公民课，被教导以正确的道德观和价值观，比如如何有礼貌，如何尊老爱幼等。这些好的习惯一代代地传承了下来。许多成年人进入社会后，自然而然懂得尊重人，对客户有礼有节，被客户欣赏并被夸赞有教养。

新加坡 50 岁以上的很多华人在中国都有亲戚，这种血浓于水的亲情是非常亲密的。一个老人把大房子卖掉了，然后把钱寄到中国去建学校，他说人老后已经不需要住那么大的房子了，能看到年轻的一代茁壮成长，这才是了不起的事。

我的一个客户，他的股东患了白血病，治疗费用达 7 万多新币，但经过政府补贴，最后花了 1 万多新币。两个月的治疗后再去检验，发现癌细胞还在，需要移植骨髓，手术又花了一大笔钱，经政府补贴后只是花了不到 3 万新币。所以，新加坡的医疗体制也不断在改善，人民能安居乐业。

新加坡是一个人杰地灵、天灾较少、具有地理优势的国家。新加坡的地下是大岩石，有非常牢固的地基，因此当印尼发生地震时，新加坡只是有轻微震感而已。

新加坡与中国有着优异的关系，无论从领导人的双边认同，还是经济合作与投资，以及民间往来与活动，两国的关系都是其他国家无法比拟的。

2. 粤港澳大湾区接口。

粤港澳大湾区由中国香港特区、澳门特区、广州、深圳、珠海、佛山、中山、东莞、肇庆、惠州和江门的城市群组成，是继美国纽约都会区、美国旧金山湾区和日本东京都市圈之后的世界第四大湾区。2015 年，湾区城市群的 GDP 总量达 1.34 万亿美元，总人口 6618 万人，人均 GDP 为 20255 美元。粤港澳经济总量相当于中国经济总量的 14%。大湾区位于珠三角地带，不仅区内发展潜力巨大，未来更有望带动附近省份如福建、江西、湖南、广西、海南、贵州和云南等的经济增长。

粤港澳大湾区的概念由中国国务院总理李克强在 2017 年 3 月的政府工作报告中正式提出，是推动“一带一路”倡议实施、构筑丝绸之路经济带和 21 世纪海上丝绸之路对接融汇的重要支撑区。“一带一路”涵盖 70 多个国家，是带动未来全球在基础设施投资、贸易和经济等方面发展的一大支柱。许多国有企业已经将其国内和国际总部设在大湾区。

大湾区内的城市各具优势与特点，并利用各自的优势创造巨大而全面的商业机会。东莞、广州和佛山是重要的制造业基地，深圳具备高端制造业、信息技术和科技创新的优势，而澳门则是全球旅游和休闲中心。香港是享誉全球的国际金融、航运、贸易、资产管理和离岸人民币中心，其专业服务及金融服务业聚集了大量具有国际经验的多元化人才，这些都是参与大湾区建设的优势。

大湾区除了在制造业多个领域拥有明显优势，旅游业也十分兴旺，市场规模大、访客数量多，发展前景广阔。粤港澳大湾区在保险、金融、科技、房地产开发、汽车和家电制造等领域领先全国，少数几个行业甚至在全球前列。

大湾区拥有世界级的运输和物流网络，随着网络的不断扩大，城市之间的联动，以及货物、人才和资源的流通也将得到加强。包括广深港高铁、港珠澳大桥和广珠澳高铁在内的全新交通基础设施将大幅缩短大湾区主要城市间的交通时间，为多地企业开展密切合作、建立伙伴关系和交易创造更多机会。

无论是世界贸易组织、文化组织、APEC、南南合作、各种慈善基金或慈善团体，还是专业展览会、专业会议、协会团体、宗乡会馆、学术论坛，都是孕育世界市场、世界工厂、世界接口的最佳切入点和转折点。

第二节
跨国跨文化视角

新加坡是一个移民国家，拥有优越的地理位置和环境。自 1965 年独立后，新加坡政府一直推行吸收人才的政策和计划，所以汇聚了世界各国的人才，许多著名的跨国公司在新加坡投资。在新加坡，小公司开展国际业务的现象非常普遍，业务和文化的交融非常有借鉴性。研究广不如研究精，我在新加坡工作 20 多年，辅导过 1000 家本地企业，对他们非常了解，因此我把这些新加坡企业典型的跨国跨文化成功和失败的经历分享给大家。

跨国跨文化是每个企业运营一定会面对的情况。

新加坡蔡先生的主要业务，是把在中国生产好的船舶零件供应给来新加坡补给的欧洲船只，同时又帮助欧洲客户拓展业务。公司虽然只有三个人，但为他工作的合作方有近百人。蔡先生采用充分外包与大客户核心战略，把公司经营得非常好。

意大利机器生产商要进入中国市场，其做法是不会直接派不熟悉中国文化的意大利籍员工到上海，而是找新加坡籍的员工去中国。

洪先生拿到法国和德国的精密零件订单，在新加坡生产一部分，在中国生产一部分，既能成本最优化又能避开每家工厂的劣势，并充分授权当地市场的开发，做到既有总部支持，分公司又能独立运营。

李先生在印尼投资 15 年，到今天还有没打完的官司，无论是在人事还是税务方面，无论是具体到员工还是当地习俗，每年都有层出不穷的问题，但都能一一克服。

梁女士的公司要把一件发电能力超过1800兆瓦的300吨重的发电设施运送到1400公里外去，沿途要经过无数的泥路、山路、险路，车辆白天还不能行驶，只能在晚上工作，很多地方没有路灯，有些路段甚至需要建一条新路，项目的难度可想而知。当时从新加坡过去的公司员工最多时达40人，现场保护的当地警察有100多人。

陈先生在非洲创业，开了三家超市。在非洲的很多国家，钱是比较容易赚的，但把钱存进银行，银行会收取1%的手续费，把钱取出来时又收1%的手续费。因此，很多商家都把钱存在公司的保险柜里，好处是可以节省2%的利息，以一年内资金周转50次来算，这也不是一笔小钱了。但风险在于，很多匪徒都会抢劫中国人开的这些公司。在陈先生最后一次被抢劫的过程中，他朝天射出了5颗子弹才吓退劫匪。最后，陈先生不得不选择卖掉公司，离开非洲，因为生命确实要比赚钱重要。

我的同学迈克，在过去20年中一直担任亚太区域世界五百强公司的采购董事主管，兼任专业审核员，致力于医疗、航空和电子领域。他是全球采购供应链科班出身，学识高，获得六西格玛管理黑带认证，具有丰富跨国物流专业经验，是全球采购、物流供应链的管理专家。他管理的供应商很多都是中小企业，经常飞往不同国家地区帮助供应链企业提升，如中国、美国、日本、以色列、新加坡、韩国等。迈克说，要想做好任何一份工作，关键是要有经验。做一台机器需要几千个零件，如何确保每一个零件的品质，物流和成本的管理都达到最高要求？如何在一个零件出现问题的时候，在最后一分钟解决发生的问题？供应商厂房被火烧了，这需要临场经验，随机应变，见招拆招。在批准供应商供货，但供应商却说没钱买料，这时你该怎么办？这就需要经验。

拿督胡先生是新加坡鼎业南集集团的主席，是建筑商。公司历史虽只有19年，却获得英国女王颁授的“圣约翰员佐勋章”。他为人谦虚低调，处事淡定，厚积薄发，是我15年的老朋友老客户，他担任多家公会的主席和会长，在新加坡有广泛的人脉。

阿根廷是农业和畜牧业大国，很多牛都是散养的，牛肉品质很高。2016年我们去南极时经过阿根廷，适逢阿根廷新总理当选，我们第一时间得到了阿根廷出口牛肉取消高额关税的消息。当时我就通知新加坡一个做牛肉进口生意的客户，结果她抢占先机，把世界最优质的牛肉以非常优惠的价钱送到了市场的终端。

2019年，我应邀参加一个在新加坡举办的联谊会，遇到一位20多岁的新加坡籍马来人。一开始我们用英语沟通，说着说着他竟然跟我说起了汉语，而且非常流利。他能说流利的英语、马来语、印尼语以及中国普通话、广东话、福建话，是个典型的语言通。他告诉我，他的合伙人都是华人，一起开了三家公司：一家做印刷，连优衣库都是他的大客户，业绩不错；一家App软件开发公司，客户也非常多；还有一家搬家公司。没错，是大家都认为赚钱辛苦的搬家公司。我问他为什么进入这个领域，他说可别小看搬家公司。他有30个员工、6辆卡车，每天都有10—20个订单，平均每天有6000—8000美元的收入。我一算，这位25岁的年轻人仅搬家公司一年的利润就接近100万美元。谁说年轻人都去互联网企业或在空调环境下工作了？

联谊会的当天我还碰到一个做空调保养、公司只有6个人的80后老板。那天恰好轮到他演讲，推介自己的产品。在新加坡，大部分空调保养的收费标准为20—30美元，可是他的收费标准却是每台280美元。简直是天价！那天，他不慌不忙地拿出一个装满灰尘的塑料袋，直观地告诉大家，一台空调在3个月内是如何产生灰尘，以及灰尘在哪里、如何用化学方法清洗灰尘、他们的公司到底与别人有什么区别。结果我注意到，当天至少有10个人直接与他达成交易，交易额最高的一笔是4万美元。

2018年我应一位好友之邀，见了一批从马来西亚来新加坡路演的企业家。当时是在一个极其普通的私人公司的会议室里，大概有60多人，可是狭小的空间似乎不能阻挡这些融资者的营销激情，他们热情地展示着自己的商业模式、融资路线图，描述着美丽的未来。带队的企业家告诉我，他已帮助15家公司上市，融资额度达到6亿美元。只要有机会，他们就毫不犹豫地到场。

很多新加坡人每年都会带着孩子旅行几次，每次用一两周去不同国家，去体验各个国家的发展机会，开阔视野，回来后带给整个公司的是理念的进步。我们的很多客户就是这样，不少人已经去过几十个国家和地区。要知道，很多公司往往故步自封，以为自己很厉害，其实那是他们的衡量标准太低了。在新加坡这样的国家，每个家庭基本上会保持每年出国的习惯，体验着全球最好的服务，因此对全球的服务体验是有期待的。每个创业者如果把自己的标准放在更高的层次，那就非常容易产生区隔点。我们如果闭关自守，还认为自己不错，只能说标准很低，虽然还能继续在业界生存，但竞争力已经开始下降了。

跨文化、跨界运营模式的关键在于人才。新加坡有非常多的优秀的跨国、跨文化、跨资源人才，上文提到的迈克、蔡先生都可以讲流利的英语、汉语、马来语。我过去20年亲自为超过1000位新加坡企业家做过一对一咨询辅导，涵盖180个细分行业，开了8000多个会议，达成1000多个项目。这些企业大多跨国经营，市场包括中国、新加坡、印度尼西亚、马来西亚、以色列、柬埔寨、越南、泰国、印度、缅甸、阿根廷、阿联酋、澳大利亚、新西兰、美国、英国、意大利、德国、日本、俄罗斯等国家，在每个地域都有着精彩的经历。

与大经济体相比，新加坡地小人少，自然资源缺乏，但就是在这种基础上创造了世界奇迹，国内各种资源应有尽有。新加坡人不断在海外寻求发展，积累了大量的经验；同时全球的人才也汇聚新加坡，拓宽了新加坡的视野，在这里创造了多种文化的深层融合。大家这种努力拼搏、从零创造的精神形成了全民性的文化。因此，只要充分了解这些思维框架，就能充分利用新加坡作为区域拓展中心，取得丰硕果实。

新加坡扮演着世界接口的优异角色。随着“一带一路”的发展，越来越多的企业把新加坡作为中国外区域扩展的重要战略总部。新加坡与多个经济体有着优惠的贸易政策，同时在品牌、人才和管理方面有非常大的优势。诚信品牌是新加坡的立国之本；多语言多文化的人才很多都具备跨国工作经验；新加坡从建国开始就借鉴欧美的管理体系，随着中国的强大又借鉴了中国的管理方式，可以说形成了中西合璧的管理思想。

在当今社会，升职晋级、优异转型、人生增量可以说是每个人的目标。新加坡企业往往擅长四两拨千斤，在全球市场找到自己的定位，擅长融入其他文化，同时又保持着自己坚韧而富有弹性的价值观，这些经验对每一个职场要进步的人来说都是非常宝贵的。

看似简单的新加坡，其实有着独特的工作和生活方式，当然在这儿碰壁的人也很多。写这本书的初衷之一，是希望读者充分理解新加坡思维框架，无须花费更多的资金和时间去独自摸索。经验既然已经成型，那么少走弯路，充分快速地与新加坡企业及人才融合，优势互补，并利用这种优势进行国际市场拓展，这将是中国企业海外扩充的一条重要选择路线。要知道，海外扩充中最重要的一点就是对当地文化的融合及高端人脉的建立，以多元文化整合全球资源。

跨文化、跨界运营模式适合每家公司、每个市场。无论是从中国到新加坡，德国到中国，还是济南到全球……只要懂得尊重当地文化，并带来双赢的局面，就能安全落地。同时，做好全方位整合，如京津唐到内蒙古或新加坡到印尼巴淡岛，不仅仅是把投资和先进管理理念带到那里以改善当地的生活，还要把当地优异的文化与资源带到其他地区或领域，创立独特优势。

第三节

庞杂与跨界：各个国家小企业联合体

我在新加坡的一个做物流的客户张先生，曾随新加坡国际发展局到迪拜进行商务考察和业务对接。在迪拜的研讨会上，他做了精彩的发言。因为其他公司都是规模很大的公司，发言都比较冠冕堂皇，而他的公司属于规模小的企业，轮到他发言时，就很诚恳地说："今天我们不应该只代表自己的企业来做论坛。新加坡是一个小的国家，迪拜是组成阿联酋的七个酋长国之一。新加坡与全球的最大的经济体都建立了非常棒的商业往来，迪拜也与全球的各个国家与经济体有非常好的商业往来。因此我们在座的这些企业应该依靠我们国家的资源和品牌，在全球范围内进行整合。"

张先生的发言结束后，得到了全场最热烈的掌声。当每个企业还在炫耀着自己的企业有多大时，张先生已经把整个世界的格局纳入了两个小国的大经济体系之下，这就是格局。回到新加坡后，张先生的这家企业受到了政府重视，公司发展也不错，不断升级，从原来做全球最名贵手表的物流发展到知名产品的本地的整合与分销，多国之间小企业的物流整合也在有条不紊地进行中。

在新加坡，我的一个15年的老客户，公司有150人，从事高精密机械产品生产，他有一个客户，公司就1个人，每天穿梭于欧美的各种机械产品展览会拿订单，回来后把订单外包，轻资产运营。我也与很多工厂老板聊天，他们每年的出国都是陪家人旅游，平时因为公司忙，走不开。就是因为走不开，所以走不开。

中国有一个A股上市公司，员工不多。本来是几个创始人创立的生产化工仪器仪表的小公司，名不见经传，任何资源都匮乏，人才也不够多。他们联合德国、意大利等七个国家的同样级别的小公司一起研发，专利在七个国家同时申请注册，产品也同时售卖，短短几年内成为最优秀的公司。这家公司叫万讯。

小企业虽小，却有着大企业无法比拟的优点，决策快，转型快，执行快，官僚少，而且做事效率非常高。因为小，老板以自己的激情来管理到这个小团队，每个人的潜力都得到了最大的发挥。很多大的公司最终还是要把业务分包给小企业。

大企业虽然大，但是他们并不会管理小企业。我的一个好友，曾经请了一个大集团的总经理来公司当经理，结果这个人把公司说得一无是处，而自己又对公司的现状无能为力。

小的企业是大企业的互补，而非竞争对手。茫茫草原上，微生物、蚂蚁、蚯蚓、小鸟是保证地表物种丰盛的主力，是食物链中非常重要的基础。有了它们，才有了草地的茂盛，才有了羚羊的成长，才有了狮虎的雄风。

从行业来看，单一小企业实力薄弱，受困于能力、格局和资源，缺人，缺钱，缺市场，自己的一亩三分地又有很多的秘密而无法与别人分享，与别人联合又没有办法说清谁大谁小、谁分得多谁分得少、谁做得多谁做得少。小企业每天都在想到做到和突破自己，梦想有一天能被大企业收购，或自己做成大企业。从生产力的角度来看，由一点点的积累到做大做强，那需要足够的时间和魄力；从资本的角度介入，那需要你有非常好的卖点和实力。

还有一条路是小企业可以做到的，就是小企业之间的强强联合。这个联合需要非常好的黏合剂，联合好了发生化学反应合而为一，联合不好则互伤脸面，两败俱伤。比如一个非常有想法、有能力的人，他可以去充分地整合同一个行业或不同行业的小企业，把它们纳入统一的品牌和管理，组成小企业联合体，从而扩大规模和体量。

我曾经与一个合伙人接了一个项目，在中国范围内展开太阳能热水器招商。项目中发现有一个非常优秀的销售人员，他手下有个山西的代理商非常优秀，产品卖得非常好。我们问他是怎么把这个代理商培养出来的。他说，到了山西后他开始以扫街的方式（就是一个不漏地拜访每一家客户）开拓市场，某天遇到一个猪肉摊老板，就告诉这位老板说，目前这个行业比卖猪肉好做。结果这个猪肉摊老板放弃了卖猪肉，改行代理销售太阳能热水器了，确实也做得非常好。因为这个猪肉摊老板最初不懂这个行业，怎么教就怎么做，最后变成了一颗耀眼的明星。这就是对小企业整合的突破。

我还有一个美容产品代理的新加坡客户，他的工作就是参加全球的美容展览，找到好产品和仪器后，签下合约，在新加坡、马来西亚及越南出售。他的公司有一定的规模，因此对当地美容院的整合就变得非常重要。我帮他做了一年的策划，之前他们的做法都是一对一地拜访，一对一地成交，这需要销售员有相当高的能力，而且因客户非常分散而把控难度较大。我建议他们做营销活动，每次都把几个、几十到几百个美容院老板聚拢到酒店或公司，进行集体的整合。效果出奇得好，有时 4 个小时就可以卖出 20 万美元左右的产品。

我还有一个学生，开了家只有她一个人的公司，每天工作生活得很充实。她把来自日本的饮水机卖给印度的高端私人医生，因为这些医生能接触到既有消费能力又有健康需求的高端人群，所以每年有着相当不错的收入。

现在大的网络销售平台都在充分整合小企业的资源。中小企业为阿里巴巴、谷歌、京东、天猫等做出了最重要的贡献，甚至这些大公司的使命就是让中小企业没有难做的生意。到今天谷歌最重要的收入还是来自广告，而这些广告的收入基本上都是中小企业贡献。这都是中小企业资源整合的非常成功的案例。

那么中小企业也不要以这种心态说，自己被整合了。在被整合的大趋势下，如果业绩能够突飞猛进，这也是突破的最好方法之一。

20多年来我每天都在跟企业打交道，深知他们的苦衷，因此在做百万学位时也多方把相关的中小企业整合在一起。经过多年的了解、交往、学习，他们彼此之间不止在业务方面进行了充分的整合，而且在公司的未来发展方面也逐渐有了共同使命、共同愿景，甚至有些学员还成立了共同的公司。

我在这些公司中起到非常关键的战略作用、黏合剂和催化剂的作用，既补充知识，又给他们开阔视野，同时彼此融入对方，即横向整合，又纵向合作，既行业互补，又跨行业链接，既在一个国家茁壮成长，又在多个国家遍地开花。中小企业不只需要一个发展的平台，更需要强强联合，有非常好的老师带着一起成长，这样就不用担心谁是头、谁是尾。一切按规则，合伙人协议、分红协议、日常贡献、绩效管理都清清楚楚地在合作之前列明白了，虽然这在起初阶段花费了相当多的功夫，可在执行过程中就非常顺畅。

大企业虽然大，但都是由各个小的有机体组成的，他们有管理和制度的优势；小企业虽然规模小，但他们都是大企业的组成部分。如果缺乏了整体的宏观理念以及相互合作心态，私心过重，本是一个有机体却单独要把胃拿出来独立生存，肯定走不远。

小企业一旦被大企业并购，马上就会成为其中的一员，并按大企业的思维模式进行运作，人、机器和产品都没变，就是组织制度和企业文化发生了变化。而只有真正改变观念成为大企业的一部分后，无论走路、说话、办事确实就拥有大企业风范了，也就从粉笔变成金刚石了。

大企业本来就是各个小企业的联合体，有着真正强大的管理中心。因此今天市场上最大的生意就是建立一个很强的管理中心，再去整合无数的中小企业，这将是了不起的基业。中小企业不是整合的主体，却一定是被整合的对象，但这些中小企业一旦被整合在一起，就像非洲草原上的行军蚁一样势如破竹，也会像行驶在大海中的轮船，各个部分必须统一协调，才能达到胜利的彼岸。

中国、新加坡、印度尼西亚等很多国家的企业都有类似的企业文化背景，可在国际接口下进行充分的整合。

大企业可以用资金和实力来整合小企业，这样，小企业联合体的优势立马就会发挥出来。

第四节
国际化管理框架

1. 商业卓越模式。

全球有超过 100 个国家采用美国商业卓越模式（Malcolm Baldrige Business Excellence Framework）。这一模式是 1980 年由美国政府联合知名企业、著名学府联合开发的，对过去 40 年美国经济和世界经济发展起到了举足轻重的作用，被广泛应用于各个领域而皆准的模式。在新加坡经过三十多年的实践后，几乎所有新加坡政府部门和优秀企业都以此模式进行规划和发展。

美国商业卓越模式在新加坡被命名为商业卓越模式（Business Excellence Framework），总分数为 1000 分。如果达到 700 分，就是最优秀的企业，700 分以下有不同的等级分类。7+2 模型包括领导力、规划、信息、团队、流程、客户、结果等，敦促企业不断学习和创新。在模型相同的情况下，同时被精简至 SMART（SME Management Actions for Results，中小企业以管理行动达到结果的模式）并被广泛应用于中小企业。我是新加坡生产力与标准局颁发的 BE 商业卓越模式执照顾问。

面对着错综复杂的国际市场，基础的管理框架是非常重要的。商业模式必须涵盖框架中的所有部分，才能把风险降到最低。

我稍微花一点时间解释这个框架的应用。在实践中，我经常问客户：规划、信息、团队，哪个更重要？

可想而知，什么答案都有，因为每个公司的情况都不相同。试想想，好的规划会找到更好的团队；好的信息，会产生更好的规划；好的团队会带来更好的信息；好的团队也能升级规划。在商业卓越模式中，规划、信息、团队是在一个排名层次下的三个相互促进的优化单元。

又比如，当公司的销售业绩不好时，最根本的原因是什么？很多人都会去找销售团队，而在完整的商业卓越模式框架下，最根本的原因在于领导力。有了这一部分，才能够通过规划、信息、团队开发出优异的流程，超越客户的满意感，最终达到好的销售结果。单单去找销售经理是不够的。销售团队可以很强，但产品不对路，售后服务不好，办公室政治太多，企业无法与时俱进，这都不可能让一个好的销售团队发挥最大的作用。

不只是销售有这样的问题，团队不理想，流程不对，客户不对，都和领导力有关。

那是不是说，一切都要找领导力，企业处于一个全部责任都推到领导力上面的状态呢？肯定不是。

那什么是领导力呢？领导力是能决定企业到底往哪个方向发展？到底能为客户、为市场解决什么问题？承担什么责任？企业的文化及价值观是什么样的？

本书中提到的很多成功案例，不在于这些人特别聪明，而是在正确的时间做对了正确的事情，赶上了大趋势。如做互联网眼镜零件的陈先生，在公司重大转型阶段，不是把时间花在公司的流程和本地客户开发上，而是选择在美国寻找科技含量更高的产品，找有实力的投资商和合作方，使后续的客户、规划、团队建设、信息收集、流程、基础设施建设水到渠成。这就是领导力的突破，都与原来的商业模型有着天壤之别。

那是否每个企业都要走出去找机会呢？就会改变呢？肯定不是，走出去的目的是为了学习，学习的目的是为了改变，因此走出去的初衷很重要，建立人脉尤其是精英人脉很重要。这种踏实的学习能力和坚定不移、富有弹性的价值观，会明显拉开企业的竞争力，因此判断一个企业优劣就在于此。

你一定要准备一个怎么做的蓝图呢？一个优越于其他竞争对手的蓝图、商业卓越模式。过去十年中，我在新加坡至少帮助100家企业制定简易商业卓越模式，效果惊人的好，尤其管理层受益匪浅。

2. 充足经济哲学框架。

这几年我接触过很多的企业家，很多有着丰富的资源，比如一个企业家拥有几万亩的天然土地，但很多人都想做一个大的事情，这很符合快速发展过程中人们的心态，因为互联网每天都在说首富，我们要把自己想得非富则贵，而且一夜成名最好，但实际上看看周围的朋友，能做起来的是少数。

为了解决这样的思想和问题，我拜访了“泰国国王之充足经济哲学学院”和“泰国国王科学学院”的洪院长。洪院长正在用充足经济哲学框架推动泰国农业的发展。在过去几年的咨询的过程中，我也把这个框架应用于中小企业，特别是初创型期间存在某个部分资源缺失的企业，取得了非常好的效果。

洪院长向我完整介绍了充足经济哲学框架的理念：

充足经济哲学框架（PSE，即Philosophy of Sufficiency Economy）最早是由泰国国王提出的。有三项原则，相互联系，相互依存：适度性（Moderation）、合理性（Reasonableness）和自我豁免（Self-immunity Reasonableness）。适度性传达了人们生活在中间道路上而不是极端道路上的想法。人们应该自力更生而不过分放纵。合理性是这种生活方式发生在人们有理性、积累知识和经验，以及分析能力、自我意识、远见和同情心的时候。他们必须意识到自己行为的后果，不仅是对自己，也对他人。自我豁免，是指人们保护自己不受任何外部动荡的影响，并应对不可预测或无法控制的事件的能力。它意味着自力更生和自律的基础。

除了这三项原则，使充分性经济原则发挥作用还需要另外两个条件：知识和道德。

PSE 这种生活方式并不意味着自给自足，相反，它反映了自力更生的能力，即容忍和应对全球化带来的各种不利影响的能力。

PSE 的应用不仅限于个人，还可以应用于几种不同的实践，其中一种是私营企业。PSE 通过道德方法鼓励企业追求可持续利润，包括良好的公司管理、社会责任、所有利益相关者的意识以及对风险管理的商业审慎。暹罗水泥集团、PTT 上市公司、东芝泰国、普兰达珠宝公司和 Chumporn Cabana 度假村就是实施 PSE 的公司的例子。

自力更生的概念也适用于社区层面。Ban Moung Wan 和 Koak Chareon 村是参与储蓄计划并成功减少开支和债务，同时增加储蓄的社区的好例子。这些社区从一个由 10 人组成的微创计划开始，成员们被要求每周节省下少量的钱。随着时间的推移，该集团变得越来越强大，拥有 667 名成员和 750 万泰铢的储蓄账户。贷款收益分为两部分：一部分返还给会员，另一部分用于社区活动。这种储蓄证明了 PSE 的免疫性，人们可以帮助自己抵御外部冲击。现在人们不是从外部银行获得贷款，而是从社区储蓄账户借款，这为社区创造了利益。

社区商店、碾米厂和汽车服务就是这两个村庄成功帮助社区的例子。这些项目的部分收益（包括储蓄计划），都捐给了社区福利基金，用于社区活动和帮助孤儿、穷人和被忽视的老人。

这些福利计划和相互活动，以及 PSE 建议的许多其他计划和活动，显著增强了社区的免疫力，并降低了社区对各种冲击（例如经济、文化、社会）的脆弱性。这类福利制度的例子包括社区卫生中心、社区合作社、村基金以及文化和宗教活动。

有了 PSE 的心态，他们将拥抱环境，与自然和谐相处。因此，他们不会过度开发或滥用环境或自然资源。

解决环境退化和自然资源枯竭问题的另一种 PSE 做法是可持续农业。可持续农业实行有机农业，消除了化肥和化学农药的使用。化肥是造成土壤退化的主要原因之一，会降低作物的生产力。化学农药不仅会杀死昆虫，还会危害环境，进而危害人类健康。相反，可以在当地找到的天然材料来制造有机肥料和杀虫剂。

为了盈利，农民通常种植单一作物或现金作物。这些作物完全依赖于市场价格，从而加大了农民面对外部价格冲击的脆弱性。此外，这种做法通常会损害环境，因为农民往往过度使用化学产品来增加产量。从长远来看，这种做法是不可持续的。为了解决这个问题，泰国国王建议农民采用新的农业理论，即 PSE 的应用。

新的农业理论建议农民遵循三个阶段的程序。第一阶段，农民应将土地分为以下四部分：种植水稻（30%）；种植蔬菜、水果（30%）；水库（30%）；居住和其他用途（10%），保证食品充足或者食品安全。在农民获得粮食保障后，可以扩大生产流程，在第二阶段进入商业活动。最后，在第三阶段，他们可以进一步扩大生产流程，以合作商店或碾米厂的形式在社区内开展合作。

我把这段理论应用到新加坡一家文具公司，公司后来出售给了另外一家更大的公司，老板是周先生。周先生的公司主业为文具批发，也售卖复印机，在并购以后想从事茶叶等方面的生意。但在新加坡，茶叶生意是非常难做的，且看不到未来的收益。因此，通过适度性、合理性和自我豁免原则，我建议他保留复印机业务。这一业务利润高，需用人手少，可以暂时维持一定的现金流和收入，在资金安全的情况下充分投入茶叶和相关产品的新市场。结果在公司并购两年内，茶叶新市场的开拓并不理想，复印机业务几乎成了公司唯一的收入来源，幸亏有这一业务作为保底。

2019年我到广东茂名考察竹海项目，也同样应用了这个理论。发展养老项目及其他旅游健康项目需要投资和时间，一时看不到效益，因此建议：种植竹子（初期，50%收益）；大健康产品项目（初期+中期，20%收益）；发展第三产业，如养老项目（长期，投资者进入，引进国际先进模式）。

3. 高级培训与评估证书。

2018年，我拿到了新加坡教育部颁发的培训与评估高级证书（ACTA，即Advanced Certificate in Training and Assessment），获得了新加坡技能未来国际成人教育及审核执照。为此，我每周都要拿出两天的学习时间，用了半年才能完成课程，对工作繁忙的人来说是非常奢华的。新加坡是非常注重全员劳动技能提升的国家，因此培训与评估高级证书ACTA采用英国、澳大利亚培训框架，是以美国、德国为结果标准的国家跨文化优异培训框架，对个人职业成长和企业人才打造至关重要。

培训与评估高级证书ACTA包括六个模块：在培训中应用成人学习原则；设计学习体验；准备和促进学习体验；解释新加坡劳动力技能资格体系；评估能力；准备继续专业发展。在内容上包括Jack Mezirow的转化式学习、Stephen Brookfield评判式思维、David Kolb体验式学习、Siberman希尔伯曼主动学习8个特质、Gary Mitchell加里米切尔的10大成人学习原则、IMPROVE原则等。因为书的篇幅有限，这里就不详细阐述。

在华人社会，很多精英到了很重要的管理职位后反倒无法发挥特长，原因不是他们不厉害，是他们不懂商业管理，没有经过商业管理培训。如果任由他们不断试错，这对企业也是不公平的。当然，你可以说进行在职培训，那也可以。但要记住，既然是核心管理层，那他本身就必须具备这个素质。企业如果从零培养一个非常有能力的高管，那是需要很长时间的。除此之外，还可以采用企业内部培训的方式进行管理。

公司内部培训必须有个标准，一是一年多少次培训，培训可以由专业的顾问老师来担任，内部培训师、部门领导、同事等也可成为培训老师，也有在线培训；二是必须经过考试，没有过关的继续培训没有意义。

公司管理层的价值观必须正确。公司是谁的？绝对不仅仅是老板的，而是大家的。既然是大家的，公司管理层就必须积极调动全体员工积极性以提出很多优异的建议，每个人的头脑都是已经付费的，每个人都期待被赏识和对公司做出贡献并得到提升，培训是达到这个目标的最好的平台。

培训能传递正能量，能做到感情的互动，能使信息转移，能让目标达成，提供分享与提升，是企业修行最好的道场。培训能让各个层级人员相互认同，为化解矛盾与误解提供最好的机会。培训是最容易发现真相的地方，也是审视自己非常好的机会。

培训是有等级的。高层以方向为主，中层以管理为主，操作层以执行力为主。高层以道为主，中层以法为主，操作层以术为主。

培训不是随意的，是有结构、有主题、有系统的。培训要严格控制时间，中间一定要有互动环节。成人学习不容易，因此培训还要有趣味性和中场休息。

培训是有标准的，要有开心因素。快乐可以让每一个人放轻松，并发挥想象力，要有主题，大家非常清晰培训的目的和结果应与自己的工作息息相关，与自己的进步息息相关，大家愿意参加这样的培训而不是批判会。

效果好的培训，不是一个人讲而其他人在听。成人培训不是学校教育，应该是分批分块，让每个人都能充分发言，不至于强忍着瞌睡听另外一个人在那儿口若悬河。

培训更应该是承上启下的，不断重复过去发生的事情，找出解决方案，让大家知道公司的立场，同时也要看下一段的发展，以发现潜在的问题，提出共同解决方案。

培训更应集思广益。大部分企业都把员工当成手和脚，因为他们见识少、不懂策略，只让他们去做就行了。这其实是错误的。每个一线员工都能接触客户，非常了解问题的根源所在，可以为公司提供了不起的信息，因此培训是用脑不是用手和脚。

根据我对中小企业二十多年的管理经验，培训的间隔应该是每周一次，每次大概两三小时左右。这个频率会让公司极度稳定地发展，可以让不好的事情还没有发展到顶峰就被发现，好的事情刚刚出现就会被加强。这个频率可以让大家有足够的机会和平台互相分享，化解矛盾，增强认同。这个频率可以保持公司的管理层与各层级员工保持最有效的沟通，可以让公司的发展方向得到最有效的执行。

每次培训两三个小时非常符合成人学习的习惯。时长太短，事情不能得到充分解决；时长太长，员工会疲劳而失去效果。培训中间最好能休息一到两次，每次休息 5 分钟。千万不要开大尾巴长会，一个人独干，这会让大家对培训产生恐惧，从而影响了培训的根本意义。

这么算下来，一个员工每年至少要有 100—150 个小时的培训，这会不会影响公司的生产力？其实如果不开会，中间的各种误解问题会大大降低公司的生产力，而培训时间没有去直接服务客户，但为服务客户及各个因素会做好最充分的准备，这本来就是企业运营中最重要的一环，失去了培训已是不可弥补的错误。培训到位的公司业绩会更高，企业在向着规划的方向平稳发展，企业的快乐指数也高。

我的一个新加坡客户，公司在 2000 年时还与同行差别不大，到 2006 年我去他公司做项目时，发现他在拿着《赢在中国》的录影片给员工培训。我马上意识到，他应该展开培训几年了，不然怎么能用得上《赢在中国》呢？果然一问之下，他已经培训三年了，亲自培训，直到现在。同行的许多公司大都因行业原因纷纷倒闭了，而他不但做着本行，员工数量还从十多人发展到2019年的150人，其中管理层就有二十多人，还买了整排的厂房，这在新加坡的线路铺设行业是了不起的。

另外，培训的内容是什么呢？应该是公司曾经犯过的错误以及宝贵的经验，不断地总结为规矩，同时通过培训又不断地完善这些规矩。这就像一个弹簧螺旋，每走一圈，提升一个高度。很多企业一开始培训效果不理想，那是因为系统不到位。随着培训次数的增加，你的积累会越来越多，会越来越觉得培训时间不够，培训内容越来越多，越来越渴望大家通过培训不断进步。有一个不完全统计，投入培训五年后，回报率是30倍。

在培训中，最好能引入类似ACTA中，加里・米切尔（Gary Mitchell）的让成人有效学习的十大原则：只有在想学习的时候才能真正地学习；最好的学习来自亲自动手去做；最容易学习的往往是自己最熟悉的事情；从错误中学习；喜欢通过不同的感官中学习；有条不紊、系统地学习；不理解的事情是无法学会的；从演练中学习；能看到自己的进步时，会学得更好；因材施教会取得最大的学习效果。

如果都能像以上这些框架那样去设计人才培训培养体系，不断完善，企业内部的信任文化就会建立起来，言出必行，有责任感，客户服务，笑容，礼仪，服务流程，质量管理，原料追踪，员工心态，品牌名誉，竞争与道德……所有的一切都将逐渐被完善，这时候企业将越来越优秀。

近年来我开办了很多销售冠军的培训班，阐释顶级销售冠军的思维。识别老鹰，并把老鹰的思维灌输给老鹰，那是对的。但对于孔雀来说，你对他的期待应该是孔雀，孔雀也有它的作用。人尽其才，物尽其用，你必须在正确的岗位上培养正确的人，这样每个人都是自己工作的销售冠军。

我在做销售冠军培养时，让学员把各自公司的产品服务卖给另外一个同学。

一般在培训结束以后，90% 左右的人能够掌握这个销售技巧，他们非常清晰地明白销售到底卖的是什么。公司在接下来的几周内，只要按照原来的方式进一步强化训练，每个人都能在销售方面取得非常好的效果，销售业绩提升到一个相当的高度。

我曾经做过一期服务培训——何为用心。大家都讲了一大堆的道理，其中有个员工说，在理疗结束后她会亲自帮客户戴上项链，而且是非常体贴温柔地戴上。我在现场问她，应该如何体贴温柔地戴？她说还没想清楚，我说："轻轻地触碰，小声地问候，用温柔的语气呵护，就像手里托着一个刚刚出生的婴儿般，就像你手中拿着一个价值 100 万美元的战国酒杯。"我又问她："你能做到吗？"她点头说："会的。"我让她的老板去跟踪她的行动。一个月后，她非常认真地照着去做，还写了一个更加详细清单交给公司。她的销售业绩从每个月的 1 万美元提升到 3 万美元，其他同事也照着去学，整个公司的业绩在短短的两个月从 3 万美元达到了 8 万美元。这是个非常可观的成绩。销售冠军就应该是这样不断被发现，同时又带动其他的人不断成为销售冠军。

多年来我总结出一个简单的培训结构，非常有效：

	培训内容（Training Content）
1	今天培训主题内容（Key Topic，10 分钟）
2	公司歌或公司誓词（Company Song or Oath，3 分钟）
3	上周绩效回顾（Last Week Performance Review，5—10 分钟）
4	今天培训主题的开场白故事（Story For Today Training Key Topic，5 分钟）
5	休息（Tea Break，10 分钟）

（续表）

	培训内容（Training Content）
6	员工建议（ Suggestion From Staff ，10 分钟）
7	员工需要提升的部分（Staff Improvement In Last Week，10—20 分钟）
8	公司 SOP 及文化手册例行培训及演练（Company SOP and Handbook Training and Role Play，30—60 分钟）
9	公司的期待（Company Expectation，5 分钟）
10	休息（Tea Break，5 分钟）
11	关于客户聚焦（Customer Focus，10 分钟）
12	下周任务（提前准备好）（Next Week Task Assign，5 分钟）
13	修为与成长（Practice From Internal Growth，10 分钟）
14	总结（Summary，5 分钟）

第五节

如何开发领导力营销、百万学位和 3663 管理体系

1. 领导力营销。

如何建立优异的人脉？如何识别机会？都想变，但从哪开始，如何抓住细节？如何跨国跨文化布局？在“好与不好”“挑与不挑”“错与不错”这个过程中，在跨国跨文化背景下实现领导力升级及转型，创新战略营销，找到自己的江山，深度抓住机会，成于细节，领导力营销是关键。

“领导力营销”（Leadership Marketing）是带领企业走入精英的理念框架。领导力营销就是领导力升级及转型 + 创新营销。营销不仅仅包括产品服务的营销，还包括思想、人格和整体公司的营销。无领导力，那么一定就会被市场淘汰，就没有尊严；无营销，就不能实现财富、时间和精神的自由。

中小企业的营销往往做不大。中小企业主总是在强调市场竞争激烈、人才难找、缺乏管理客户的方法、资金底子薄等原因，当你听到他们这样讲的时候，你就会明白，他们的竞争力已经消失了。其实经过领导力营销辅导的企业，就马上明白中小企业营销弱只是表象，机会资源无处不在，真正原因在于领导力薄弱。领导力薄弱决定了营销弱势，所以要加强“领导力营销”，进入精英行列。

市场上大多领导力项目都以学府或多方面的书籍甚至是某个人的成功经验为

基础开发，缺乏标杆基础。项目多而广，缺乏重点且杂乱，中小企业不知从何学起、从何做起。同时领导力项目多与管理、国学等领域关联，与销售脱节，而中小企业最需要的一定是销售，公司有赚钱能力才能谈发展。

市场的大多数营销项目都以某些公司的成功案例为基础。要知道，光是看王羲之的书法，一定练不成王羲之，因为你就不是王羲之；学习《了凡四训》改变人生但还是没有变，因为你不是袁了凡。中小企业必须拥有自己独特的竞争力，必须找到自己的路，才能与众不同，脱颖而出。市场上的大多营销项目多以术和方法为导向，对中小企业发展有一定帮助，但不持久，最后学虎变成猫，吃不到牛羊还在被人喊打捉老鼠。

营销领导力项目大多数都在讲竞争，营销领导力还会把很多中小企业带入魔咒，不断进行行业排名。其实卖炸鸡不一定要做麦当劳，练短跑不一定要变成刘翔。其实上过我的领导力营销课程的中小企业都知道，中小企业真正的竞争来自内部。

我在2013年提出“领导力营销”理论，并在新加坡知识产权局注册，2014年5月27日注册成功。“领导力营销”是我所有咨询、决策、培训的核心，包括筛选客户，理念一致才合作并不断以此推进目标。

中小企业的平均寿命为2.9年，中小企业的使命首先是要能活下来，才能谈发展。活下来一定需要钱。中小企业老板的父母、兄弟姐妹都在公司工作了，还能省多少？节流有限，只有营销才能直接创造现金。

同时我还开发了5堂课专注于服务中小企业的“领导力营销”课程，帮助中小企业转型和产业升级，与跨国公司接轨，提升到更上游的供应链。我开发这5堂精华项目课程，目的在于让中小企业掌握“领导力营销”精髓。了解自己的真正问题，找到解决方法，做到内心真正的快乐幸福。

领导力商业卓越模式（Business Excellence Framework）框架下最核心的动

力驱动因素——营销是大部分企业生存的根本。“领导力营销”是带领企业走入经营的理念框架。

2. 百万学位。

在新加坡，我有一对百万学位（The Millionaire Master）的夫妇学员。他们告诉我说：“老师，每次来你这里都能量满满的，好像打了鸡血一样，很幸福，又活起来了。”我对他们说：“咨询老师一般会跟你讲部分项目答案，因为你付的费用是在这个领域，而其他的领域当然也没必要给你解释得这么透彻。我以百万学位方式对你们进行辅导，你的每一个问题，我是考虑到 100 个问题的可能性，考虑到了你自身的状况、行业的状况、商业模式、品牌、营销、团队、财务、流程、风险、机遇，把所有的问题考虑明白了给你们做了‘千合一’的答案。这哪里是打了鸡血，简直是打了龙血。”他们哈哈大笑。我的生活也是每天都这样过的，最终老师让学员解脱困惑，让他们快速解决自己的问题，成长壮大。

在西方的 MBA 课程中，学生从上 MBA 开始就组建一家虚拟的新公司，如果在学期内不能赚足 100 万美元的利润就不能毕业。可是他们毕竟是学生，学生的主业就是毕业。在现实的工作中，企业就是企业，做不好那是要关门倒闭、破产的，哪里有 100 万美元的预算每天去做咨询？即便有能力，这 100 万美元要分配给多少家顾问公司和部门，谁先谁后，相互能链接吗？能承上启下吗？每个拿钱的公司都想有所表现并用自己的专长，很容易否定前人，一个经验不足的企业如何平衡这种现象？答案是：没办法。

因此，我推出百万学位项目，在标准时间内不计成本解决客户问题，不限项目，而条件就是单位时间内学员必须在咨询单元内赚取 100 万美元利润。

世界企业“转型”和“企业全面改革创新”一直在进行，企业面对的最大问题就是生存，而赚取第一个 100 万新币，不止预示着企业安全度，更是企业能力的提升。

百万学位将是未来明星项目，目前新加坡百万学位组已经取得相当好的效果。但对于百万学位学员我们也有要求：首先，在期限内必须赚取100万新币的营业利润，同时必须解决以下问题：

(1) 要达到百万学位，如何选择行业？

(2) 要达到百万学位，如何制定可持续的经营模式，应对行业未来与经营环境变化？

(3) 要达到百万学位，如何制定领先的竞争优势？

(4) 要达到百万学位，如何有良好的盈利能力？

(5) 要达到百万学位，如何有定价权？

(6) 要达到百万学位，如何达到30%以上纯利润？

(7) 要达到百万学位，如何达到正现金流？

(8) 要达到百万学位，如何解决最关键的优秀的团队？

(9) 要达到百万学位，如何健全的公司治理体系和机制？

(10) 要达到百万学位，创业者如何健康快乐？

3. 3663管理体系。

让我们来看看以下棘手的公司问题，让我们把顺序稍微打乱，就更能体会企业中每个利益方的每天烦恼的混乱之处：

(1) 如何在业务快速发展中做到快乐幸福？如何理解创立公司的目的是什么？

(2) 如何制定高层管理层手册？如何起草优秀股东协议、合伙人协议？

(3) 如何解决产品、仪器雷同，没有竞争力区隔点？

(4) 如何设计产品、服务？标准是什么？如何定义品类及商业本质？如何做独特卖点原则？如何做独特卖点？

(5) 如何规划成本结构？

(6) 公司领导者如何做到在市场中有绝对竞争力和控制力？

(7) 如何平衡组织结构、组织机制、人事标准、事业传承的关系？

(8) 如何达到未计利息、税项、折旧及摊销前的利润（EBITDA，即 Earnings Before Interest，Taxes，Depreciation and Amortization）占 50%—70%？

(9) 你的公司到底有多大潜力？你的商业模式到底出现了什么问题？

(10) 行业发展的方向到底在哪里？

(11) 每个人都想变，但从哪儿开始？有捷径吗？

(12) 如何配置人事比例数量？

(13) 公司高管如何提升自身管理能力？

(14) 如何领导团队，掌握人心？如何建立企业文化，包括价值观？

(15) 如何打造自我运作团队？自我运作团队的成本和效率标准是什么？

(16) 有客户了，工作太忙，人手不够，怎么办？缺少客户，员工闲置，怎么办？

(17) 企业拥有多少客户、多少员工、多少收入，发放多少薪水，才是最优化的状态？

(18) 资源配置混乱，老员工和厉害员工霸占好客户，新员工吃草，留不下来，该怎么办？

(19) 薪水、佣金制度失效，员工无积极性，该怎么办？

(20) 面对业绩低、成本高的局面，有没有解决方案？

(21) 如何转型？公司业务如何突破瓶颈，制定独特发展模式？商业模式如何组成？

(22) 如何受到资本青睐？

(23) 如何制定自己的使命和存在价值？如何区别于同行，并受到消费者青睐？

(24) 公司成功的原始点是什么？

(25) 什么是爆品，什么是粉丝文化？

(26) 一家好公司具备的条件是什么？

(27) 如何在同行中知道自己的竞争位置？如何进行品牌定位？

(28) 你的公司明年增加的销售额和新客户数量到底会有多少？你有信心达到吗？

(29) 为什么新客户难找，老客户流失？为什么 8 年前打广告就有新客户，而现在却不同？是因为同行多吗？

(30) 一家公司销售多少才是最优化的？开多少家店为最好？

(31) 公司领导者如何驾驭日益庞大复杂的跨界跨国跨文化市场？

(32) 自动运作的体系应该包含哪些主要系统？

(33) 如何达到月月有稳定的优异业绩？如何提升业绩，达到增长 100%？

(34) 如何设定营销目标？销售业绩不稳定怎么办？

(35) 如何制定客户销售方针？标准是什么？

(36) 销售冠军的素质是什么？

(37) 销售客户服务流程是什么？新客户的成交关键是什么？转介绍客户成交关键是什么？如何留住好客户？

(38) 销售到底卖的是什么？不知道如何培养销售人才该怎么办？淡旺季促销跟不上怎么办？

(39) 什么是客户满意度？什么是客户终身价值？客户多久消费一次？消费多少为最适合？

(40) 礼品预算多少合适？礼品种类有哪些及吸引力如何？

(41) 如何有效开发和执行 ISO9001、ISO14001 EMS、OHSAS 18001、5S 国际标准质量管理体系？

(42) 客户服务不到位怎么办？公司制胜的关键标杆流程是什么？如何创造标杆和超值服务流程？如何解决流程服务根本不标准，标准也不能执行的问题？为什么做不过大品牌，也斗不过小品牌？如何屏蔽同行的拷贝？

(43) 对首席执行官或总经理而言，什么最重要？

(44) 成为第二把手的条件是什么？如何弥补第二把手的短板？

(45) 老板的短板是什么？老板到底需要什么管理知识？

(46) 如何制定员工手册？

(47) 为什么公司员工离职率高，人才难留？是因为公司多吗？

(48) 你公司员工的底薪和佣金合理吗？

(49) 做 100 家分店，如何培养 100 个分店经理？如何培养左右手？

(50) 一线员工有问题时，应如何处理？

(51) 如何培训团队及员工？培训周期和内容是什么？

(52) 佣金、薪水、红包、花红紊乱？在现有薪水、佣金制度和员工积极性失效的条件下，如何制定一个最佳薪资结构，比如虚拟股权？

(53) 如何管理抢客户、抢佣金的问题？何为合理分配？标准是什么？

(54) 无法识别有潜力人才？团队无责任心，互相推诿，怎么办？

(55) 员工工作无激情，连笑都不会，无礼貌，怎么办？

(56) 缺少员工，员工流动性高，怎么办？

(57) 员工潜力根本发挥不了，好员工很容易被排挤走，怎么办？

(58) 员工学不到东西，没有成长感、成就感、归属感，怎么办？

(59) 员工根本不服老板和管理层，觉得没有希望就辞职走人，怎么办？

(60) 如何打造自我运作团队？采用中成本、高效率的方式吗？

(61) 分店经理能力严重缺失，懂得销售、管理却没有能力管理，怎么办？

(62) 处理很多事情时把无辜的人牵扯其中，怎么办？君子小人分不清，怎么办？

(63) 如何让员工效率达到最大化？

(64) 直营店在新加坡扩充几家最理想？如果要扩充，根本找不到这么多优秀店长，也找不到配额请员工。一缺员工，员工就反天，怎么办？

(65) 加盟方式无法有效帮助到加盟者，加盟者觉得学会了就离开单干了，管理成本太高，投入不够产出，怎么办？

(66) 员工无责任心，怎么办？没有成长的企业文化，怎么办？

(67) 创始人离开，公司处于高风险运营状态，怎么办？

(68) 如何与时俱进？

…………

要解决其中一个问题，就会引出至少5—10个相关问题及解决方案，需要直接或间接解决其他存在必然联系的问题作为支撑。因此，企业有1000个主要问题要解决，一点都不过分。出于企业资源的不足性及创始人能力的局限性，解决问题的时间和程度都会有所不同，而且解决问题的视角也会因为各地域文化不同而不一样。

要解决以上任何问题，需要制度的深度和力度，更需要与制度的形成和执行结合，这样制度才会有力量。制度只有溶解在血液中，才能捍卫它，执行它。

一家普通公司如何能解决以下系统问题：客户，销售，利润率，现金流，服务，效果，团队，店长，薪金，文化，培训，流程，定位，商业模式，策略，品牌……得花多少钱？一家普通公司会花这笔钱吗？既然不花，也花不起，那公司有希望吗？

我问过的超过1000家公司，问他们问题在哪，最需要什么，答案基本都一样：没有系统。

无战略，无系统，无人才，无资金，自我成长困难。如果走入一家普通公司，与他们谈谈，你就会知道这些客观事实。即使是好一点的公司，老板也苦不堪言，员工、客户、设备、产品、管理处处都有问题，大家异口同声说要好的系统，可什么是好的系统，没人能说明白。

因此，如何帮助企业成长，尤其是帮助成长型企业成长，就成了我的使命。从2006年开始，我就竭尽全力去开发适合他们的体系，解决错综复杂的1000个问题，开发支持的5000个支撑点。历经11年，终于形成领导力营销、百万学位中小型精英企业理论基础、全球顶级商业模型，以及我以超过180个行业、1000家公司为基础，以自己标杆企业实际运营为实践基地的3663管理体系。

3663管理体系系统完整地解决商业模式及掌控、自动运作、优质团队打造，利润掌控、稳定业绩、现金流掌控、风险控制、产品配套会员管理、销售及促销、阿米巴运营、服务体系、客户体系、文化体系、品牌体系、IT体系、国际认证等多层级问题，并把解决方案归为0和1。体系包括20项行业区隔点、20个标杆商业模式、100个战略解决框架、团队建设150种心态解决方案、170种产品模板、200种有效促销模板、200项超值服务流程、1000个细分管理指标，开发累计费用超过300万美元。

举几个3663应用的例子：

一个资产的例子：

有一家工业大厦，已经超过三年没有租出去了。整个市场的租金环境是不好的，可是公司还在这里不断寻找更好的工厂经纪人，试图把公司的空间租出去。在3663体系中，这是很不符合与时俱进的原则的。这属于股东老板决策范围，必须倾全力以战略项目为出发点解决。结果不到三个月，公司请了很多专家，最终决定开发新业务单元自己用或整体出售。

类似的情形也可纳入公司高层资产管理部门的管理范围。任何公司超过一年没有用的资产，都可用这种战略解决。这是应用 3663 的一个点。

还有很多股东被股东黑的例子，但出发点并不是要黑股东，而是没有股东合伙人协议。要知道，这个协议是公司稳定发展的基因，是 3663 的核心。

一个股东的例子：

公司股东间已经产生了分歧，气氛非常不友好。这时候我让他们请专业的顾问来，把纠结的问题全部列出来，一项一项加以解决，每一项都形成一个行为标准，作为最基础的股东协议。结果，股东之间有谈不完的话题，经常谈到三更半夜，最终公司 2018 年的业绩还增加了两倍。解决股东矛盾也是应用 3663 的一个点。

一个团队的例子：

团队建设 150 种心态解决方案中，有这样一种心态：总有人向公司不断借钱，该怎么办？我在管理一家服务公司的时候，一个员工总是诉苦说家里有贷款，生活非常艰苦，每天早上只能吃面包和方便面，自己也越来越肥胖。作为管理者，我们当然要给予同情，就要求其他同事在业务方面不断帮助他。接下来一连串的事情发生了，很多员工都提出来，自己家里有这样那样的问题，都希望公司能帮他们解决。一个小型企业如何帮助所有的员工解决他们家里所有的问题？干脆直接当圣诞老人，关门大吉算了。企业经营追求的是每个人都有好的生活，但前提是企业要活下来。每个人通过努力，分得一部分自己的所得，而不是通过别人施舍得到。

最后我帮助公司制定一个几句话的 3663 制度："你有问题，我也有更大的问题；你需要钱，我更需要钱。以后各自的问题各自去解决。在公司，我们就去解决好客户的问题，把客户服务好，把销售业绩做好，我们才有更好的收入。用在这里学到的好的管理方法回去解决自己家里的问题，不准向公司借钱。"

公司召开全体员工会议，宣布了这一决定后，所有的事情瞬间就没有了。之前每个人只要提到个人的问题就忧心忡忡，甚至无心做工；会议结束后，每个人又激情昂然，好像每个人的家庭都无比完美一样。甚至当有一个员工再提起家事时，其他有正义感的员工会当面指责他。一股正能量企业文化逐渐形成。

一个服务的例子：

服务的最高境界，是令客户难以忘怀。认识服务的最高境界，不在老板的办公室里，而是在一线员工的表现上。

服务的效果如何，在于对方的感受，而不在于你付出多少。无论你把自己说得多么好，服务最终得由客户打分，客户的认同、消费、重复订单、转介绍才是最重要的。

我一个客户每次去台湾，第一件事就是去一家餐馆吃饭。我问他这家餐馆好在什么地方，他说饭菜的质量非常一般，卖点就是员工上菜时会退一步跟你解释这道菜的由来，而且解释得眉飞色舞。为什么要退一步呢？是为了不让唾沫落到菜上。

我在一家比较高档的火锅店也看到，员工上菜一定要鞠躬90度，一点不夸张，真的是90度。因此我连续去了三次，每次员工都能做到这点。我问他们为什么鞠躬，他们回答说不鞠躬会被罚款。这样的回答，这是不一样的难以忘怀，到现在我就没有再去那里了。如果员工不是真正发自内心地去做事，我总觉得有一天还会出现危机。

让客户难以忘怀的流程服务，应该来自客户。企业与客户产生化学反应，需要双方的共同努力。绝大部分员工工作只是为了奶粉和薪水，对其他事情不闻不问，这不是员工的错，因为老板认为他们付给员工的就是执行，他们是手和脚。

聪明的老板会把员工当作客户的服务大使，用心去服务去体会，用心，细心，贴心，关心，10个心、100个心去体会，这个流程必须是自愿的，必须是有感染力的，绝对不是不得不鞠躬，应该是中了彩票那样的笑脸，应该是得到赞美的笑脸，应该是大病初愈的爽快。这种能量的交换，对方能够感知到，就像日本推崇的即便在家打电话也要先换好西服那样，对方能感受到你的诚意和状态。

令客户难以忘怀，在于发自内心地给客户以心灵上的感动。本书是中小企业战略手册，因此只要战略方向对了，系统性的技术就不是问题了，这是基因，是基础。

因此难以忘怀就是3663驱动服务的核心点。麦当劳做到了，海底捞做到了。

举一个流程的例子：

在服务方面，大部分公司都遇到的棘手问题是：首先，公司没有服务标准；其次，有了服务标准后也很难执行。因此，把3663导入公司体系以后就会出现这样的结果：

首先把重要客户都分到每个人的手里，进行市场调查，了解客户在公司喜欢什么，不喜欢什么，然后针对每一个市场调查进行排序，结果公司得到100多项的反馈。在接下来的半年中，公司针对员工集体提出的重要反馈，集中解决客户的服务，并设置相关的责任和奖励，同时要求定期对所有需要做的工作不断重复培训。

这个过程应用了3663中的市场调查、超级服务流程开发、奖励制度以及培训机制。经过半年时间，一起做出来的体系已融化在他们心中，他们不止认同，还能执行，还能够传承给新员工。而所有这些执行的工作，多和他们的生活改善有直接的关系。

最终这家公司形成了客户服务的100多项相关指标。这家公司已经进入了竞争的另一个阶段。

书中的每个案例都是3663的组成部分。

3663的开发过程就是修行的过程。修行就是找到一个空间，在其中创造自己的一个空间，再与外界空间相连接。

《道德经》之所以是经典，是因为适合于天地万物、各个行业，指出了事物的本质所在，无为而治。看到水流下来，不去阻碍它，也不去追它，而是跟它保持同步。在当下浮躁的社会，人人都想走捷径，但是事物的本质必须是走出它“原有的那条路”，没有捷径。

世间万物，以俗观之，缤纷各异；以道观之，物无贵贱。上善若水，舞蹈的水花很美，但真正厉害的是无形的水分子和动力源。

结语：

老后破产还是完美人生

第一节
能看到曙光的条件：毅商

洛克菲勒说过，人生就是一个不断抵押的过程。为前途我们抵押青春，为幸福我们抵押生命。如果你不敢逼近底线，你就输了。为成功我们抵押、冒险不值得吗？谈到抵押，我想告诉你，在我从银行家手里接过巨款时，我抵押出去的不光是我的企业，还有我的诚实。我视合同、契约为神圣的东西，严格遵守合同，从不拖欠债务。我对投资人、银行家、客户，包括竞争对手，从不忘以诚相待，在同他们讨论问题时我都坚持讲真话，从不捏造或含糊其词，我坚信谎言在阳光下就会显形。

2003 年，卡梅隆 · 皮斯托里奥（Carmelo Pistorio）最早在新加坡投资了开发脸部识别体系的公司。他看到了 20 年后的未来。现在，新加坡已有超过 35 万人在用 XiD 脸部识别技术。XiD 脸部识别也跻身全球 17 家公司知名脸部识别技术公司。

卡梅隆是位极其风趣的意大利人，一个博学多才的企业家，无所不知，从马耳他十字到江诗丹顿表的十字 Logo 设计，从中国到欧洲，从新加坡到俄罗斯，从埃及到美国，他的经历和见识绝对是让你感觉是在看一部精彩的电影。正如卡梅隆这个名字一样，让你不得不联想到美国电影导演卡梅隆和他的电影巨制《阿凡达》。

有空的时候，我们就一起去射击俱乐部放松心情。射击可以让一个人更加平和地面对目标，更懂得专注，而不是人们想象中那样浮躁、暴力并伴随着巨大的噪音。当然他还喜欢潜水和帆船运动，这两方面我均不擅长。

两年前，我与卡梅隆在一个意大利的私人聚会上一见如故。他的技术和产品非常迷人，脸部识别技术不是一个普通的数学建模系统，是算法配合着红外线脸部的各个内分轮廓，把点线面结合起来，再对人体的脸部构造进行综合比较。

卡梅隆的父亲帕斯卡·皮斯托里奥（Pasquale Pistorio）是位鼎鼎有名的业内人士，是新加坡顶尖半导体公司——意法半导体公司（STMicroelectronics）前总裁兼意大利工业家联合会（Confindustria）董事会成员。帕斯卡早期职业生涯是在摩托罗拉公司任高管，1984 年开始把意法半导体公司从初期的劳动密集型公司升级为高科技公司。此前，意法半导体公司一直采用进口国外芯片，此后新加坡开始生产前端芯片，并在 2003 年获得新加坡政府颁发的第一个外国最佳公民贡献奖。

正所谓老子英雄儿好汉。卡梅隆在 17 岁时定居新加坡，2002 年创立环保公司，起步只有 5 万新币，两年就以 200 万新币卖给了另外一家知名公司。与此同时，卡梅隆个人投资了一家普华永道（PWC）担任大股东的互联网平台公司，最后因为市场不理想，公司没有上市。后来，卡梅隆退出上述公司，开始考虑自己成立投资公司。他的投资理念可概括为三点：有资金，国家经济发展，有优质大学提供人才。新加坡具备这三点。

2003 年，卡梅隆和父亲出资 300 万新币，创立 Upstream Venture 基金投资早期科技公司。他选择了在新加坡设立公司。这也是新加坡最早时期的高科技个人投资公司。

Upstream Venture 投资的第一家公司就是 XiD。当时这家公司只是一家数据输入公司，所谓人脸识别是拿着照片对比人的脸。在 2003 年投资脸部识别体系，这属于太超前的科技项目投资了。

卡梅隆采用的是美国与瑞士的投资理念，与新加坡的投资公司大不一样。很多新加坡投资公司都说，印度几千万人一天才能吃一顿到两顿饭，所以投资大米才是正确的生意。2003 年的新加坡房地产业还处在低价位状态，应该投资房地产业、餐饮业、零售业、酒店，而不是投资这么超前的科技项目。确实技术太超前了，超前的技术也确实需要更多的时间来开发，这个时候就要比拼财力，看谁耐得久了。到目前为止 XiD 已经融资 1800 万新币进行脸部识别技术研发，这笔投资在当地绝对是大手笔的，公司的技术人员研发人员也是来自各个国家的顶级人才。

意大利国际企业发展局（ICE）曾经带领意大利企业家参观新加坡，团长介绍卡梅隆时，称他为活在下个世纪的人，但卡梅隆却风趣地说，是活在下个世纪，但下个世纪的钱在这个世界还不能用。他的意思是说，这个生意要准备 20 年。

一直到 2012 年，XiD 公司的产品才从测试阶段正式走向市场。在此期间，卡梅隆亲自挂帅 CEO 开拓新加坡市场。客户从 8 个增加到 90 个，包括新加坡的水务局、电力局、陆路交通管理局、监狱、地铁，机场的安全门、地铁自动门，几千人以上的员工宿舍、学校、公寓，安全性高的各个政府部门，施工作业危险的隧道，医院，等等。XiD 的应用已经非常广泛，产品机器稳定。目前，银行的贵宾服务区等都在与 XiD 洽谈，如何把脸部识别技术应用于高端客服，比如客户进来时服务人员已掌握基本信息，会迅速为客户提供最优质的体验。

XiD 公司已跻身全球 17 家知名脸部识别技术公司之列。2019 年，公司申请新加坡企业发展计划（EDG，即 Enterprise Development Grant）资助，申请报告交上去一周，政府就批准了。

公司在发展的同时也受到了一些阻碍，比如公司在新加坡多个政府部门的招投标时积极投标，但因技术过于先进，没有同行投标，最后政府部门发现，怎么只有一家公司投标？而新加坡的公共设施是不能让一家私人公司控制大数据的。经过调查，XiD 最终还是获得了认可，但最多只能参与 70% 项目的投标。这也是非常正常的事情，有了新加坡政府项目的背书，就是一张通往世界的通行证。

卡梅隆从这些经历中也学到了公司的发展除了要懂得产品运作，人民和政府的想法也很重要。之前公司的定位是安全、简单应用、快速，2019 年又加进了“关联关系”。公司接下来进入另一轮的融资，大举开发亚太地区（尤其是阿拉伯地区和印度）、欧洲、北美市场，市场的大趋势已经到了。

一个客户曾经跟我说，我已经尽力了，可公司还是没有起色。我告诉他，在我面前屏住呼吸，同时头脑想现在遇到的所有困难，看能坚持多久。他以前没有这样做过，我清晰地记得，到 56 秒时他已脸红脖子粗，眼睛凸起，静脉怒张，整个人好像是要爆炸前的皮球。我让他继续维持呼吸停止状态，结果他实在坚持不住了，整个过程持续了 68 秒。

我问他：“第 67 秒的时候你在想什么？”他说：“什么想法都没有了，什么都忘光了，就想吐出浊气，呼吸一口氧气，真是死里逃生。”我告诉他：“做生意也是一样的。当你对你的生意的成功渴望度达到 67 秒的境界时，你就成了。”现在他已经有了不错的业绩。

我在深圳有一个客户，公司做得很大，一年有近百亿人民币的营业额。无论发生多大的事情，他都可以马上入睡，3 分钟内进入睡眠状态，而且睡眠质量超高，从来不做梦，睡起来接着协调处理各种事务，他跟我说：“反正也处理不完，如果再睡不着，那就全部完了。”这句话听起来很简单，但事情发生时绝大多数人是不淡定的，有情绪的，睡不着的，充溢着负能量，最终是承担能力不够，对未来和自己的能力没有信心，更谈不上毅商了。

想拥有 1000 名员工、1000 个客户，那你可能时时刻刻都会面对 1000 个员工和1000客户带来的一切问题和机会，以及其他所有的利益相关方时时刻刻给你带来的各种挑战及机遇，这一切都在挑战你的压力承受能力和问题解决能力。

毅商（Grit）是要达到一个目的而需具备的坚持不懈的精神和有条不紊的情绪管理。我将其与智商、情商、胆商并称为中小企业成就大事的“四商竞争力”。过去20年中，我与一千多名企业家沟通后发现，凡是在事业上做出成绩的，毅商都会起到非常重要的作用。

在这四商中，毅商对中小企业绝对占有主要地位，其他三商都需要毅商的坚持不懈，才能等到机会的到来，才能耐得住寂寞，在茫茫黑暗中看到曙光的毅力，是企业家必不可少的决胜素质之一。

这让我想起洛克菲勒的故事。当他做成一笔生意、赚到一大笔钱时，就高兴得把帽子摔在地上，痛痛快快地跳起舞来。但如果失败了，那他也随之病倒。

从创始人的人品来看，塑造企业差异化、带领企业不断向前推动的最主要原因，是创始人的毅力和决心。这种毅商和激情，也许才是优质企业家之间最大的区别。

说起来头头是道，做起来缩头缩脑。已经走在正确的路上，却轻易放弃。这些都是因为不知道毅商的重要性，每次都需要坚强的毅商才能从竞争中异军突起。

60%以上的首富级人物，多数经历过一两次以上的破产，但还能坚持下来，这就是毅商。我与很多中小企业都有深度交往，每次他们碰到一些比较大的挫折，就像天塌下来一样，心理素质很难承担压力和打击。一个人的成绩有多大，和他的毅商的大小是有百分之百的正比关系的。

毅商是使人从普通走向精英的最重要的台阶。只要你能够掌握毅商，可以说没有什么事情是突破不了的。“大不了从头再来”是毅商的重要核心，当然这里指的不是放弃，恰恰相反，是全力以赴，败也心甘情愿，从头再来。

第二节

平稳、安静与积善成德

有些人把小事变得很大，有些人把大事变得很小。你发现，有很多忙于琐碎事情的人，都愿意夸张地把事情搞得很大；而那些遇到很大事情的人，又会把事情变得很小。做大事的人的心态是很宽的，因为他们麻烦太多了；而做小事情的人，有一件小事都觉得天要塌下来了。

当下的我们，既然未曾接受过鬼谷子、诸葛亮、亚里士多德、苏格拉底等高人的指导，那么就必须选择一个成功概率比较大的机会。我问过很多高僧大德，他们说动的根本是静。就像道生一，一生二，二生三，三生万物一样。心里清净！不管外界有多么嘈杂。

人的一切痛苦，本质上都是对自己的无能的愤怒。打喷嚏时，你全身的功能都会暂停，包括你的心跳。一惊一乍绝不是好事。

有些人做一件事惹出五个麻烦，如偷懒、不学习、抱怨。有些人做一件事解决十个问题，如学习、平静、做善事。

表面上感觉生意越来越难做，其实是各行各业越来越专业了，越来越精益求精了。看起来是在洗牌，实际是在洗人，淘汰了欠钱不还的，没有信用的，吹牛浮夸、不脚踏实地的人，留下的是一批坚持品质、真才实干、踏踏实实真正做事的人。每天都有人加入，也有人退出，品牌如此，生意如此，企业如此，各行各业也是如此。处在浮躁的社会，更该静下心放慢些脚步，真正的危机不是金融危机，而是道德与信仰的危机。

一本正经地睡够八个小时，再来谈成功！2019年年初，我太太遇到一个老朋友。她非常清晰地记得十年前他的身体已经坏到极其糟糕的程度，大部分化验的指标都是反向走的。可这次见面看起来还是十年前的长相，没有出现年轮效应，但一看就能肯定他非常健康。我太太对健康这个话题非常感兴趣，就与他聊起来，问他到底发生了什么样的转变。他说十几年前没白没黑地拼命工作，每天都匆匆忙忙，一天跑六七个客户，好身体都坏了，吃药调理都成效不大。现在则减缓了节奏，改变了生活和工作的方式。现在他每天只做两件事，不管多大的事发生，最重要的是不要有急急忙忙的感觉，一切都在安静中进行，在平稳中规划，一天最多去两个地方。这样即便有紧急的事情，如果距离得很远，哪怕失去生意也要放弃。每天做两件事更可以集中精神，有足够的时间把事情做深入。时间充足，心态就容易保持放松，心情就温暖。如果你匆匆忙忙，顾客也会感觉到不安心。

乌龟很慢，走起路来也左顾右盼，但能保持长寿。长寿不代表乌龟没有目标，乌龟还是能达到目标的。

有激情的人不会把激情挂在嘴边。强烈的愿望能激发人的潜意识，欲望越强烈，就越要保持平稳和安静。遇到大事，人更要冷静。厚积薄发。

我与好友去南极的一段历程，让我终身难忘。这不是旅游，也不是冒险，这绝对是人生增量。在没有WiFi的极地漂了十几天，每时每刻都有不同的风景，德雷克海峡（Drake Passage）波涛汹涌，极昼期间蔚蓝的天空下，几百米的冰山漂浮而过，企鹅像诗人般在冰山上踱步，这才是真正与自然融为一体。我还去过云南的佤族部落，与阿布姐姐和龙哥畅谈如何保留古老部落的传承。这些对我来说，都是远离浮躁都市后获得的一种宁静。我还记得，在飞机快要起飞时我还信心十足地赶到机场，结果却是看到飞机扬长而去，龙哥坐在路边懊悔不已，后来不得不打车去西双版纳；接着又去华山论剑西凤酒品牌运营公司总部拜会董小军先生，与他一起体验秦始皇足迹；去西安体验大唐盛世；然后又去深圳聆听嘉达熊总的环保历程，与黄征宇谈他的书《终身学习：哈佛毕业后的六堂课》。这些经历都是与朋友同行，交流分享，不断寻求人生的增量，收获很难用语言表达。

接下来就是让自己拥有私人空间，给自己留下极度冷静的时间，静下来。乔布斯、雷·达里奥（Ray Dailo）等知名世界企业家都有冥想的习惯，这也是静的一种表现。人们定期在周末和节假日停下手头的工作休息，美国总统每年休息 3 个月，大公司 CEO 都有足够时间休假来冷静思绪。

一位非常受人尊重的上师告诉我，每天坐下来静 15 分钟，可以想想问题的来龙去脉，也可以什么都不想，你就会得到不可思议的结果。对我来说，很多解决问题的方式都是通过这种方式突然得到的。据统计，每只小白鼠的大脑中大概会有 13 个神经元结构，占用了高达 1TB 的数据。而一个成年人的大脑中具有的神经元个数为 1000 亿！人脑的存储容量就有大约 77 亿 TB（1TB=1024G，1G=1024MB，1MB=1024KB），而我这本 23 万字的书才 525KB。由此可见，人的大脑有多复杂，在时刻管理着我们每个细胞的感觉、记忆和思考。所以，大脑是需要深度休息和重组的，也是会自己思考及解决问题的。别低估了生命本身的智商和规律，健康是哲学问题，绝对不只是医学问题。多数人的身体的状况都是郁闷出来的。正如世界没有快乐和悲伤之分，如果你沉迷于快乐之中，那它就是悲伤；如果你能从悲伤中走出来，那就是快乐。这是智慧。有智慧的人生才是有价值的。

冷静后，智慧就变得无比重要，这是企业家打开格局的根本。如何让智慧达到极致？小公司就不该研究小公司，而是研究要成为的公司，研究自己。有了趋势，有了标杆，一切问题都变成了动力。

“科技也不是一个急功近利的东西，一个理论从突破到构成社会价值贡献需要二三十年。”高通公司的雅各布突破CDMA时是在20世纪60年代，真正贡献价值则是几十年之后的事情。“所以我们今天把心平静下来，踏踏实实做点事，也可能四五十年以后我们就有希望了。”任正非说。

大家每天都在忙忙碌碌，每天让自己处在紧张的状态，这非常不利于做决策。我们每个人或多或少都会有一些这样的经历，就是你经过一段特别的休息后，精神焕发，或者你旅行后茅塞顿开，或者冲凉时灵光乍现，或者睡一觉起来所有头脑都空了没有记忆，或者你突然间觉得有一个方法可以解决这样一个问题，这个方法绝对不是你日常能想出来的，这是你的潜意识在解决问题。

当一只大恶狗飞奔向空手的你追来的时候，大部分人第一个想法大部分都是飞快地逃走，你绝对不会有时间去判断向哪个方向逃，速度多少，你甚至可以快速跳过一堵你平时跳不过的墙，这些都是潜意识在工作。

潜意识是我们大部分人都没有打开的宝库，打开它最好的方法就是静下来。一个人只有足够静的时候，很多事情才会慢慢被理顺，一些出乎意料的答案和想法以及思路会油然而生，就会让你兴奋不已。所以适度的休假、度假，一个人极度的冷静，尤其是一个人哪怕无所事事的发呆，这也是一个非常好的方式。

能恪守路线，不忘初心，又能冷静，智慧就来了。这时候格局就会打开，人品就会显现。我们就要锻炼自己遇事不要一惊一乍，保持冷静及平常心，锻炼久了，就会进入状态。

洛克菲勒在他33岁那年赚到了他的第一个100万，到43岁时建立了世界最庞大的垄断企业——美国标准石油公司。洛克菲勒53岁时，充满忧虑及压力的生活早已摧毁了他的健康。因为莫名的消化系统疾病，他的头发不断脱落，甚至连睫毛也无法幸免，最后只剩几根稀疏的眉毛，情况极为恶劣。他每周收入高达几万美元——可他一周内能吃得下的食物却要不了两美元。医生只允许他喝酸奶，吃几片苏打饼干。他的皮肤毫无血色，完全是因忧虑、惊恐、压力及紧张所致。他永无休止、全身心地追求目标，却差点丧命。经过多方面的调整，最后却又奇迹般的活到 98 岁。他找到三个解决自己健康的方法：避免忧虑，绝不要在任何情况下为任何事烦恼；放轻松，多在户外从事温和的运动；注意饮食，每顿只吃七分饱。

2016 年年初，我向印度一位非常知名的导师学习安静吐纳。为了上他的课，有段时间每天都要在网上做功课。上课的时间并不多，只有两天，但早上四点多就要赶到新加坡展览中心。学员有大概一千多人，大部分人都能够清晰体验到安静吐纳的效果：在日常生活中获得更大的平静和快乐，改善睡眠质量，提高能量水平；有助于净化身体中的五种元素（土、水、火、气、空间），从而使身体、心灵和情感得到愉悦；缓解慢性病；获得内在的智慧和能力，而这正是创造的源泉。我在上课时还碰到不少自己的朋友和客户，大家都很惊奇地说，你也来了。其实每个人都有着增加内部修为的渴望，以让自己平静下来。面对纷繁复杂、不断变化的世界，只有以冷静提升智慧，才能坚持 A 计划，并力排万难，渡过险关。

凭多年经验，我发现创业者在 35 岁之前，基本上每个人都是差不多快乐的，无论成功与否，而且无论这个企业家多么懒惰和不认真。但 35 岁以后，随着年龄的增长，很大一部分人的运气就会下行。我曾经拜访过几百位有修养及有成就的人来寻找答案，得出的答案差不多，那些 35 岁以后还走大运的人，他们都有天生的智慧或名师指点，把修身养性、积善成德视为生活的一部分，而且安安静静地在做。

2019 年农历腊月二十八，我路过一位二十多年的老客户的公司。这家公司就是本前文提到的在欧洲过边境交到朋友的海事机械公司。我进门找他们喝咖啡，正赶上他们当天收工，车间干干净净，洋溢着过年的喜庆及一年收获满满的欢乐。他们的桌子上摆满米面食品，他们说这是送给老人院的，他们已经坚持做了20年了。

隋先生是我MBA同学，在新加坡一家建筑公司工作。他们公司每次在大的招标中都会中标。他发现，每次投标之前，老板都会进一个房间，两小时以后才出来。有一次他不小心进入了房间，发现老板在读一本经文。人的成功都有自己的根源和秘密。

林先生把公司卖给一家欧洲公司，赚了很多的钱。我与他聊到如何看待财富时，他告诉我，他每次都相信，人在做、天在看，绝对不能干坏事。他是基督教徒，非常虔诚。

吴先生兢兢业业做事，公司只有10个人，却服务于近万个客户。看起来公司没有积极开拓市场的销售人员，可是40年如一日，生意平平稳稳。过去21年，我们每隔一段时间都会见面，2018年我问起他们的生意，他说越忙就越需要平静。

纵观这些非常成功而且到了八十岁还能做老板的朋友，他们之所以方得始终，都是因为他们有着善良的本性，有着对天地的敬畏、对他人的关爱；绝对不是“你的钱就是我的，不择手段地赚钱”。这些善良的朋友，我想即使在他们八十岁后，躺在沙滩上晒太阳都能“看山不是山，看山又是山”。看山是山是能看出事情的本质，看山不是山是能看到机会不断创新。

为什么很多公司做得很大？他们都有着高标准要求自己，并且自律性极强，内圣外王，这些都值得深思和借鉴。

第三节
我的江山：如何学习

有这样一则杜撰的故事：巴菲特、莫言与三个人隔着一扇开着的窗站着，巴菲特讲投资哲学，莫言讲《红高粱》，窗外的其他三个人会听到。窗外的人能学到什么？为什么没有投资、写书？巴菲特、莫言说什么也许并不重要，重要的是听众能否在他们的话里面看见了自己的江山。

马云在瑞士投行融资时，虽然瑞士投行没有投资他，但是蔡崇信在马云的融资过程中、在马云的江山中看到了自己的江山。

与巴菲特共进午餐，难道只是与他吃饭，或是在饭桌上学习到什么？那些花费巨资买下“与巴菲特共进午餐”机会的人太聪明了，在这顿饭局中，让巴菲特帮助自己建立了自己的江山。

有句话说得好，如果学以致用，行万里路也不过是个邮差。重要的不仅在于谁讲，还在于谁听。

巴菲特每次出差，手边都有几本书，不停学习。很多人都说，如果我认识巴菲特、孙正义就好了，可是如果你没读过几千本书，在巴菲特、孙正义面前，有什么共同的话题可谈吗？

我希望工作顺利，公司健康发展，我希望上班不打卡，我希望改变，让人生更加有意义，我也希望……为什么学了那么多课程，读了那么多书，研究了那么多信息，但自己的变化始终不大，甚至原地踏步和倒退，原因是什么？

一定要把自己内心的格局无限度地放大，你才能在巴菲特谈话的字里行间里看到你的江山，而不是在巴菲特的格局里看到巴菲特的江山，这是太重要的事情。

看各种新闻，向优秀的人学习，有充足的时间自我思考，我很在意这个。我虽然是个浪漫主义者，但是我很在意，我很在乎总统、主席、总理这些对这个世界有影响人的脑袋在想什么。李光耀先生见过几乎中国的所有国家主席和总理，我非常想知道，他怎么看待这些伟人，他怎么看待这个世界，而这些看法，对我的成长有什么影响。

世界是平的，特朗普上台，结果世界又是圆的了，可是平的就有问题吗？全球外包就一定错吗？政治真正能掌控经济吗？全世界每个人都希望自己的生活更加美好。

奥巴马与马云先生的环保对话大会是非常精彩的。马云先生讲述了要联合多少企业家拿出多少钱一起来完善环保，是非常了不起的愿景和善举，给大家碧水蓝天；可奥巴马讲，每个人都希望有更美好的生活，而在这个过程中很多人完成财富积累的过程，就会造就更多的环保问题，所以如何把人们的生活做得更美好，才是解决环保的根本问题。视角不同，解决方案就不同，江山如此多娇。

2016 年，王健林说先要定挣一个亿的小目标，很多人拿来当成笑话。但在我看来，就不是简简单单一个亿的目标。我就问我自己，一个亿的目标怎么定？什么是一个亿的目标？那我现在的目标只能定 100 万，我从 10 万要挣到 100 万，那个中间我要干什么？如果跟他一样的干法，我们的目标会是多少？他真的是不食人间烟火吗？那是他能做到的事情，人家就是一个亿一个目标。所以就想一个亿的事儿是怎么回事，他的确也是从零做起，他并不是一出生就能做一个亿的。我们应该怎么干，从哪出发，遇到问题怎么办？

陈峰先生以1000万人民币建立了海南航空，后来找到量子基金的索罗斯融资，而索罗斯在海南航空的江山看到了自己的江山，就投资2500万美元购买了海航25%的股份，成为海航的第一大股东。

如果我们没有办法在别人的故事情节中出现，那么只能在“云里雾里”找到自己的江山。人生终究是一场空。我们看看我们自己的小目标，用别人的经验和自己的经历弥补自己的缺失。

如果真的有机会当面问这些了不起的人物，一定要当面跟他讨教怎么干，应该怎么干才能建立自己的江山。

如果说某产品就是他的江山，那么这么多人都看到了这个产品，但为什么偏偏成了他的江山，而其他人还在找江山？不值得好好思考吗？

麦当劳大学，湖畔学院，达摩书院，长江商学院……是否进入这些学院就会建立人脉，就能成为圈子中的一员？大家都在找自己的江山。

如果我们的时间是无限的，那参加什么样的学习是对的。可是人生只有短短的几十年，我们没有办法什么都学，那怎样在自己薄弱的基础上快速建立起自己的江山？每天的忙碌能愚公移山吗？能不能把锄头换成导弹？这些取得成绩的人，他的背后的江山的逻辑是什么？每个人都有自己的机遇时代，赋予你不同的机会，如何用这种逻辑建立自己的江山？

很多人都将自己的不顺归咎于外部因素，可就是这些不顺的因素才是成功的因素。成功者眼里看到的这些因素都是江山，在不成功者眼里，这些都是芝麻绿豆的小事或者是不可逾越的障碍。山高人为峰，无限风光在险峰。

我的一个非常成功的朋友，年轻时没有什么钱去学习，看到朋友买了一个美国激励演讲者的磁带，就跟他借来，而且翻录下来。他自己说，他对这份磁带的理解更深，因为很珍惜。他每天都要听，因为英语不好，所以在车上不断地听六遍十遍，直到听明白为止。在这个过程中，不止英语水平提高了，而且对人生的理解、对外面的世界也有了不同的认识。他今天已拥有一家规模相当大的工厂。当初借给他磁带的那个朋友，也是每天往返于马来西亚、中国的香港和中山市及新加坡之间，只要他一回到新加坡，就会在楼下的咖啡店抽烟，聊往事。也许这就是江山朋友。

有些中小企业确实很有天赋，但大部分的中小企业缺乏战略，缺乏模式，缺乏人才，缺钱，同时既不可能花100万美元来请顾问，也很难找到真正的大咖顾问或友人帮助他们。哪家中小企业能解决趋势决策、商业模式、战略部署、资源整合、客户、销售、市场、店面、供应链、利润、现金流、服务、公关、团队、薪金、文化、培训、流程、品牌等问题？虽然有些公司自我突破能力强，但毕竟是极少数。对大部分中小企业来说，得花多少钱解决这么多问题？100万美元够吗？中小企业会花这笔钱吗？花了，会不会变成学究？不花，那公司怎么办？大部分中小企业确实也没能力投入大笔资金来做这些。即便是逐步投入，心理阴影、周围的负能量、优异伙伴的识别等，也都大大降低了中小企业的进步进程。

“精进如饥，虚心若愚。”（Stay hungry，stay foolish）学习首先能够让你有足够的知识支持高谈阔论，能够高谈阔论就会有一些朋友围绕，有了朋友就会有更好的机会和信息，这就是资源整合和商业转型的基础。

持续不断地学习，持续不断地高谈阔论，持续不断地交新朋友、加深友情，持续不断地接受新的信息，同时，学到的这些东西也一定会在自己的公司和工作中用到，一定会有更深的理解和建树，书中的黄金屋就会展现在你眼前。

很多人都说学了也没什么用，也没带来多大变化，那只能说你学得还不够多。每天坚持一两个小时的学习，不出一年，你肯定会在这个方面学富五车，而且见解独到。我们也不必什么都学，因为时间有限，一定要学习自己最想突破部分的相关知识。现在学习的途径有很多，电子书随处可以看，视频、朋友的交流也都是学习的方式。

以我本人的看法，学习真正的知识很重要，学习世界五百强成功人士的人生阅历，学习他们，不一定要成为五百强成功人士，而是因为他们的经历可让自己的江山少走弯路。

学习也是有方法的，可是今天处在信息泛滥、人人都是经济评论家的时代，想要出人头地，除非你很幸运地有靠山，否则学习几乎是唯一能改变处境的途径。可是大家都接触同样的媒体，都有同样的思维，怎样才能领先呢?

还是要有一套悟的方法，甚至要远离即时媒体，有时一周后还在发酵的信息才重要，而这种信息就很少了。你的时间可是多了，不用看大量无用新闻，像前辈一样只关注几个主流信息及几个重要朋友聚会就够了。否则每日心烦意乱，很难安静，找到自我。

能够把学习跟你的工作结合在一起，那是极其完美的。每次遇到工作上的问题，不要只是记在头脑中，时间一久就混乱了。要把问题记录在一个私人的本子上或手机里，然后有针对性地寻找相关的资料去解决问题，然后再复制并在行动中不断微调。这是学以致用的最好的方法。

这时候做读书笔记就变得非常重要了。哪怕只有寥寥几个字，最重要的是学习能够改变我们当前的状态。我们并不是在考大学，也不是在做研究，应该是快乐地学习。你读一本书，如果觉得很乏味很无聊，那马上就去换另外一本书，不要逼迫自己浪费时间。直到你找一本特别好的书，读得连饭都不想吃，这说明你找对了参考对象，而这个参考对象正在指引你解决问题，引导你走向另外一个高度。

集思广益也是一种非常好的学习方法，比如参加一个非常有价值的能够长期学习的小组，大家不断地分享和互相监督，彼此成长。网络上这样的小组多如牛毛，有时间不妨多找一些自己适合的领域参与一下。

最好的学习方法，是与最成功的人在一起，向他们取经，他们的几句话往往就能解决你几个月甚至几年的困惑。这些成功的人包括非常知名的企业家，是非常棒的私人导师、非常棒的顾问……什么是棒？就是既能看得远，又能接地气，又懂你，还愿意与你分享。

人生被耽误的事，都是必由之路，没什么大不了的。如何学习？找到自己江山最重要。

第四节

提前看看95岁，为人生增量

2019年，我在张女士公司培训，她提到“老后破产”。一研究这个主题，吓得我一身冷汗。

假如我们的列车能穿越时空，带我们看到95岁时的自己，可能会后悔当初不努力而生活潦倒，那么当我们再乘坐时空列车回到2019年时，我们是否要深思自己今天是否要更努力奋斗去改变命运？

2014年9月，日本NHK电视台特别节目录制组播出了《老人漂流社会——“老后破产”的现实》。制作方将片子大量未剪辑录入节目的素材与节目播出后的反馈，集结成了《老后破产：名为“长寿”的噩梦》一书，真实地展现了这一日本发达国家后面残酷的社会现实：人口老龄化、老龄贫困化。日本人口达1.2亿，65岁以上的有3800万，其中约600万人每天解决不了温饱问题，这些老人的人均存款仅有6万人民币。

这些老后破产的人大都是年薪10万美元的中产精英。年轻时购车买房、投资生意、旅游，过着优质生活，因经济下行而投资失败、生意破产，到了晚年入不敷出，这是大多数中产变破产的人生轨迹。老后破产的现象，正在从刚开始的70岁以上蓝领粉领阶层，向60—70岁白领甚至金领阶层转移。60—70岁的破产，还伴随着需要赡养仍旧健在的父母、资助因经济影响失业在家的子女。70岁以上破产的往往是孤家寡人。

所以，老有所依的根本，其实还在于每个人自己的能力和价值及充足的准备。别觉得这句话很虚假，人毕竟不可能靠贩卖劳力工作一辈子。老了以后，人跟人之间生活质量的区别，有时候还真就在思路、能力和远景的差异上。日本养老金大概每月1000美元，而房租和生活费也是1000美元左右，没有结余。日本拥有相对健全的福利保障体系，都有这么多的晚年独居的老人成为老后破产又无人救济的群体，何况其他很多不成熟经济体呢？

有些人年轻时没有足够规划，退休后积蓄花完，无钱看病，进入“老后破产”。而有些人带着1000万退休，年轻就注重保养，看看励志的书都像是自己的写照。很多企业家跟我说，根本不想活到90岁。随着医疗进步还有自己的命运，寿命岂是自己能把握的？我身边不少好友40多岁就走了，消失在茫茫人海，而有些80岁了还在做生意，90岁还在公司有位置。

美国一名叫博朗尼·迈尔的临终关怀护士，总结了生命走到尽头时人们最后悔的5件事情，依次是：希望当初我有勇气过自己真正想要的生活；希望当初我没有花这么多精力在工作上，错过了关注孩子成长的乐趣，错过了爱人温暖的陪伴；希望当初能有勇气表达我的感受，而不是长期压抑愤怒与消极情绪；希望当初我能和朋友保持联系，而没有因忙碌的生活忽略了曾经闪亮的友情；希望当初我能让自己活得开心点，而不是习惯了掩饰，在人前堆起笑脸。

日本也有这样一位年轻的临终关怀护士大津秀一。他在耳闻目睹了1000例患者的临终遗憾后，写下了《临终前会后悔的25件事》。其中，“没有注意身体健康”“没能谈一场永存记忆的恋爱”“没有留下自己生存过的证据”等都成为人们的“人生至悔”。

袁苡程在纽约大学读心理学研究生，花了350美元在《纽约时报》上登了一个小广告，征集临终遗言，带来了意想不到的效果，并收集成《不说，就真来不及了》一书。看后你会觉得人生最终的感悟，无论是成功人物，还是打工过客，又或是世界五百强CEO，还有病人、核专家、神父、好莱坞导演、百老汇女演员、文学教授、修女、旅行家等，全球的人都差不多。一个世界五百强的CEO的愿望是，找到他初恋时的那个小女孩，他有这么多的经历，却在回想着早年的初恋。

过去10年中有什么让你感动的东西？能找到几个答案？找一个本子记录下那些事迹，经常翻翻。

我在经常与客户聊天中发现一个规律，一些做得一般的公司，如果你让他回忆过去十年有什么重大的收获时，他们都会沉思很久，最后还是觉得一片空白，说："想不起来有什么好的。回想起来的时候每天都很忙，但是很多重要的事情看起来都不重要，现在想不起来做了哪件重要的事。"

我在一份美国《华盛顿邮报》看到了评选出的人生十大奢侈品的报道。多年后的你，一定会感谢现在努力的自己！这才是世界排名前十位的奢侈品：一颗童心；生生不息的信念；背包走天下的健康体魄；愉悦和舒心的工作环境；安稳平和的睡眠；享受属于自己空间与时间的生活；与一个教会你爱与被爱的人牵手；品味美好的心情；自由的心态与宽广的胸襟；点燃他人希望的精神特质。

真善的根本是珍惜自己的生命，连自己的生命都不珍惜，自己都成了别人的负担，拿什么行善？

不折腾，拿什么去回忆！难道折腾就会把健康折腾没吗？那么多优秀的企业家都非常长寿！这些长寿又富有的人懂得：世界上什么没有东西真正属于自己，只是拥有使用权。他们会平衡人与自然的关系，懂得身体不是自己的，懂得尊重身体本身。身体是一个多么复杂的机器，人类社会如此进步，可是连一只蚊子都造不出来，因此折腾是在规矩的范围内折腾，尽力而为，量力而行。人不能跟着自己的基因对着干。

写这本书的时候，我问我做投资和并购的好友黄先生，你最大的骄傲是什么。他说，第一是好的家庭，太太和孩子是他最大的骄傲。他发现很多东西都是短暂的，再成功，70 多岁以后也是一样，拥有一个幸福的家庭，即便 90 岁，还有人感恩你，那一定是你的家人。因为生意长期变成非常棒的朋友，那是因为有生意的原因，有一天生意没有了，朋友也就没有了，这是很现实的一件事，这件事的基础是生意。

第二个很骄傲的事情是，帮助朋友客户，让他们增值。这很值得骄傲。影响他人的人生，让别人变得更美好。上市本身不是目的，上市是让这些企业家的梦想成真，重点不是上市，而是意义。这个社会上很多人非常努力地工作，却搭上半条命也一事无成，但上市会让这些人很努力的人把生意转型到更高价位上，让他们提前过上更健康的生活，同时黄先生便成了他们的朋友。赚钱只是一个过程，是让人开心。当然，不同的人影响别人也是不一样，有些人会让他们的家庭更美满，有些人则让他们的宗教更加有信仰，让他们赚更多的钱。

黄先生说，对于生意人来说，赚钱是非常重要的，可以带给他们尊严，让他们有人生目标。不信，你把他们的钱拿走，他们会突然间精神压抑，所有人看待他的眼光都会不一样。因此，有智慧地赚钱和用钱是影响人的最好的方法（Make good use of money to impact people）。黄先生还补充说，如果有能力，我赚的收入的 10% 捐给慈善机构，这将能够影响到很多人的人生，因为我们太忙，没有办法一对一去照顾需要帮助的人，我们把钱捐给慈善机构，它们会帮我们照顾千千万万的有需要的人。

我也问过很多有钱人，你的钱已经花不完了，为什么还要这么努力地赚钱？他们的回答基本一致：不能停下来，停下来就老了，赚钱是个很有意思的事情，为了钱去赚钱是灾难，不为了钱而赚钱那是一种人生的享受和活着的意义。

冯仑先生说：我们现在不再做普普通通的事，要做对人生有增量的事情。

张女士就是一个人生有增量的企业家，而且是提前看到95岁的企业家。

本书写到这里，基本上就快写完了。在工作和赚钱的意义上，我请出本书的最后一位好友张女士。张女士是我20年的客户，是一位非常成功的企业家，在新加坡有三间大型洗涤工厂。我们在新加坡一起解决问题，一起去中国，一起去马来西亚、印度尼西亚，一起经历了风风雨雨，也经历了无数的彩虹。

张女士以优异的眼光和锲而不舍的坚强毅力，历经20年风雨把不起眼的小洗涤店成功转型为以德国技术为主的现代大型洗涤工厂，团队超过300人，同时建立了洗涤产品的区域物流链平台，多位部长、议员莅临参观，为新加坡星级酒店整体洗涤水准的提升做出了卓越贡献。

我问张女士，做生意最重要的是什么？她说：得到乐趣（Enjoy）。享受通过生意怎么样看待人生的理念，挑战对行业和人的认知，让自己不断地学习。张女士最开心的是看到行业通过自己的努力而突破，看到别人的成长。张女士是新加坡首个引进德国千万美元全自动化洗涤设备的投资者，以高科技设备改变了整个行业的标杆，使得新加坡五星级酒店的洗涤标准达到了世界最高标准水平。这些高精端的自动化设备，可以节省80%的人力劳动，大力地提升了产能生产力，保证了品质，做到最优异的环保，省电、省水。张女士以胆识和前瞻性的战略规划绘制公司未来的发展蓝图。

张女士和先生是白手起家的。公司刚起步时，缺乏资金和资源。我还记得2002年在做项目时，他们夫妇俩都已经一天坚持不下生产线了，我看不下去了，也加入了劳动队伍。她每天都坚持“以有限的资源创造无限的可能”的理念，每天早晨和睡觉之前都留出自己的时间自省，认真分析失败的原因，不断总结和精进，在失败的过程中寻找自己内心深处的信心，积极去做，不断修正。比如以前的单机生产，产量低，产量不可控制，很难对客户进行量身定制，伴随着投资德国最先进的洗涤设备，公司的客户质量大幅度提升，而且产业也更加细分，比如其中的一间工厂专门为医院洗涤。

公司曾经把新加坡知名酒店的洗涤管理者（House Keeper）请来参观，让客户见证公司的成长和实力。这些酒店服务业的大神们的眼光非常犀利，每个管理者都以审核的心态来到公司，但参观完新的洗衣巨龙以后，大家争相合影留念，现场气氛非常热烈。这也是我们举办的一个相当成功的新加坡的活动营销，整个项目我们忙了一个月，本来员工可以做的基本打印工作，我都自己亲自去监工，不能有一点马虎，连厕所都贴着高质量的海报。可想而知，这些知名酒店的洗涤管理者非常满意，公司在业内名气大震。

当新加坡金沙酒店兴建的时候，公司果断投资1500万新币来服务于金沙酒店和未来新加坡的优质酒店。这展现了张女士拥有大的战略眼光。虽然市场竞争越来越激烈，可是新加坡金沙酒店又将投资150亿进行扩建，这是十几年以前就看到的战略。

企业做大以后，张女士不只是内部团队的偶像，企业家要在市场上树立自己的存在符号，同时企业必须有精准的战略决策信息，因此张女士以非常谦卑的态度，与精英人脉保持着非常良好的互动——一起旅游，参与协会，尽量帮助别人。同时，也通过这些精英人脉，不断了解未来行业发展的趋势，建立口碑。因为在人际交往的过程中，你是一个怎样的人，公司是一个什么样的品牌，会毫无悬念地展现在其他人面前。

人脉的效果是无法估量的，很多优质的人脉都有很好的信息，蕴含着公司发展巨大的商机。

张女士是一个非常善良的人。我们一起做项目的20年中，我没听说过一件她对不起别人的事情，这和她本身的修为有关系。内在修为可以让自己快速提升，找到对世界万物的尊重，并与宇宙万物和谐成长，这绝对不是溢美之词，这是张女士的处世哲学。我非常了解张女士，在这么多年中克服了多少的困难，她都是用这种思维去看待宇宙的万物，顺其自然而发展，不忘初心。

什么是初心？创业初期，到底是为了谁好？到了今天，成全了周围所有的人，所有的人也成全了自己。人，环境，地球，企业家的精神都是相互依存的。工作中有无数的困难，可这些困难是哪里来的？都是自己本身造成的，这也都是自己的机会。

张女士坚信，当企业在取得利润以后，能否继续成功地成长，主要是展示在对社会的贡献和责任，一个老板的格局主要是展现在如何经营内在品德的提升，对社会、人类、国家的关怀，这样的目标才是有价值的推动力。在做慈善的这些义工中，大家都在传播着正能量，建设另外一种更深层的人脉。

张女士得到了一份无价之宝：无私的爱（Compassion Love）。

我问了张女士一个非常刁钻的问题，市场每个人都经常说整合资源，您怎么看整合资源？张女士的回答是不忘初心，但与大多数企业家的思维不同：

第一，最大的资源是一个人的心态，是思维模式、生活观、人生观和价值观。要从有限的资源创造出无限的空间、无限潜在的可能性。没有这样的想法，就很容易被打倒，还谈什么整合资源？这也验证了本书作者的主要思维模式——内圣外王。

第二，一个最大的资源就是人。张女士很珍惜每一个人。之前没有经验，从来没有想过企业能够发展到今天这么大，这个过程中的酸甜苦辣都是几个股东没白没黑不断投入的结果。这种态度和专注使所有的人凝聚在一起，创造了今天。

张女士也是一个心系老人的企业家。她请很多著名的中医师为一些企业家上课，希望激发他们的善心，能够服务更多的老人和家庭。

从2017年开始，我在业余时间开始学习医学，学习最大的收获就是：对身体保持敬畏，就会更健康。人一定要健康，只有健康才有资格拥有一切荣华富贵。人生是第一，赚钱是第二。不健康，所有的物质和荣华富贵都没有资格享受。真正的有钱人是拥有健康、有时间花钱的人。人不可能拥有一座山，即便爬到山顶，最多山高人为峰，还是没办法拥有，人不过是自然的一个小机体，山比人命长。

爱恨情仇，善良平静，积善成德，其实都只是对进步的爱慕。

三千繁华，胆识人脉，抓住机会，成于细节。

历史，现在，未来，本已存在，体验之后，必有升华。

奋斗一生，霍然回首，弯路是直的，都是进化！

致谢

我要感谢中国大百科全书出版社的策划人刘嘉，是她的多年不断的鼓励才让这本书得以问世。感谢本书的责任编辑陈光博士。感谢你们的信任，也感谢你们在整个过程中给予的指导。

感谢我的父母，太太和家人，好朋友，客户，同学和老师。我们一起畅谈，学习和体验人生，去寻找生活的意义，很精彩。本书汇聚 1000 多个跨国运作精英的集体智慧，我无法把每个人的名字都写出来，但是我还是要写一些，他们是(按字母或拼音顺序)：

Alan Tan，Andy Lin Zhihao，Ang PR，Alex Yang，Ang chenglam，Benedict Choa，Carmelo Pistorio，Chan F.S.，Chen YQ，Christopher Chau，Daniels Ng，Frankie Ong，Goh NP，Henry Cheng，Janet Sng，Jerome Lee，Kachee Chin，Kumar，Leow Boon Tong，Lim BK，Lim Key Wee，Lim Ms，Michele Qauaro，Neo Mayling，Nick Chong，Peh Yeng Yoh，REINIER BLIJLEVEN，Safre Wong，ST Wong，Tan KS，Tan WahYeow，Tan KP Mike，Teh Siew Inn，Teo SiewLeng，Victor Lian，William Ang，Wu Lina，Xiang Guijie，Yang JinLin，Yap Steven，Yuwei，Dr Yang，阿布姐姐和龙哥，董小军，黄征宇，黄献文，随占军，熊永强，小海，张美香，张进，张桂源，朱建中，肇峰等。还有良师益友田延友、杨锦麟。

我要感谢天地万物，让我能生在这个和平盛世，为身边的家人、朋友和客户做一些微薄的贡献。

书中很多观点在不同公司、不同地域、不同文化背景下都会有多变的可能，无论我多么努力，也一定会有错误或有还未解释清楚的部分。如果您发现错误，请与我们分享，促使我们进一步完善本书。请发送电子邮件至 zhangjohnaten@qq.com。